王晋元传

张维 著

荣宝斋出版社 北京

图书在版编目（CIP）数据

王晋元传 / 张维著 . -- 北京：荣宝斋出版社，2020.12

ISBN 978-7-5003-2294-8

Ⅰ.①王… Ⅱ.①张… Ⅲ.①王晋元（1939-2001）—传记 Ⅳ.① K825.72

中国版本图书馆 CIP 数据核字 (2020) 第 099105 号

云南美术馆系列丛书

主　　编：罗　江
执行主编：邵培德
责任编辑：晋雅娟
责任印制：毕景滨　王丽清
责任校对：王桂荷　韩珊珊
装帧设计：安鸿艳

王晋元传
WANG JINYUAN ZHUAN

| 出版发行：荣宝斋出版社 |
| 地　　址：北京市西城区琉璃厂西街 19 号 |
| 邮　　编：100052 |
| 制版印刷：北京中科印刷有限公司 |
| 开　　本：787 毫米 ×1092 毫米　1/16 |
| 印　　张：22.5 |
| 版　　次：2020 年 12 月第 1 版 |
| 印　　次：2020 年 12 月第 1 次印刷 |
| 印　　数：0001-2000 |
| 定　　价：108.00 元 |

谨以此书缅怀当代中国花鸟画大家王晋元先生

序

《王晋元传》的出版，我认为是中国美术界的一件大事。当我读完由著名传记作家张维教授所写的这部国画家的传记初稿时，我深为感动。新中国培养的第一代国画家可以立传立说了。晋元兄一生为之奋斗的中国画事业，不但以绘画作品传世，也可以用文学的形式传世了。像王晋元这样大有成就的画家，是应该有传记的。这是他的亲人、画友、学生的热望，也是美术界和社会的需要。这促成了张维教授的行动，他走访了那么多熟悉晋元的人，了解了那么多美术界的事，史料的丰富、精确，可以说到了科学的程度，细节的表露更为感人。

书中尽显晋元兄的性格，他的奋斗精神，他的人生轨迹，他的创作热情，他对艺术的执着，他对社会、人生、自然的认知。本书通过晋元兄的艺术形象、人格形象，闪现着艺术之光和美学之光。

晋元兄是花鸟画界引领变革的春潮，他的艺术探索本身就带有原始密林的风采，我们需要深入这片密林，与野藤、山花对话，与大自然亲吻。这本书就是引导我们在密林中开拓的路，前面一定花团锦簇。

为王晋元这样的艺术家立传，是颇有意义的。窃以为，为着弘扬艺术创新精神，为着传承优秀的中国画艺术，为着彰显艺术家执着的进取精神和脚踏实地、坚韧不拔的作风，为着让更多的人了解中国高等美术教育的历史、了解艺术家的创作甘苦，中国美术界需要有更多这样的艺术家传记。

在与晋元兄几十年的交往中，我清楚地看到，在艺术发展与创造方面的重大问题上，他有着朴实、明确、清晰的见解，以及辩证的思想方法和敬业精神、踏实的创作态度和求知求学态度。他鄙视那些急功近利做表面文章者、半生目不睹真花而自言创新者，对画界的一切浮华、浮躁现象心如明镜，如人饮水，冷暖自知。他始终以一种艺术家的求实精神、平静的心态、清醒的头脑，艰苦地探索着。他从不会不假思索地仰承与迎合，不会盲目地崇拜与效仿，而是经过深思熟虑的思考后才去做。在艺术探索的道路上他不断地审视自己的履痕，调整自己的方位。他认为在道路方面要坚定自信，要明确主攻方向，不要这山望着那山高，一旦确定就要坚决走下去。他有坚韧不拔的毅力，有极强的事业心和责任感。

我们的时代需要王晋元这样的艺术家，也只有这样的艺术家才会真正取得成功。

作为晋元兄终生的挚友，我深知他的成功之路是很艰难的。成功者需要见地、胆识、选择和决断，这是建立在对社会、对艺术和自己的认识和理解的基础上的，这种选择和决断又往往是带有战略性的。

我对晋元兄的成功之路曾作过深入的思考，十三年前我在《大野山花为你开放——王晋元花鸟画创作成就及其意义》一文中表达过这些思考。我认为晋元兄成功有三个重要因素：

一个因素是他"选择了云南"——"选择云南这本身就是成功的，他把赞叹大自然赋予生命的强韧力定为自己的创作使命。我们知道植物界所有生命的成长和繁衍生息都充满了神秘和勃勃生机，而这又莫不与赖以生存的环境息息相关。着力表现大自然的和谐和生命，这正是王晋元的审美点，他的作品因把人带入了新的审美领域而使其获得了成功。"

更重要的另一个因素，"是他艺术道路的选择、对花鸟画的历史和整体把握、对花鸟画发展的当代思考，他对传统对自然的态度，以及他的学习方法和做人从艺的准则。"

他在中央美院学习期间，就表现出了善于思考和选择的能力，在众多名师面前，总结他们的成功之路，从中规划出自己的路。如果说这是一种学习方法，不如说是一种思想方法更准确。更难的是如何确定自己的学习和创作道路。在中国画自身体系中，近代花鸟画是新的高峰，再有超越谈何容易。但从前辈的成功经验中可以看出近现代一些大艺术家共同的成功之路，那就是理论－生活－技巧，同步共进的道路以及从理论和实践、心源和造化、生活和技巧、人品和画品、东方和西方……较全面地从不同角度、不同层次来领会艺术，完善自己。从纵向的历史演变和横向的对比联系中得以把握艺术变革的规律并上升到研究的层次，又从新的生活中得到启迪，自觉更新艺术观念。这是一条造就艺术大师的道路，也是一条要付出艰苦代价的道路。王晋元选择了这条艺术创作的道路，并在一生的艰难行进中得以升华。

第三个因素，与20世纪八九十年代云南美术的全面发展分不开，"那是一个群体,在工笔重彩、版画、装饰绘画方面都取得了突破,在这样一个创造性的艺术氛围中,艺术家们是各自受益的。王晋元是云南美术界的主要领导人之一,他和他的同事们都十分注意从云南这块神奇的土地上发掘地域文化深层次的审美物象,创造了独特的造型语言,形成新的文化品格。从这方面看,产生王晋元并不是偶然的"。

而今,张维教授用《王晋元传》这部传记著作,形象地揭示了王晋元成功的这些因素,真实地为我们展现了王晋元的人生历程,生动地描述了王晋元的艺术苦旅。

记得两年前,作者为写作这部传记,风尘仆仆地专程到北京采访我和其他多位艺术家、评论家。在采访交谈中,我感受到他踏实认真的工作态度和严谨的学风。看得出来,他是做了充分的准备,做了大量的"功课"的。他虽然不是美术界中人,但采访中所提的问题,十分内行。为了写这本书,他跑了很多地方,采访了很多人,千方百计地搜寻资料。当下,为了写一本书,愿意这样认认真真地、扎扎实实地花这么多工夫的人,实在是不多了。当时我就有个预感——这本书能写好。

之后,张维教授用了两年的时间,花了很多心血,艰辛地挖掘出很多资料,完成了这部具有一定写作难度的著作,为中国美术事业的发展做了一件很有意义的事。

作为艺术家行列中的一员,我为这部当代艺术家传记的出版,由衷地感到欣慰。我相信,广大的读者,尤其是中青年美术工作者和美术院校中青年教师,将能从这部传记中获得一定的感悟和启迪。当然,本书也还存在少许不足之处。兴许是由于作者学风严谨,较注重追求历史真实,我感到如能把他作为文学家的浪漫情怀和自己的个性,淋漓尽致地体现在作品中,那就更好了。

读罢书稿,感触颇多,欣然提笔写下这篇短文,是为序。

中央美术学院教授、博士生导师
全国中国画学会会长
郭怡孮

云南美术的碑石

云南画院首任院长、第五届云南美协主席王晋元是一个普通的人，一个平凡的人。在他63年的平凡的人生历程中，没有轰轰烈烈的壮举，没有跌宕起伏的经历，没有精彩的故事，没有传奇的色彩。但是，他却走出了一条不平凡的艺术创新之路，成为了一个不平凡的、颇有影响的杰出画家，跻身于当代中国花鸟画大家之列。

王晋元生长在北方，成长于云南。他自1964年从中央美院国画系毕业后便来到云南，从此在这块神奇而美丽的土地上扎根37年。他热爱云南，走遍了云南。他一生都在画云南，脚踏实地，坚韧不拔，取得了丰硕成果，成为云南美术界的一位领军人物，对云南美术事业的发展做出了巨大贡献，提升了云南美术界在全国的地位和影响。

王晋元的花鸟画创作独树一帜，成就辉煌，创造了中国花鸟画的一种新风格，开创了中国花鸟画的一片新天地。他以西双版纳为创作素材的大境界花鸟画作品，体现出"大、满、壮、野、繁、密、奇、艳"的特点，气势宏大，境界宽厚，内涵丰富，令人眼前为之一亮，拍案称奇，赞声不绝。他的开拓创新精神，让人诚感可贵，深受启迪。中国美术家协会副主席、中国画研究院院长刘勃舒说："王晋元的花鸟画影响了大半个中国。"一些研究者盛赞王晋元的绘画为"大自然歌手的艺术""云南美术的一块碑石"，认为"今日的中国画坛无几人出其右"。

王晋元于2001年因病离世，匆匆走完了他的艺术苦旅。天妒英才，王晋元的过早辞世，让人们扼腕悲叹，倍感惋惜！

王晋元生前曾说，他的老师、著名的中国花鸟画大师郭味蕖，因为介绍宣传得不够，以至于很多青年对郭味蕖不大了解。同样地，而今看来，对于王晋元来说，也是因为介绍宣传得不够，以至于很多青年对王晋元也不大了解。

艺术之道，在于创新。艺术的传承和发展，需要像王晋元这样踏踏实实地勤奋努力，不畏艰难地勇于探索。艺术创新的精神需要弘扬光大，广为提倡。他的创作理念和艺术实践，他的艰难的成功之路，对我们从艺的后辈画家、学人是颇有启迪意义的。

"王晋元"这个名字将永久地镌刻在中国花鸟画的史册上，镌刻在云南美术事业的史册上。

张维

目 录

序

云南美术的碑石

一、童年时光 /001

二、少年时代的向往 /011

三、中央美院的日子 /033

四、云南这块厚土 /097

五、新时期的萌动 /157

六、渐入花鸟画创作的佳境 /171

七、扎根云南 开一代画风 /225

八、天妒英才 /271

九、艺术生命的延续 /285

尾声　三代人的云南情 /319

王晋元文献摘录 /327

附录 /335

后记 /349

一、童年时光

1. "文化县"——河北乐亭

在河北省东北部有一个堪称"河北第一沿海大县"的"乐亭县"。

1939年3月26日（农历二月初六），王晋元出生在乐亭县古河乡吴家兰坨村一个普通农家。

"乐亭县"这县名的读音有点特别，常常被很多人读错。大凡第一次看到这个县名的外省人，几乎都是按一般人通常认为的读音，读做"乐亭 (lè tíng)"。可是它正确的读音是"lào tíng"。

乐亭县有着悠久的历史。据考证，早在新石器时代晚期，就已有原始部落的先民在乐亭境内繁衍生息了。历代乐亭人中，经商者不少。到了清代中期，便有乐亭人远走东北经商。有人粗算过，清代末年至民国初年间，去东北经商、习商的乐亭人已多达十万之众，民间流传有"东北三个省、无商不乐亭"的说法。除去东北之外，到华北各地经商、开店、办厂的乐亭人也不少。乐亭的工商业主先后于东北、华北各地开商店和创立的制造业厂家多过千余家。这些在外经商办厂的乐亭人将每年经营所赚的钱款汇回家乡，用于农业开发。

还有一些经商致富的富商深明大义，看重文化教育，将所赚的钱款或办私塾，或建学堂，以造福桑梓，创办了名为"进修""尚义""亲仁""育英""百善""崇实"等140多所私立中小学，传承本地自古就推崇的"雅重读书""崇教尚礼"的风尚。这些私立学校培养了不少人才，日后遍及海内外。

乐亭历史上有重视文化的好风尚，县民自古重教风气浓厚，故乐亭素有"文化县"之称，读书识字的人很多，用心培养子女读书深造的父母也不少。从金代置县到清末科举制度终结时，全县共出过进士55人、举人167人。到了近、现代，名人辈出。中国共产党的主要创始人之一李大钊就出生在乐亭。出自乐亭的著名政治家、科学家、艺术家、文学家、地方和军队高中级干部上千人，其中乐亭籍中国科学院、中国工程院院士就有11人。

源远流长的乐亭文化，还孕育了底蕴深厚的民间文艺，使乐亭成为了冀东"文艺三枝花"——乐亭大鼓、皮影、评剧的主要发祥地。这"文艺三枝花"都是我国优秀的民间艺术遗产。乐亭大鼓对北京琴书、京东大鼓、东北大鼓、铁片大鼓、评剧等姊妹艺术的形成和发展曾产生了较深的影响，对研究乐亭社会文明发展史及民俗文化史、鼓曲曲艺发展史，都是可贵的资料。

产生于乐亭县的乐亭皮影，是乐亭人长期生产生活实践的结晶，是皮影艺术在长期演出过程中不断继承、改革、创新、提高、升华的结晶。

乐亭皮影戏早负盛名，流布区域宽广，享誉关内外，俗称"乐亭影"。是我国皮影戏的一个主要剧种，具有浓郁的地方特色。自金代到清初六百多年间，这种集民间美术、民间音乐、民间舞蹈、民间说唱等一身的综合性的戏曲表演艺术逐渐发展成熟。外地人把乐亭话叫"呔"话，因此人们又把乐亭影叫作"老呔影"，有成就的艺人都说一口纯正的乐亭话。又因乐亭影的影人和场景均用驴皮刻制，于是人们又把它叫作"驴皮影"。

乐亭皮影俗称"老呔影"，道白是地道的、纯正的乐亭话，发音吐字方式、唱腔旋律走向完全依照乐亭语音规律起伏变化。乐亭话有些独特，吐字发声像带有曲调一样，有一种音乐质感，有外地人说"乐亭人说话像唱歌""乐亭语调带水音儿"。乐亭皮影优美动听，乡土韵味极浓。有戏剧专家评价乐亭皮影"唱腔优美，娓婉动听，穿透力强"，赞叹乐亭皮影演唱"绕梁三日"。乐亭皮影雕刻和操作技巧也别具一格。

乐亭许多人家的匾额上，会常见到"耕读传家"这四个字。"耕读传家"既学做人，又学谋生。这四个字的传统在乐亭老百姓中流传深广。只要不是很穷的人家，都会尽力供子弟上学念书。久而久之，乐亭自然形成了很好的文化风气。

在乐亭历史悠久的文化风气的长期熏陶影响下，无论是古代，还是近现代，乐亭这块土地上，学者、书画家、作家、艺术家等名声远播的文化名人为数不少，可谓人才济济。20世纪30年代末出生的、日后成长为中国当代著名花鸟画家的王晋元便是其中的一位佼佼者。这位佼佼者在八九岁时便离开了家乡，到北京、天津求学，大学毕业后又到云南工作几十年，直到逝世。可他一生都忘不了故乡，他在自己的画作上，总是要钤上一枚印章，上面镌刻着两个字——"乐亭"，以寄托自己对故乡、对童年的深切的眷念之情。

2. 自幼喜爱画画的孩子

王晋元家所在的古河乡位于乐亭县西南部，地处渤海湾中心地带。他家那个村庄"吴家兰坨村"的"坨"字有"沙坨"的意思，是一种具有沙地特色的地名通名，乐亭农村的村名中用上"坨"字的有许多。因为乐亭县是滦河从上游携带大量沙石自北向南顺流而下，经千百万年的沉积，乐亭大地便形成了以沙地、沙丘为主的冲积平原。故乐亭村庄的取名许多都与沙地特色有关，或者带上个"坨"字，或者带上个"滩"字。"滩"字就有沙滩的含义，村名中用上"滩"字的村庄大都分布在南部临海一带。

王晋元的父亲王学海在成家之前一直在外面读书。后来由父母包办，与大他3岁的古河乡吴家兰坨村的姑娘张锡美成亲。做了丈夫后，王学海与很多乐亭人一样，也在外个体经商。他头脑灵活，能吃苦，做的生意不大，倒也能让妻儿过上不愁衣食的平静生活。王家自己还开了一个做瓦盆、瓦罐的家庭手工作坊，雇了几个师傅干活，放手交给师傅们去打理。

吴家兰坨村是一个瓦盆之乡，村子里很多人家都开有这样的自家的瓦盆手工作坊。说起做瓦罐、瓦盆，这可是吴家兰坨村的特产。在滦县、昌黎、乐亭一带有广为流传的这样一句歇后语："吴家兰坨的瓦盆——一套一套的。"

吴家兰坨村瓦盆烧制历史颇为悠久。打明朝以来，瓦盆便成为了乐亭民间百姓普遍使用的生活用具。在乐亭的农家院里，无论院子主人是贫是富，家中所用的饭盆、菜盆、洗脸盆、水罐等，用的全是瓦盆。说起泥瓦盆的好处来还真多，如夏天用泥瓦盆来盛放粥，一天之内都不会馊；用泥瓦罐来保存鸡蛋，既能防鼠，还能保持鸡蛋新鲜；用泥饭筛子馏馒头、蒸红薯，也不会有多少水汽。吴家兰坨村各家各户的瓦盆作坊所产的瓦盆，在昌黎、滦县、乐亭一带好卖得很，还真不愁没有销路。

这里的孩子几乎都喜爱玩泥巴。泥巴是这里最多的东西。凡是这里长大的孩子，都有过一段玩泥巴的经历。这是一段无忧无虑的童年时光。春暖时节，几个小伙伴们相约着找庄院的空地上摔泥。仨一群、俩一伙的，用水和好泥后，便高高兴兴地摔开了。看着摔的泥巴在地上开了花，听着摔在地上那"吧、吧"的清脆的响音，小伙伴们可高兴了，满脸的泥土，满脸的汗滴都顾不上擦一擦。小孩子们还喜欢捏泥巴玩，用泥巴捏成猪呀、狗呀、虎呀，或者捏成兔呀、鸡呀、鸭呀、鸟呀等各种动物家禽。甭管捏得像不像。不像也开心，像了更开心。

王晋元的童年也同村里的小伙伴一样，喜欢捏泥巴玩，用泥巴捏成一些小动物。他才两三岁的时候，父亲便离开家乡，到天津做事去了。父亲进了一家私人开的商业公司，当了一名职员，勤勤恳恳地挣着薪水，家中所有家务便全由妻子操持了。

王晋元的母亲张锡美是一位家庭妇女，为人朴实，没有多少文化，勤劳节俭，把家务操持得井井有条。王晋元有个大自己8岁的哥哥叫王魁元，另外有过两个小哥哥，可惜两个小哥哥都早早地就夭折了。大哥魁元到外村办的小学读完高小后就又在外地念中学，平常不住在家里。王晋元在念小学之前，家里平常就只有爷爷、奶奶、母亲和他四口人。小晋元在家里没有玩伴，有时会有些寂寞，便自己拿张纸，拿起铅笔，对着墙上贴着的年画学着画起来。画人，画马。年画上有什么，他就比着画什么。至于画得像不像，画成什么样，那都不要紧。不管画得像不像，他都喜欢画。

在他五六岁时，年龄比他大4岁的一个表兄寄住到了他家。表兄的名字叫孙义棠，是晋元父亲的亲外甥。义棠表兄的妈妈是晋元的大姑，晋元管义棠叫"三哥"。表兄家住马头营，他在马头营小学上二年级，可是日本兵强占了他们学校，竟把校园当成了兵营。小学生们没地方上学了，只好待在家里。于是，义棠的母亲把他送来晋元家，让他在吴家兰坨村小学插班念书。

每天，晋元都在义棠快放学时，早早地站在家门口，等着义棠回来同他一起玩。他对义棠非常热乎，很友善，一点不跟义棠生分，让原本还有些腼腆的义棠很快消除了拘谨，融入了这个家庭。

义棠到晋元家的第一个星期天，早饭后，晋元便领他在院内玩耍，也顺便帮他熟悉家里的环境。晋元家的房子和院子都很宽敞，义棠见二进院的厢房边的地上有十多只鸽子在啄食，还有母鸽正在给小鸽子喂食。义棠从来没有这么近的距离看到过鸽子喂食，很高兴，又想多走近些看个清楚，但又怕它们被吓飞了。晋元在旁边看出了正在犹豫的义棠的心思，上前一步扯着他的衣袖说，"三哥，走，我带你到一个好地方看鸽子去！"接着，他快步跑进厢房抓了几把玉米放进衣袋里，出来带着义棠绕到厢房北侧的一架木梯边。他先顺着木梯爬上了屋顶，转过身来招呼："来，快爬上来！"

上到屋顶，义棠惊奇的发现，屋顶上面很平坦，东侧的外墙仅高出一米上下，上面就像一张宽大的床，不会让人觉得害怕。晋元递给义棠一把玉米："你不是想看鸽子吗？你手里有玉米，还怕鸽子不飞来你手上啄食？"晋元边说着边把玉米放在手心里，伸开手臂去招引鸽子。义棠也照着晋元的样子做，果然鸽子就真飞到俩人跟前。义棠眼瞅着鸽子落到自己手臂上啄食手心上的玉米粒，起初还多少有点害怕，生怕鸽子啄到自己手心上的肉，把手臂伸得直直的。过了一小会儿，就不害怕了，脸上堆满了笑容。他是第一次这

和母亲张锡美合影

样喂鸽子，高兴得不行！

俩人这样喂了一会儿鸽子，都蛮开心的。玉米粒喂完了，晋元故作神秘地说："三哥，三哥，你晓得鸽子走路和麻雀走路有什么两样吗？"义棠回说："哟，这我倒没注意过，那你说呢？"

晋元脸上流露出一丝小得意，对义棠说："我晓得哩！鸽子走路是像人一样，一步一步地走。麻雀呢，是一跳一跳地，不像鸽子那样一步一步地往前动。你说对吗？"

义棠听了晋元的说法，不由得不佩服这个小表弟，心里有点惊奇，还有点惭愧。小表弟才6岁呀！对事物的观察竟能这样细心！

又一个星期天，刚进入初夏。晋元领着义棠去自家的瓦盆作坊逛逛，他知道义棠的好奇心比较强，喜欢看一些没有见过的东西。晋元家的瓦盆窑坐落在村外一处很偏僻的地方，拐弯抹角走了好一阵才走到。窑场周围有几间简易房子，中间是一块不小的场地，码满了烧制好的大大小小的泥盆、泥罐、泥饭筛子。院内一角是正冒着青烟的自制的土窑。

大致说来，做瓦盆的家庭作坊中最少需要6个人密切合作才能完成所有工艺步骤。晋元带着义棠先去和泥的地方看师傅们怎么和泥，那可是个累人的活计，只见几个人光着脚在泥上不停地踩踏。义棠问师傅要踩到什么时候哩？师傅告诉说，"这些土从地里挖出来后，要先晒干，然后用筛子慢慢筛，将筛出的土块碾碎，一点一点地挑出杂质，剩下的细土才能用得上。要把这些细土泥变成能做瓦盆的泥剂子，需要用脚反复踩上16遍才行"。

好奇的义棠还很快发现了一个小"秘密"——这里用的黏土的颜色很特别，是淡蓝淡蓝的，不像自己村子的黏土都是黄色的。联想到晋元家这个村庄的名字"吴家蓝坨"，他心里明白这个村子怎么会叫作"吴家蓝坨"了，中间这个"蓝"字不就是蓝色黏土的"蓝"吗？

看完和泥，他们又到了制胎的地方看制胎。制胎是在室内，不能在外面。只见房间里地上挖的一个坑里，安装着一个一米大小的木质地轮，它的顶部刚好与地面一样平。一个师傅站在地轮的旁边，用一只手臂伸上去握住从梁

吴家蓝坨

上垂下的一根绳索，一条腿站稳地上，用另一只脚往后猛蹬地轮，连续不断地一直在蹬。地轮被蹬得飞速旋转着。正对转轮的方向是用木板搭成的简易长条凳子，一个小水盆置于简单的灶台上，盆底淤积着厚厚的泥。另一个师傅坐在地轮坑外边的这条长凳上，双手不断地沾水打磨泥巴，在扣在地轮中心的泥巴上做出摁压、拔高等不同动作。

真神了！那块泥巴在师傅的打磨下，一会儿变成圆筒状，一会儿变粗、变矮、翻边，很快，一个花盆的泥胎就在师傅灵巧的手下出现了。泥胎完工后，师傅拿出一只小竹弓，利用弓弦把盆胎从地轮上割下，另一人用木托板将盆胎送入阴干室内阴干，等待入窑烧制。师傅告诉晋元和义棠，盆胎阴干的时间很长，不能直接放在阳光下暴晒，那样会开裂。阴干期间还要做好几道工序，刮膛、整形、上釉。晋元和义棠看得可仔细了，几乎没有漏掉过所有制盆工序，边看边问，明白了不少做瓦盆的知识。

师傅给了他俩每人一块泥巴。这可是特别加工过的泥巴，看上去油黑瓦亮，里面添加了铅粉和棉花，再用来制作东西就不容易开裂。他俩可欢喜了，双手捧着泥巴，找了一处既安静又风凉的地方，坐在地上，各自专心地捏起东西来，那劲头可认真了。

这柔软而乌亮的泥巴在他们手里，一会儿捏成这样，一会儿捏成那样。捏了不满意，再揉掉，又捏，还不满意，再揉掉。搞了好一阵，义棠终于捏成了一个"望天犼"，晋元捏出了一个小兔子。他俩把"望天犼"和小兔子放在地上晾晒着，然后捡了一些石子和碎瓦片，坐在大树下下起连子棋来。直到天很晚了，才小小心心地捧着两个小动物尽兴而归。回到家时已是黄昏了，他俩先进到厨房，把泥做的"望天犼"和小兔子放进灶膛里面，打算让灶膛里的余热烘上一夜。放妥当后，才去同家人一起吃了晚饭，也没告诉母亲有小东西放在灶膛里了。

第二天早晨晋元的母亲做完饭掏灶坑时才发现了这两个泥捏的小动物，可是已经被碰的有点变了形。早饭后，母亲把晋元和义棠叫到跟前，说："你们捏的小动物放在灶膛里咋不事先告我一声，被我掏灶坑时碰变形了哩。这两个小东西做得有模有样的，要是弄坏了多可惜呀！"

有一次，爷爷、奶奶都不在家，晋元和义棠在奶奶的屋子里玩。屋里暖炕东西两侧的墙壁上，贴着大幅的"穆桂英挂帅"和"西游记"彩色印刷连环画。晋元要义棠念画上的文字给他听，义棠便一边念一边添油加醋地讲这些故事给他听。晋元眼睛盯着画，静静地听着故事，不时还问个小问题。

晋元问："三哥，你家屋子里都贴些什么画？也是这样的吗？"义棠说，"不，不一样，我妈屋里北墙上挂了两幅山水画，画的不是什么故事，没多大意思，一直挂着这两幅，颜色都挂旧了哩。"

过了一会儿，义棠对晋元说："我们一起来学画画怎么样？"

晋元高兴地："好，好呢！画什么？"

接着，他又说道："三哥，画上这匹白马多雄壮，我们就来一起画马吧！"

"好呀！"义棠应着，找出了纸笔和橡皮，俩人便聚精会神地各自画起马来。

俩人对着墙画上的马画开了，画了擦，擦了又画，很用心地在画。表兄画的马虽然不太像，但自己还算满意。

晋元把他的画推到义棠面前，说："你看我这马画得不咋地，咋看倒咋像条猎狗，哈哈！你说呢？"然后他盯着义棠的画看了好一会儿，说："你画得比我画得好，只是我看马的尾巴有些不像，有点像牛尾巴哩！"

"你说说马尾巴跟牛尾巴有啥不同？"

晋元说："要说不同嘛，马尾巴和牛尾巴我都好好瞅过哩！马尾巴是从根部起，一下子就长出长长的马尾毛。牛尾巴是根部很细，毛很短，再过了一节才长出长长的尾巴来。"

听了晋元这样说，义棠心里觉得真是不能小瞧了这表弟！他瞅东西瞅得仔细着呢，就像成一种习惯了。他比我小好几岁，有些事我倒真还不如他哩！

义棠在晋元家住了一段时间后，抗战胜利了，小日本被赶出了中国。义棠也离开了晋元家，回自家马头营去继续念书，表兄弟俩这短暂的快乐时光结束了。

二、少年时代的向往

1. 街上找到的绘画启蒙老师

抗日战争胜利后两年，晋元的父亲到北京进了一家私人公司任副经理之职，便把家也搬到北京。晋元父亲搬家到北京前便先写信给义棠表兄的父亲，说这回自己家的孩子都到北京去上学了，北京是个文化之都，不如让义棠一起到北京去，就同他们住一起。义棠和晋元处得好，俩人也都有个伴。

"这敢情好呀！"义棠的父母自然高兴地同意了。

晋元父亲租到的住房，是在东城崇文门东边叫毛家湾巷的一个大杂院里。正房的住户在肥皂厂上班，上下两个耳房，各住着别的租户。晋元家租住的是三间西厢房。

晋元家这时的人口增多了，晋元下面有了一个三四岁的妹妹和一个还在襁褓中的弟弟。在北京念中学的哥哥魁元也从学校搬回了家里住，全家六口人，加上表兄是七口人。用三间不怎么宽的厢房，是感到有些挤。挤就挤点吧，一切都因陋就简，也没有添置多少家具。三个男孩子这间屋里，魁元睡桌旁安的一个行军床，晋元和义棠挤着睡对面靠墙处用长条凳和木板搭的一张简单板床。

这时正是暑假期间,北京的暑天够热的。晋元和义棠挤在一张小床上,更是烘热难耐,俩人都常常是一身大汗,难以入睡。可是再怎么挤得不舒服,再怎么热得难受,晋元都从没有表现出一丝一毫的埋怨情绪。

晋元家往南不远处有一道东西向的内城城墙,那里游人极少,风景幽静,城上非常宽敞,简直可对开两辆汽车,东面望去是高高的崇文门和东便门城楼,南面望得见蓝琉璃瓦的祈年殿金顶。晋元和义棠都喜欢站在城墙上观风景,抬头看看蓝天白云,往远处眺望一下京城景象,也是他俩的一种乐趣。

有一天,他俩和往常一样,沿着漫长的坡道走到城墙顶上,突然听到有"噗噗"的声响,好像是从不远的酸枣丛中发出,他俩便分别从两边轻手轻脚地向树丛围过去。原来是一只白色的鸽子在树丛中挣扎,晋元小心翼翼地把它抓在手上,拢在怀中。仔细一看,发现鸽子的翅膀根部有血,像是受了些轻伤。晋元说:"走,我们把它带回家去,给它上点药,会好的。""好啊!"义棠应着。俩人便沿着坡道往城下走去。

没想到,他俩走到城下时,却凑巧赶上看到了一场惊险的表演。

有人要在这里沿墙面徒手爬城。这可真是一件新鲜事!他俩还从来没见过这等稀罕事哩。于是,他俩便不急着回家了,抱着鸽子站在一边等着观看这精彩的徒手爬城。

不一会儿,在城墙根处,果然有两个十来岁的小男孩,背靠墙站立着,脸朝外,两臂平伸,手心扶墙,俩人间相距约十米。开始了!只见他俩两腿像青蛙一样,一曲一伸地交互跟进,"嗖!嗖!嗖!"上城速度极快。爬了十来米,俩人贴着城墙面歇了一小会儿,然后又"嗖!嗖!嗖!"一口气爬上城头。爬上城头还不算,俩人又在城墙垛口上做起了倒立。天哪!太惊险了!太精彩了!众人看得瞠目结舌,回不过神来。

两个小男孩从城墙垛口退到城墙顶上,没有了身影。围观者还都站着不动,以为他俩还会下来,重复再做爬墙的表演。但两个小男孩再也没出现了。

回到家后，晋元找出些消炎的药，给鸽子敷上。这鸽子是只家鸽，不怎么怕人。晋元和义棠每天给它喂一些高粱、玉米。不到十天的光景，鸽子的伤口就好了。晋元和义棠就把它放飞了，让它飞去寻找它的主人。他们相信，这种家鸽，肯定能找自己的家的！

鸽子放飞后的好几天中，义棠感到晋元似乎总是有些闷闷不乐，还以为晋元是舍不得那只鸽子，便拿话哄他，答应买一只鸽子送给他。可晋元说，"三哥，不是的，不是因为那只鸽子，那天从城墙回来后，两个男孩爬城墙的场景我一直忘不掉，那场面真叫人不敢相信！三哥，你说，人咋能做得到这样呢？这是个什么道理呢？我想不透！"义棠听了晋元这番话后，也沉思起来，也有同感，却也想不明白是什么道理。

晚饭后，义棠约上晋元向晋元父亲求教。

晋元父亲对他俩说，"你们这问题提得好，遇事能多动些脑筋，让我非常高兴。小男孩爬墙这事，可能就是现在已濒临失传的一种中国功夫，叫作'蝎子倒爬城'。我以前是听说过，却没有亲眼见到过。这真是很惊险、很刺激的。我想它也和一般的杂技节目一样，都会有共同的这几个特点。一是难度相当高，让一般人望尘莫及；二是都有一定的科学道理，从而使其具有可行性。如果说，一个人非常有气力，能够自己抓住自己的头发把自己带起来，就不会有这回子事，因为它没有科学道理；三是一定要有老师指导，这样能集中几代人的经验教训，省时省事，减避风险；四是都必须经常练习，持之以恒，只有勤学苦练才能做到熟能生巧，才能使技艺炉火纯青。其中第四点最重要。要达到要求还必须具有三种精神，就是不屈不挠的精神，吃苦耐劳的精神，开拓向前的精神。其实练功夫如此，你们现在的学业也如此，日后干一项事业，也如此。我想，这就是你们从这件事中应该得到的启迪吧。"[1]

父亲这一席话让晋元和义棠听来有一种茅塞顿开的感觉。

秋季开学了，父亲把晋元和义棠送进了汇文小学插班读书。这是一所私

---

[1] 孙义棠：《童年回忆》，2013（未刊稿）。

立小学,却很注重学生的素质教育。书法、美术、音乐、劳作各门课都分别有专门教师任教,教他们音乐课的就是当时著名的儿童教育家孙敬修老师。学校还不时从校外聘请一些老师搞一些专门的初级讲座,启发学生的心智。这对夯实基础、促进学生全面发展是很有好处的。

各位老师的教育也很得法,孙义棠多年以后回忆说:"比如,当时美术老师教我们画国画,主要是教画山茶、藤萝、葫芦等花卉,先像写仿影一样,用毛笔勾勒出外廓,再用花青、藤黄、赭石、大红、铅粉等颜色调好后,涂在叶片或者花瓣上。课堂、课外都有作业,老师还经常做讲评。劳作课内容也颇具技艺性质,如老师教我们用硬纸板刻出风景和人物图像,镂透,然后涂上墨,挂在白墙上,黑白分明,非常有质感,称作'铁画'。也有时教学生用黄泥捏成一段十厘米长的蛀腐的树干,外表满是老皮、疤节,中间蛀空,仔细看来,却是个情趣很浓的笔筒。"

孙义棠还记得这样一件事:"北京解放不久的一个夏日,天空下起了瓢泼大雨,四合院内积起了很多雨水。这种现象在过去是从来没有过的。雨停了,院内积水仍然很多,舅母让我和晋元看看到底是怎么回事?我俩各拿了一段短棒四处查看,后来终于发现院子的外墙,靠近大门口的左边有一个洞,有一小股水正从里面流出,但水流很小,明显是里面有东西堵着。我俩用木棒通一通,发现果然里面有东西,便用手去掏,结果从里面掏出一卷破布和两个比粉笔盒还大一点的盒子,这盒子新新的,外面印满了英文字。晋元没有开英文课,我也只是开始学,看不懂上面的文字,拿来英文字典查了半天,才仿佛知道与武器有关。于是没敢打开盒子,直接送到附近的派出所,警察叔叔当着我们的面打开盒子,啊!原来里面是满满的、摆得整整齐齐的崭新的手枪子弹,警察叔叔当即表扬了我们,打听了大院内外的一些情况,叮嘱我们要提高警惕。"[2]

在毛家湾住了几年后,晋元家又搬家了,搬到了西城区。租的也是一个四合院的西厢房,这个院内除房主以外,只有晋元一家租住户,因此院内显

---

[2] 孙义棠:《童年回忆》,2013(未刊稿)。

得很清静。

这一年，晋元念小学三年级，转进了崇实小校插班就读。

暑假的一天下午，父亲从外面回来，一进院，就满脸堆笑地对晋元和表兄义棠说："今天我在回家的路上，路过一个大的门洞，门洞上方挂着一幅一尺多见方的、黑白颜色的画像。画的是一个老者，花白稀疏的胡须，脸上褶皱分明，那神态、那效果，简直比相机照的都好。不信你俩明天去看看，如果喜欢，你俩可以去报名学画，学费我给你们交，怎么样？"

第二天一大早，晋元和义棠便兴匆匆地去寻找父亲讲的那个大门洞。因为那门洞是临街的，他俩很容易就找到了。一看那个画像，正像父亲所说的那样，这画像果然画得不错，跟站在旁边的人一打听，那人告诉他们说这是用碳精画的。

晋元和义棠都是从小喜欢画画的，俩人都决定去学学试试看。晋元父亲一听俩人都蛮乐意去学学试试，马上就领着他俩去找老师报了名，交了学费。然后又领着他俩去文具店，按老师提的要求，买了碳精粉、橡皮、图画纸、放大尺和一捆大、中、小的毛笔等必要的学习用具。

到了开课那天，晋元和义棠早早地便到了学校。这是一个私人办的小型培训班，学员老少都有一共不到二十人。授课老师是位女的，年纪大约不到四十岁，长得胖胖的，打扮得朴素得体。她首先讲碳精画的特点，然后讲解各种工具的使用方法，讲得很详细。

"原来大、小毛笔，还要经过自己加工后，才能使用，先是用稀胶水，把笔毛胶在一起，晾干后，仅把鼻尖部搓揉开三毫米左右，成一个小刷子状就可以了，接着又手把手地教怎样使用放大尺，怎样调整使之用小小的照片才能放大若干倍等，以后的好几课都是上课时老师每人发一张样子，都是人的五官，如耳、目、口、鼻等，让大家照样子学画，一两天换一种，最后就是学画发、须、眉等，约一个多星期才画完整个头部，啊，这样大约总共过了十来天，老师给我们布置了一件课外作业，就是自选一张著名电影明星的艺术照，限用三天时间画一张八裁大小的肖像。作业下达后，晋元选的周璇，我选的王丹凤的照片，各自认真地画了起来。自己愿意干的事干起来都很认真，互提意见，反复修改，最后总算在限定的时间完成了作业，只不过我俩觉得刚刚接触美术的习作者，在作画时，离不开放大尺，不是一种好的现象，有碍于自己能力的提高，因此在画轮廓时，我们都没有使用放大尺，但却没敢向老师说明，怕引起老师的不快。

我俩的作业交到老师手里，老师非常满意，夸我们接受能力强，认为我们在班上年纪最小，但学习成绩最显著，学习时间虽短，绘画的基本技法却都掌握了，建议我们把作业留作纪念，可以提前结业。至此我们业余学画即行终止了。"[3]——孙义棠到了晚年还如此清楚地回忆起他和王晋元少年时代学画画的往事。

2．初中时的小误会

北京解放后，晋元的父亲便离开了那家私营公司，在一段时间里谋事未成。1952年，父亲经人推荐到天津找到一份公职工作，进入天津市轻工业公司做职员。

于是，晋元家又搬到天津。表兄义棠已上初中，住进了学校，并开始在校半工半读。以后多年都没有机会再与晋元相处，但他俩少年时代结下的深厚情谊却令义棠永难忘怀。日后，在王晋元英年早逝后，孙义棠晚年写了一篇情真意切的回忆文章，文中这样说道：

"晋元和我都是从小就非常喜欢美术，但在中学毕业后却各自走上了不同专业之路。我开始攻读理工专业，而晋元始终把美术当作自己热爱的一项事业，并倾注了整个生命去耕耘、去开拓，并最终取得成功。但世上没有十全十美的事，十二年前，正值他的事业如日初升，他的成就步入最辉煌的时刻，他却撒手人寰，过早地离开了我们。但是，他在事业追求中，所表现出的那种不屈不挠、勇往直前、艰苦奋斗、不惧艰险、开拓进取、推陈出新的

---

[3] 孙义棠：《童年回忆》，2013（未刊稿）。

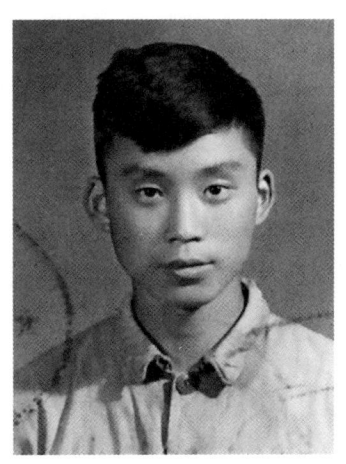

少年时代

奋斗精神，和他用一生的心血所创作出的宝贵作品一起，永留人间，特别是在他少年时期就闪现出的待人热情友善、真诚善良、宽宏大度、朴实无华的优秀品质的人格魅力，都给我留下极深刻的印象，会永远记在我的心上。"[4]

晋元的大哥魁元此时在北京地质学院读大学，快要毕业了，也没再回天津。于是，晋元和弟弟、妹妹随父母搬至天津，一家五口人又开始了在天津的生活。晋元的父亲后来自己坚持读函授大学，学统计学，毕业后转到了河东区人委工作统计科工作。他性格稳重，工作踏实，一段时间后，当上了统计科的科长。

晋元到天津后，进入天津市第13中学念初中。13中是这一年刚刚成立的，位于河西区大沽南路。进入初中，在学校里，晋元尊敬老师，与同学友好相处，学习也努力，眼界又开阔了一些。课程多了起来，慢慢地，他对各门课程的兴趣也出现了差别，从中也显出了自己的天性。晋元爱好美术的天性在初中阶段就有了明显的发展，绘画能力也有了提高。在初三上学期的美术课上，还发生了一件让美术老师误会他的事。

这学期，美术课上老师教素描技法。开始是画瓶瓶罐罐的一些静物，然

---

[4] 孙义棠：《童年回忆》，2013（未刊稿）。

后是棱角分明的人物石膏像,未涉及人物写生。临近期末,老师让学生自选画一个人物石膏像交给他,作为这学期的平时成绩。这平时成绩很重要,要和期末考试成绩一起平均出这科这个学期的总成绩。

晋元选了一个"卖花女"的头像,非常认真地画好后,去办公室交到老师手上。他本以为老师会给一个高分。只见老师拿着画端详了好一阵,皱皱眉,在画页的一角写了个"100"分,可是,接着前面又加上了一个负号。晋元大吃一惊,头也"轰"的一下大了。他真没想到会是这样,然后鼓起勇气,轻声问老师:"老师,这个'-100'是什么意思?"

"这画是你自己画的吗?用别人的东西交作业,给你这个成绩难道还委屈?"老师用愠怒的眼神望着他说。

听了老师这样说,晋元心里才明白,原来是老师搞错了。于是他大着胆子地辩解说:"老师,我决没有抄袭,我作画时有很多同学在现场,他们都可以给我证明。"

老师听了这话,目光直视着晋元说:"不用别人来证明,我就坐在这,你现场画我好了。"

晋元心想,反正我没做亏心事,就不怕鬼叫门!立刻从书包里拿出纸笔,开始画了起来。还没画多长时间,老师轻轻地站了起来,走到他身旁,看了看他还没有画完的画,心中便明白了——这个学生是能画出他的"卖花女"的!

于是,老师对晋元说:"行了,就别继续画了。"然后,稍作思索,从桌上拿起晋元原来交的那张"卖花女"作业,勾掉了先前写的成绩,很郑重地改写成"+100"分。

学年结束评定年终总成绩时,老师竟然破天荒地给晋元的美术课打了满分。打这以后,直到毕业离校前,美术老师对他特别好,经常说一些鼓励他的话。以后,晋元对美术更喜欢了。

不久,晋元开始学着练习画中国画了。

1952年夏天,晋元初中毕业,但他没有在暑假后直接在天津升入高中。

究竟在哪里念高中，他主意还没打定，于是辍学在家待了一年，其中有半年在一所小学当代课老师。这段代课经历对晋元的成长是有好处的。做了半年的代课老师后，晋元也终于想明白了，应该去北京念高中。

其实父亲内心里还是希望晋元去北京念高中的。父亲是个有文化的人，他一直都持这个看法——"北京是个文化之都"。现在，晋元已经17岁了，已长成个大小伙子了，独立生活，对他也是个锻炼。再说，晋元的大哥魁元现在已大学毕业，留在北京地质学院当助教了，晋元有什么困难还有魁元关照呀！于是，父亲与魁元说好，原本魁元每月按时寄回家里的10元钱就不用寄回了，直接就给晋元作为他每月的生活费。

晋元心中一直向往的北京大学和中央美术学院都在北京，去北京念书，离北大和中央美院不就很近了吗？

于是，1956年暑假结束后，晋元离开天津，离开家，独自到北京考入了北京24中学念高中。

3．人才的摇篮——北京24中学

开学的第一天，当王晋元伫立在北京24中学门口的时候，他也许并没有完全清楚地意识到，这所学校将会给他日后的人生道路带来多大的影响。

一般说来，青少年时期，特别是高中阶段的学习环境，对于一个人的成长，会产生很大的影响。

从此时开始，经过这所学校三年的学习生活后，王晋元将从这里启航，踏上正确的人生道路。这三年的学习生活为他日后成长为中国当代著名花鸟画家起到了不可忽视的作用。

北京24中学是一所历史悠久、底蕴深厚的学校，其前身是1923年6月1日创建的"北京私立大同中学校"，通常简称"大同中学"，创办人是当时北京大学的五位教授：蔡元培、蒋梦麟、谭熙鸿、丁燮林（即丁西林）与颜任光。这五位可是大师级的人物，都有很高的学术成就。蔡元培还是北大校长，蒋梦麟是北大总务长，谭熙鸿是生物系主任，丁燮林、颜任光先后任北大物理系主任。他们也是大同中学董事会的终身董事。谭熙鸿担任大同中学的第一任校长。

20世纪20年代，中华民族风雨飘摇，内忧外困。不少有识之士奋起义举，办学兴教。"大同中学"的创立，是蔡元培等五位教授"尽力于平民教育"的实践。他们以孙中山先生的"世界大同"为指导思想和终身追求，筹办了这所"大同中学"。秉承"天下大同"的社会责任感，以"人人谋划发展，人人创造快乐，人人享受和谐"为办学宗旨，"大同"，承载了学校历届师生的渴望和追求。

当时，蔡元培认为：作为五四运动的重要结果之一，实施竭力扩张平民教育，其核心是要抓住创办中学不放。在那段军阀混战、教育经费无法保障的年代，动员社会资金为当地民众创办私立中学，则是更为稳妥可行地开拓平民教育的做法。在"大同中学"正式创立前的头一天，蔡元培为上虞白马湖春晖中学校的诸生发表演说。他的演说有这样一段话：

中学时代，是人生中最重要的一段。一切身体上、精神上、知识上的基础，都在这中学时代养成。

大同中学的首任校长谭熙鸿1891年出身于上海平民家庭，青年时期加入同盟会，投身辛亥革命，此后，在孙中山的秘书处工作，再经两度留学法国六年后，担任北大校长蔡元培的秘书。首任校长谭熙鸿遵照董事会确定的办学宗旨，首批招收三年制初中、高中学生各一班，筚路蓝缕，奋力作为，几年之后，办学业绩斐然，赢得了良好社会声誉。大同中学的校训是"敏健、笃实、恕慎、廉明"。此后的历任校长，不断承前启后，继承传统，发扬光大，以鲜明的办学特色，培养了一批批优秀人才。学生毕业后，或继续深造，或走入社会，参加工作，都为国家和民族的发展做出自己力所能及的贡献。

中华人民共和国成立后，大同中学于1952年9月由政府接管，改校名为北京市第 24 中学。

学校重视发展学生个性特长，全面提高学生素质，优良的校风和优秀的师资队伍，独特的校园文化和历史悠久的文明礼仪传统，使 24 中成为令少年学子们向往的学校。

这所学校的突出长处主要有这样几点：一是老师们都很敬业，热爱学生，恪守师德，为教育事业默默奉献着自己的一切；二是有良好的学习氛围和优良学风，学生普遍刻苦努力；三是开展多种课外活动，丰富的校园生活能使学生身心健全发展，让学生一生受益。

能进入北京 24 中就读的学生是幸运的，王晋元是幸运者之一。

北京 24 中坐落在名叫"外交部街"的这条胡同深处。"外交部街"是东单北大街中段的一条东西走向的胡同，因民国时期的外交部曾设在这里而得名。它明朝时叫"石大人胡同"。清朝时这里先后是端亲王府、睿亲王新府，所以校门都是古色古香的，门口还有两个石狮子。

北京 24 中 50 年代时的校园很美，在大同中学的基础上又有新建的一些东西。1960 届高中毕业生张帆对当年校园的回忆——

大同中学又有"大同花园"之称。园子很大，长满了五颜六色的菊花、秀颀的翠竹、袅娜的垂柳、挺拔的杨树，还有清澈见底的金鱼池以及假山亭台、长廊喷泉。泉水腾涌而出，水柱四射，乍大乍小，忽高忽低，其沫如散珠喷雾，在阳光的映照下，璀璨夺目，声如鸣佩，好似琼珠落玉盘。真可谓：风吹花香水流竹叶响，人悦心明志坚书声朗。解放后，学校又建起了花房和鸟舍，色彩斑斓的虎皮鹦鹉又为这座花园增添了诱人的生气。

北京 24 中的师资力量很强，许多知名的教育家都在这里当过教师，如贺翊新、徐楚波、齐燕铭、许孝炎、孙席珍、韩焕堂、董振波、符琴仿、孙梅生、赖钟声、侯长春、范至甫、于友西等。还有很多优秀的中青年教师教学水平都很高。50 年代时，本校高中毕业后留校任教的几位青年教师也都颇有水平,很受学生欢迎。老师们教学的风格不同,各有特色,但品德高尚、学识渊博、对学生耐心指导、关怀爱护、严格要求这方面是相同的。

五六十年代,学校的课余社团十分活跃,活动内容丰富,学生自由组合一些课外活动团体,也有的是由共青团和学生会组织的。有航模小组、数学小组、足球队、篮球队、田径队、朗诵话剧队、书法组、科技组等。只要爱好的同学就可以参加。北京24中的社团在市、区的多次各项比赛中均有上佳表现,在全市教育界赢得了不小的名气。同学们思想也很活跃,注重全面发展。

24中的教职员也是多才多艺的。那时候学校年节假期的文艺演出,都少不了老师排练的京剧。除了多位有京剧特长的老师的精彩表演总是赢得阵阵掌声外,以教导主任贺柏年、闫庆明,后勤主任李继善和总务主任这清一色的四个大个子客串的高级"龙套",是又一道别有情趣的风景线。

那时的24中是一所男校,王晋元所在的高一4班共55个男生。有性格很活跃的、外向的,也有的较内向。王晋元属于较内向的这种类型,平常话不多,学习踏实,尊敬老师,做事认真,班里和学校组织的活动都认真参加。

每年"五一"游园活动、"十一"的群众游行及晚间天安门广场的狂欢活动,北京市中学生的任务就是在每年两次的群众游行队伍中组成"文体方队",24中的全校同学都参加,在文体方队中扮演炼钢工人,白衬衫,蓝布背带裤,脖子上还要围一条白毛巾,手拿一把木制的"钢钎",行进到天安门广场时就随着音乐,边走边跳。王晋元在队伍中跳得很认真。晚上,同学们要到天安门前的广场上跳集体舞,与女中13中做友校,围成一圈,男女同学一对儿一对儿地跳,节奏欢快,广场上充满了青春气息和节日气氛。

学校每年元旦都搞大联欢,傍晚开始到零点的钟声响起才结束。以班为单位搞,各班用班费买些水果、干果,边吃边演节目,然后还搞巡演,各班带着拿手节目到其他班巡演,热闹极了。

王晋元在学校食堂开伙,每月交8块钱的伙食费。在学校食堂开伙的同

1959 年 4 月高三合影

学不多,大家每顿八个人一桌,每桌一盆饭,一盆菜,饭分成八份,菜大家自觉地分着吃,偶尔还有肉菜。大家围在一起站着吃,边吃边说笑,那气氛蛮好。

班上出班报,王晋元发挥绘画特长,为班报画报头、画图案、配小插图,为班报添色不少。有同学至今还保存着 1957 年出的班报第 5 期上王晋元画的配画《游哉游哉》,画的是六七条金鱼在水草丛中戏游的情景。线条简练,画得不错,看得出作者已经具有一定的绘画基本功了。

进入 1958 年,全校同学参加的集体活动很多。刚开春,十三陵水库破土动工。开工之后,全市的机关干部、大、中学生都利用业余时间轮流去参加义务劳动。激昂的劳动号子、快乐的歌声此起彼伏,各色彩旗迎风飘扬,昔日沉寂的荒山沟出现了热火朝天的劳动场面。王晋元与同学们一道,多次利用周末去参加义务劳动。

这年的春天还开展了一个全民运动——"除四害、讲卫生"运动,清除苍蝇、蚊子、老鼠、麻雀。苍蝇、蚊子、老鼠可以用拍打、下药的办法,对付麻雀就有点麻烦,除了用弹弓、气枪打之外,市民们发明了全民上房顶或摇旗呐喊或敲锣打鼓、敲脸盆、敲破锅的办法,使得麻雀无处降落觅食,最后活活累死，掉在地上。王晋元有时也和同学爬上屋顶或楼顶去敲脸盆轰麻雀，喊声笑声不断，可热闹了。

接下来又是全民大炼钢铁运动，24中也在后院建起了好几座小高炉，学校动员师生们捐献家里的废铜烂铁，冒着烟、喷着火的小高炉把大家的脸烤得通红，可是炼出来的却总是铁渣坨。

到处都在刮着"大跃进"的热风，学校还组织同学们到农村去参观。大家看到地里没人干活儿，野草长得一人多高，社员们天天到大食堂白吃饭，说是已经进入了共产主义社会。

为尝试怎样搞教育改革，学校组织了勤工俭学活动，同学们在学校西后院的车间里用肠衣与毡垫制作乐器的配件。

这些集体活动中，都能见到王晋元的身影。干这些劳动活儿时，王晋元都很积极，肯出力，干得很认真。

平时，王晋元他们班的课外活动总是开展得红红火火的。同班的王子元同学晚年这样回忆道：

"高一时参加了学校组织的国防体育运动'无线电收发报小组'，练习抄译电报、发送电报，高二时到北海少年之家参加少年科技站的航空发动机小组，那时有一架已退役的曾参加过朝鲜战争的苏制拉九式飞机，它的发动机是amA82型的，是我们学习的对象。去活动，可以不买5分钱的公园门票，为了省5分钱的公共汽车钱，我们都是从学校走到北海西南门，由北海西岸走向南岸，可以路过一个游戏室，我们就在那儿活动一下，玩玩克朗棋什么的。当时觉得航空模型是假的，要学就学真飞机。

我班学民乐，可以说把学校的民族乐器都搬到我班来了。我们一个班就可以组成民乐演出队。我们去拜年就派田常津、郑致中去演广东音乐。我班金景城喜欢京戏，我们很多同学就去他家唱戏，过年我们班演出'秦琼卖马'，吸引很多老师来我们班。记得店小二是王士铨扮的，秦琼自然由金景城演的。我和王士铨还演过相声，是我自编的段子。

庆祝新年联欢的谜语，智力测验，大多是我收集的或自编的，所以晚会

《游哉游哉》 1957 年 10 月班报第五期

上只有给同学兑奖，而我自己就没有得奖的份儿了。

我班在全校歌咏比赛上，仅用两周课余时间排练，演出大合唱'英雄战胜了大渡河'受到全校同学的欢迎。"

王晋元同班的几位同学步入晚年后编了一本《春花秋月——中学同窗影像集锦》，赵乃增同学撰写的"前言"中激情洋溢地写道：

回想高中之际，风华正茂，奋发励志，学习刻苦，尚有余暇，课外活动：难忘十三陵之劳动，"九九艳阳"。难忘大炼钢铁之狂热，左风正烈。难忘红色风暴之演剧，大渡河歌声嘹亮。难忘文学社团之活跃，班报诗文情酣畅。难忘校内外中队辅导，难忘科技馆战机雄姿。难忘植树救学友，难忘农田战三夏。难忘民乐音韵，难忘"卖马"唱腔。难忘"劳卫制"体育健身，难忘"到津门"中流游泳。种种难忘，历历在目，浮想联翩，形影再现；心如岁寒，志同璞玉，同窗数载，实为缘分，友于之情，铭记于心，堪可珍惜云尔！

这段话简练地高度概括了王晋元他们班同学们当年的风采，和同窗的深情厚意！

说起来，王晋元他们班最出彩的事还得数话剧演出。

1958年，王晋元他们班已升为高二4班了。这一年，他们班居然以一班之力业余排演了一出大型话剧《红色风暴》，令全校师生和社会上都对他们刮目相看。

这一年，先是中国青年艺术剧院公演了《红色风暴》。这是一出描写1923年中国共产党领导的京汉铁路武汉"二七"大罢工的大型话剧。剧中有许多罢工工人和镇压罢工的军警，剧院自身的演员不够，需外请几十位男群众演员。24中是离中国青年艺术剧院最近的中学。于是，王晋元他们班的全体同学就被邀去充当群众演员，演了几十场。中国青年艺术剧院演出的《红色风暴》在北京反响强烈，十分轰动。

这次扮演群众演员后，引起了很多同学对演话剧的兴趣，顾威同学是热情最高的一个。他和班里一些同学有点不知天高地厚萌生了想自己来排演《红色风暴》的念头。没想到学校与团委竟也热情支持。顾威和几个同学去征求中国青年艺术剧院的意见，人家竟也予以鼓励。好！全班同学便利用课余时间热火朝天地行动起来了。剧中有几个女角色，于是，他们去邀请友校13中的女同学来扮演。

排这么大的戏，没有经费，他们就自己动手，一切因陋就简。布景是大家一齐动手用旧报和秫秸秆儿糊的，画也是自己画的，王晋元就是画布景的能手。大家的热情加认真，经过相当一段时间的努力排练后，这戏还居然就排出来了！学校领导和青年艺术剧院的老师们审看后，一致加以肯定。青年艺术剧院还慷慨给予该剧的布景、道具和服装，演出之前还派剧院首席化妆师来给同学们化妆。

首演在学校大殿礼堂举行，王晋元他们班的全体同学都参加了《红色风暴》的演出。

首演相当成功！他们干劲十足，热情高极了！于是，又趁热打铁，到各中学去演出，均获得好评。他们又到一些工厂去慰问演出，都是好评连连。最后，他们"挺进"劳动人民文化宫和圆恩寺影剧院，进行了多场公演，轰动了全市！

话剧《红色风暴》中，施洋大律师为饱受欺凌的工人黄得发所作的这段辩护词，也深深感染着喜爱文学的王晋元：

工人弟兄们，工人弟兄们！哪一个妻子没有丈夫，哪一个丈夫没有妻子，他没了丈夫，她的丈夫才被魏处长的父亲谋杀了，她难道甘心俯首帖耳不表示抗议吗？不能，但是她毕竟不敢有所表示。她从小受尽了有钱有势人的压迫，她从小就过着牛马不如的生活，她体弱，她胆怯，她现在除了悲痛啼哭外，作不出任何表示。这难道公道吗？我们难道不应该为死者伸冤吗？这难道不应该要求魏处长父亲的儿子魏处长负责赔偿死难家属的一切损失吗？还有工人黄得发因为遭受魏处长父亲的纠缠，不得已跳车受伤，请看，他现在左额的鲜血未干，右腿和左肘都有伤痕。这难道也要他自己来负责吗？这难道不应该由魏处长的父亲的儿子魏处长——你，负责赔偿工人黄得发的一切损失吗！

  王晋元甚至能把这篇揭示主题思想、推进矛盾冲突、渲染舞台气氛的台词背下来，有时他自己会在课余时间找个人少的地方，学着剧中人物施洋大律师、节奏鲜明、抑扬顿挫、感情充沛地朗诵这段辩护词。他的同班同学晚年时都还记得王晋元当时那时而高亢响亮、时而低柔深情地学着朗诵这段台词的情景。

  王晋元在北京 24 中求学阶段受益最大的则是美术课。

  北京 24 中有好几位既有才华又有爱心的美术老师，他们在 24 中开创了学习美术的好传统，并且一直在努力为爱好绘画的同学创造很好的氛围和条件。稍早一些的美术老师有边炳麟、徐达夫。王晋元进校时的美术老师有侯长春、孙化民。这两位老师是莫逆之交，都是在 1953 年从师大美术系毕业后，分配到 24 中学教图画课的。24 中教图画课的先后多位美术老师用自己对艺术的热爱、对学生的爱心，在学校营造了让许多学生喜爱美术的氛围，创造了帮助部分热爱美术的尖子脱颖而出的条件。

  24 中，给我最深印象的人是侯长春和孙化民两位美术老师，他们也是我在将来进入美术界奋斗一生的启蒙老师。……提起 24 中的图画课先生，人们的脑海里立刻会浮现那两个形影不离的青年才俊：侯长春、孙化民。孙化民那真是面如冠玉，透着一股逼人的英气；侯长春则显得老成持重，摆定一副胸有成竹的平和。那时，我常常是落在他们身后望过去，那二位老师总是腋下夹着一摞绘画纸，在匆忙离去的同时，好像还絮絮叨叨地谈论着什么……[5]

---

[5] 毕国英、欧阳伟主编：《九秩弦歌 青春大同——北京市第二十四中学九十周年感言集》（内部印刷） 2013。

1962届高中毕业生黄鲁淳日后这样追忆道。

侯长春1929年出生于北京，满族，家境贫寒。少年时师从赵梦朱先生学习没骨花卉和工笔人物画，稍后，又从王仲华先生学习人物画。1947年参加"中国画学研究会"，参加研究会在中山公园举行的活动。1949年考入了北京师范大学美术工艺系，受教于系主任卫天霖先生，1953年毕业。作为解放后首届毕业生之一员，侯长春满怀热情地走上中学的教学岗位，对事业充满憧憬，教学很敬业，业余时间自己坚持创作插图和连环画。他创作的民间故事插图《宫蛙》，参加1956年北京青年美展并获奖，又入选参加全国青年美展。

孙化民高中毕业后，考入了北京师范大学美术工艺系，与侯长春是同学，一道受教于系主任卫天霖先生，其出众的绘画才能深得卫先生欣赏。

侯长春、孙化民老师除了擅长美术外，在京剧方面"各有千秋"。"侯先生也唱着玩，他没嗓子，但悟性高，拉胡琴还是不错的。他能从北师大如此众多的胡琴手里脱颖而出，实属不易。"——这是孙化民老师对侯长春老师的京剧水准的准确描述。

而孙化民老师呢——"他不但课教得好，还喜欢京剧，而且是男旦，他表演的《拾玉镯》《贵妃醉酒》和《女起解》，我至今难忘，水平相当高。我们学校的教师京剧团在北京市是很有点名气的。"[6]——这是留在一位学生心中的深刻印象。

侯长春老师很爱才。一发现对美术有浓厚兴趣、有美术天赋的学生，侯老师会满心欢喜，然后尽力引导，多加指导，点拨他怎么画，画画时应注意什么？有时还会给这个学生"开小灶"，指引学生欣赏名家画作，要求学生摹仿学习，让学生从名家名作得到熏陶，受到启迪。

王晋元进校后，便参加了学校美术组。一段时间后，他初步表现出的浓

---

[6] 毕国英、欧阳伟主编：《九秩弦歌 青春大同——北京市第二十四中学九十周年感言集》（内部印刷）2013。

1959年高三毕业班合影

厚的美术兴趣和美术天赋，被善于发现人才的侯老师注意到了。于是，王晋元得到了侯老师"开小灶"的"待遇"，除了平常多给他讲授一些绘画技能，引导多让他看一些名家名作之外，侯老师还几次带着他到离24中不远的中央美术学院，去看那里的老师画画，去美院图书馆看画册，让他从中多受启发——这倒真还是其他同学无法得到的"小灶待遇"。

遗憾的是，王晋元得到侯老师精心栽培的时间不太长。1957年夏天开始，侯老师和孙化民老师，就遇到了人生命运的转折。

经受了人生命运的转折之后，侯长春老师以潜心学画之平常心度日，常到颐和园里写生。他身边仍有几个青年追随他学画。60年代初期，他又专注于学习中国画，到故宫博物院绘画馆面对珍贵的原作临摹历代古画，坚持了几年时间，有不小的收获。

1979年，他创作了《水浒人物》组画，在北京首届工笔重彩画展上露面，受到叶浅予等老一辈画家的肯定和鼓励。次年，这部作品被评为北京市文学艺术创作甲级奖。此后，荣誉接踵而来。接下来的十年中，他又创作了《伯乐相马》参加建国30周年美展，创作了《卖炭翁》《完璧归赵》《释迦圣迹图》组画等工笔画。其中一些作品曾送印度、美国、日本、中国台湾等地交流展出。

退休后，侯老师致力于研究北京民俗文化，以十年之功，绘了130余幅北京风俗画，在中国美术馆展出，得到观众的肯定和鼓励。然后又集成《画说老北京》一书出版，广受好评。尔后，侯老师成为了中国美术家协会会员、北京美术家协会理事、北京工笔重彩画会副会长、《水浒》研究会理事。2002年初，侯长春老师被聘为北京市文史研究馆馆员，次年逝世。

尽管侯长春老师在24中执教的时间不很长，但他和边炳麟、徐达夫、孙化民等美术老师共同在24中培养出了众多书画艺术家。其中尤为杰出的，除王晋元之外，就有朱乃正、毕克官、蒋正鸿、翟所钺、王正、胡永凯、姜成楠、张同印等。

王晋元的表兄孙义棠直到晚年都还记得，王晋元刚考进24中那一年除夕，回到乐亭老家过年。在与王晋元聊天谈心时，王晋元拿近期的一张画作给他看。画的是一个古装仕女，坦胸而微胖，是一幅临摹唐寅仕女图的习作。画面上线条纤细而均匀，人物体态轻盈飘逸，唯色彩略显鲜艳。他心想，晋元不知何时又喜欢起中国画了！接着他明白了——"看来与晋元分手后的这些年中，晋元在美术方面已经取得了相当大的进步，为以后进入正规的专业训练打下了坚实的基础。"也正是在这次会面中，王晋元向表兄透露了以后将报考中央美术学院的决心。

"有志者事竟成。"经过三年的刻苦努力，高中毕业时，王晋元果然考入了自己心仪的学校——中央美术学院！

从王晋元北京24中的学籍卡的三年成绩单上，可以看到，他学习刻苦，但也不是每科课程的成绩都是那么好，这跟他对各学科的兴趣不同有关系。当高中结束后，他三年6个学期的总成绩单上，代数、三角、几何、化学、物理、外语的成绩一般，但文学课程的成绩很好，高一、高二这4个学期均是 4 分，高三时上、下学期全是 5 分。体育成绩更好一些，三年 6 个学期中只有一个学期 4 分，其余 5 个学期全是 5 分。王晋元的三年成绩单上总评是"优"，他以这个总评"优"，圆满地结束了高中的学习生活。

看得出来，他对数理化的兴趣不大，但对文学的兴趣浓厚，成绩也很好，所以，他报考大学时，同时填报了两个志愿——中央美术学院国画系和北京大学中文系。

三、中央美院的日子

1. 重要的人生选择——我要做画家

经过高中三年的刻苦努力,王晋元在填报高考志愿时,信心满满地同时填报了北京大学和中央美术学院,结果,他居然被两所学校都录取了!

经过几天的考虑,尽管王晋元同许多青年学子一样,对北京大学满怀景仰和向往,但最终,他还是选择了中央美术学院。他对美术的兴趣毕竟胜于对文学的兴趣!他要走自己最喜爱的美术道路!

王晋元日后这样自述了他此时的想法:"1959年我在北京24中毕业,考入了中央美术学院中国画系,也就定下了我一生的职业。但这是我自己向往已久的专业,我想在美术上发挥自己的才能,做贡献。"[1]

当王晋元怀揣着中央美院的录取通知书,跨进中国美术教育的这座最高学府的时候,心情确实是很激动的!

说起来,他对中央美院并不陌生。王晋元在高中时教美术的侯长春老师就几次带着他到离24中不远的这中央美院,看学院的老师画画,去学院的

---

[1]《王晋元自述》(未刊稿),1985。

图书馆借画册给他看。

那个时代的大学生是被称之为"天之骄子"的，何况是中国美术教育的这座最高学府的大学生！坐落于北京王府井的校尉胡同里的中央美院，校门不高大，校园面积也不大，校内建筑也不显雄伟，但是，她却是中国美术教育的最高殿堂。王晋元心里充满了自豪之情——自己通过多年的刻苦努力，终于跨入了中国美术教育的这座最高学府！

从那天开始，王晋元的人生史册，翻开了新的一页，他从此进入了一片新天地。

如果说，在王晋元习画的起步阶段，高中的侯老师为他打下了初步的基础，那么，从此开始的中央美院的五年学习生活，则为他日后成长为一位著名的中国花鸟画家，扎下了坚实的根基！

王晋元入学这一届的国画系全班同学共有16人：吴丽珠、朱理存、马振声、李中贵、庄寿红、于福谦、裘兆明、史希光、聂文华、郭才、张之权、陈行、王晋元、周志龙、李士极、张文瑞。开学后又插班进来了因病休学后复学的56级同学郝之辉。

这班同学中的大部分人是从中央美院附中升上来的，其中有的是保送入学，有的是考试入学的。他们读美院附中时已经有了4年的美术专业学习经历，受到规范训练，基础都比较好，尤其是素描的功底都比较扎实。

王晋元他们这一届学生是较为幸运的。用班里一位女同学陈行的话来说——"在最美好的年华，在最好的学校，有最著名的老师教导，我是多么幸运。"

王晋元进入中央美院，有三个幸运：

第一个幸运是赶上了一个好时候。

第二个幸运是有众多名师教导。

第三个幸运是遇上了郭味蕖这位恩师。

就第一个幸运来说，是王晋元与全班同学一样，赶上了求学的一个好时候。他们这一届有了比前几届好的学习专业的氛围。

下乡写生合影

很了解情况的 66 届学弟、中央文史研究馆馆员、著名画家李燕就深有感触地这样说，学姐庄寿红"所处的'时代人文环境'和'美术教育环境'，几乎是空前绝后的好"。[2] 庄寿红是王晋元的同班同学，他们这一届之前的美院历届同学，确实没有王晋元、庄寿红他们这样好的"时代人文环境"和"美术教育环境"。

中央美术学院诞生于 1950 年 1 月，是由华北联合革命大学文艺学院美术系同北京国立艺术专科学校合并而成的，政务院正式批准国立美术学院更名为中央美术学院，由徐悲鸿担任院长。

中央美院的师生，从 1951 年起，就不断地在经历政治运动。

通过政治运动和思想改造运动，中央美院开始将正在发展中的革命美术教育与欧洲的写实基础训练结合起来，把深入生活和创作实践纳入教学计划，

---

[2] 李燕：《玉宇澄清万里霾——"老大姐"庄寿红印象记》，转引自庄寿红官方网站，2014-12-31。

将正规化和提高水平规划为美院此时期的迫切任务，并根据文化部指示，明确提出在继承贯彻美术教育与社会实践相结合的基础上，学习与继承我国民族美术传统中的优良部分，学习苏联及其他国家的先进经验。[3] 学院于 1955 年 2 月请来了苏联专家康·麦·马克西莫夫，在油画系举办了由其主持教学的油画干部训练班，培养了一批干部。一时间，马克西莫夫教学体系和绘画风格风靡一时，在中国美术界传播开来，形成让欧洲的传统油画艺术为新中国的政治服务、为工农兵服务的风气。

在国画教学的改革方面，却围绕着对旧国画进行改造，以适应现代社会发展的需要的问题，出现了激烈的、持续了很长时间的争论。当时的教学矛盾尖锐地表现在整个美术学院的基础课程上。采用素描这一欧洲的传统方法对油画系的发展是合适的，对版画和国画的发展是否有利？苏联的学院式体系已经移植过来，油画系可以套用。其他系旧教学体系已不能适应新的要求，必然建立新体系，却不能照搬苏联的，国画专业的建设尤为突出。

在争论中，有些人强调说，"素描是一切造型艺术的基础，当然也是国画的基础。""中国画论中所谈的造型问题，无一不是素描问题。""中国画的造型基础已经体现在契斯恰可夫的素描教学原则里，用不着另起炉灶搞什么国画造型基础了。"甚至有人说："离开了素描就失去了现实主义和社会主义。"

1955 年 7 月，文化部在中央美术学院召开全国素描教学座谈会，全国 22 所美术院校的教师 50 余人参加座谈，并于会前先在中央美院进修了一个月。这次会议进一步推广了苏联素描教学经验，和契斯恰可夫教学法，这种唯苏联流派独尊，在一定程度上压制了学术争鸣，影响了美术事业的健康发展。

1956 年，在中共中央政治局扩大会议上，毛泽东正式提出在科学文化工作中，实行"百花齐放，百家争鸣"的方针，即在艺术领域"百花齐放"，在学术领域"百家争鸣"。全体师生响应党中央的号召，积极开展学术讨论。

---

[3] 王工、赵普、赵友慈：《中央美术学院简史》，《美术研究》1988 年 12 期。

大家畅所欲言，平等地以自由方式探讨学术问题。一时间，学院里出现了活跃的民主气氛和学术氛围的局面。

正当大家为这种局面的出现感到高兴的时候，却又风云突变。1957年夏天，"反右"运动开始了。全院师生中有44人被打为"右派分子"，很多人都被搞得手足无措，心有余悸。

"反右"运动之后，又开展了"双反""交心"活动。

接着，1958年又掀起了"大跃进"的高潮，"双百方针"更是难以贯彻了。中央美院全体师生在操场上建土炉，炼钢铁。正常的教学和创作都停止了，正规化和提高的目标破产了。

叶浅予教授的回忆录中这样写道：

"大跃进"是搞"普及"搞得最欢的时期，学生在教室里坐不住了，老师也觉得基本训练不一定要那么多，只要多搞创作就能提高造型能力，这就是所谓"创作带习作"。我们不否定创作可以带动造型能力的提高，我以往就是在各种美术工作实践中逐渐提高造型能力的。可现在是办教育，不能按照这个方式去拉长学习的时间。"创作带造型"的思想，引出了把教室搬到农村或工厂的想法，认为只有这样，才和生活靠得更近，保证能杜绝资产阶级思想，保证能全心全意为工农兵服务。把教室搬到农村或工厂去的做法，自然而然会发展成把整座学校迁离城市，以保证培养出来的学生彻底工农化。

学院在这种"大跃进"的形势下，于1958年开展了一场规模不小的关于"教育革命"的讨论。大家就"政治和业务的关系""红与专的关系""普及与提高的关系"等问题展开了热烈的讨论。讨论形成的主导看法是：中央美院的培养目标应该是"普通劳动者"，不应该是"专业美术工作者"。

当然也有许多同志不同意这种意见，但敢开口反对这种意见的人却不多。才任职美术学院不久的党委书记兼副院长陈沛，经过几番冷静思考后，公开说出自己的意见："办大学就是为了搞提高，如果光搞普及，不搞提高，办

青年时期

大学干什么?而且毛泽东同志早在《在延安文艺座谈会上的讲话》已经提出'普及基础上的提高,提高指导下的普及'。"陈沛明确表示:我不同意培养目标"是'普通劳动者',不应该是'专业美术工作者'"的提法。

1960年,党中央制定了"调整、巩固、充实、提高"的方针,开始注意纠正几年来连续"左"倾的错误,在教育和文化领域也采取了一定的相应措施,以恢复科、教、文事业的发展。在中央美院,陈沛书记1961年作了"美院党委三年工作总结",分析、批判、纠正了前几年的"左"的错误,制定了从组织、制度等方面的改正措施,提出了美院工作的指导方针:"进一步稳定教学秩序,进一步加强教师的主导地位,进一步贯彻'双百'方针,进一步提高教学质量。"尔后召开了多次教师座谈会,听取建议和总结教训。美院的教学进入了正轨,教学质量不断提高。

可是,好景不长,从1964年秋天开始,全国开展了社会主义教育运动。中央美院被列为"社教"试点,学院正常的教学秩序再次遭到破坏,创作活动几乎停止,人际关系形成了很多矛盾和隔阂,各项工作陷于半瘫痪。

接着,全院师生被安排到邢台农村参加"四清"运动,教学就全部停顿了。

王晋元于 1964 年毕业离开中央美院。他在中央美院求学的 1959 年至 1964 年这五年，正好是中央美院教学秩序正常的最好的一段时光。如果说中央美院历史上有"黄金时代"的话，那么，这一段时光就是中央美院的"黄金时代"了。

应该说，王晋元是幸运的。他和 1959 年入学，而中央美院正确的培养目标大致也是从 1959 年才得以基本确立下来的。王晋元他们进入美院后，便有了一个学术氛围较为宽松的大环境。

王晋元就读的国画系，早先叫"彩墨画系"，是从 1958 年起才改名为"中国画系"的。中央美院在成立之初并没有单独设立中国画系。到 1953 年时，绘画系分成油画科、版画科和彩墨画科三个分科。到 1955 年时将彩墨画科升格为彩墨画系。

"中国画系"的培养目标和教学地位，也是从 1959 年起才基本上确立的。此前多年间，对国画系的前身彩墨画系的教学地位和培养目标，始终存在一些争议和摇摆不定的做法。

中国画教育成为中国现代美术教育的一部分，大抵是从自 1906 年开始的。在把中国画列为学院教育的发展过程中，徐悲鸿、潘天寿、刘海粟、林风眠、高剑父、金城等人都有过各自不同的教育模式或教育主张。在诸多美术教育家的摸索和实践中，到五六十年代末，中央美院的中国画的学院教育已得到了长足的发展。尽管还存在一些不足和问题，但由徐悲鸿与叶浅予、蒋兆和等名师倡导的中国画教学理念和写生、临摹、创作相结合的"三位一体"，已作为一种行之有效的中国画教学原则和方法在运用。[4]

63 届、64 届、65 届中国画系的学生是这种教学原则和方法的主要受益者，王晋元即为其中之一。于是，王晋元因之得以在美院求学的五年中，"全面地接受了中国绘画的基础训练"。而这种"全面的中国绘画的基础训练"，对王晋元以后的创作和发展，起到了"极重要的作用"！

[4] 见叶盛：《中央美术学院五六十年代水墨人物画教学研究—以蒋兆和为例》，中国艺术研究院博士论文，2014 年。

2. 名师荟萃

王晋元的第二个幸运，是在中央美院受到了多位名师的直接教诲。

五六十年代的中央美院名师荟萃，多位老师都是当时中国一流的画家和美术教育家。在他们的教导和引领下，王晋元走上了一条成为美术家的正确道路，并且，通过日后五年的学习，掌握了很多知识和绘画技能，积累了一笔丰厚的、终身受用的知识财富，让他全面地接受了中国绘画的基础训练，为他日后成为著名的花鸟画大家，奠定了坚实的基础。

在中央美院五六十年代聚集的名师中，有多位名气很大的艺术大师——如著名的山水画艺术家李可染先生，擅长舞蹈速写的人物画艺术家叶浅予先生，以《流民图》闻名于世的人物画艺术家蒋兆和先生，著名花鸟画艺术家李苦禅先生、郭味蕖先生，以创作巨型油画《开国大典》而名声鹊起的油画艺术家董希文先生，以创作木刻《春潮》《阿诗玛》而轰动了中国画坛的版画艺术家黄永玉先生等。这些艺术大师和其他各位老师，以自己的才华和深厚学养，以及对艺术的执着追求，营造了学院浓厚的艺术气氛。他们又以对学生的诚爱之心，诲人不倦地、辛勤地为国家培育着美术人才。

王晋元与他的同学们确实是那个时代的幸运儿，诚如他的同班同学庄寿红晚年时所说的——"由于直接受叶浅予、李可染、李苦禅、郭味蕖和蒋兆和诸位大师的教诲，今天回忆起来也依然感觉我们是那个时代的幸运儿。这些丰碑式的大师们的艺术风采，不仅铭刻在历史上，也永远活在我们这些老学生的内心里。可以说，他们的人格魅力和艺术魅力诠释了国画系'三位一体'的教学法。我们理解传统的伟大、生活对创作实践的必要，不仅是从课程设置上，而更重要的是通过老师们的言传身教，通过他们在艺术创作上的成就和为人师表的典范影响力。毋庸置疑，老师是我们做人、从艺的表率和榜样。"

1959年王晋元入校的时候，中国画系的老师有叶浅予、蒋兆和、李可染、李苦禅、刘凌沧、田世光、黄均、陆鸿年、宗其香、萧淑芳、李斛、李琦、王定理等，以及毕业留校的青年教师焦可群、黄润华、刘勃舒、姚有多等。1960 年和 1961 年，又相继有郭味蕖和陶一清老师进入中国画系执教。

中国画系的系主任是叶浅予教授。

叶浅予先生是中央美院举足轻重的人物之一，为人谦和，艺术造诣非常高，有多方面的艺术成就。

叶先生生性活泼，开朗豁达，谈吐幽默，生活中充满情趣，是个非常好的人。他有广阔的艺术视野，社会责任感很强，深受师生们的尊敬。王晋元的同学庄寿红在毕业半个多世纪之后还这样说："令我们终身不忘的系主任叶浅予先生，他是新中国国画的开拓者之一，是当今世界舞蹈速写的第一人。……他胸怀大略，广聚中国画人才，组建中国画系。他坚持以中国画自身特色为主的'三位一体'的教学法，坚持以白描为主的基础训练。他才思敏捷，刚直不阿，目光中常有几分儿童般的狡黠，得意时神采飞扬。他在我心里是到水中捞月的李白。"

叶先生的速写功力深厚，人物、花鸟、插图等都画得非常好，尤其擅长舞蹈人物速写，形象生动传神，风格独具。他提倡线描和默写。1947 年，徐悲鸿先生亲自聘请他到国立北平艺专任教。中央美术学院成立之后，他投以全力筹建绘画系，1955 年时绘画系中的彩墨画科升格为彩墨画系后任该系系主任、教授。1958 年彩墨画系改称中国画系，叶先生任中国画系系主任、教授。

叶先生还是一位著名的美术教育家。王晋元进入美院求学时，正是叶先生在中国画系主任的职位上，为中国画系的教学事业大展宏图的时候。王晋元有幸在大学一年级下学期就听了叶先生讲"关于速写的问题"，三年级时，又听了叶先生讲"透视"和"中国画的颜色问题"。

与叶先生一样，蒋兆和先生也是一位自学成才的艺术大师。

蒋先生是五四运动以来极具变革思想的艺术家之一，被称为 20 世纪中国现代水墨人物画的一代宗师。

蒋先生身材瘦小，但格外精神，面容淡然而平静。王晋元和同学们第一次见到蒋先生时，便感到这是一位为人谦和而平易、心地善良、性格坚强的先生。

1927年，在绘画上小有成绩的蒋先生被徐悲鸿先生推荐给南京中央大学聘为图案系教员，1930年至1932年间，蒋先生担任了上海美术专科学校的素描课教授。在徐悲鸿先生的支持下，蒋先生开始探索现代水墨人物画的创作。1937年，他到北平担任京华美术学院教授，并举办了个人画展。

在多年的创作实践中，蒋先生不趋时尚，独辟蹊径，开创出了吸取西画优点来丰富国画，以传统技法表现现实生活的一条新路，形成了鲜明的独特艺术风格。1941年出版的《蒋兆和画册》中人物形象鲜明，有一种视觉上的穿透力。其中的《黄包车夫》《卖小吃的老人》《朱门酒肉臭》《老乞妇》《卖子图》《老父操琴》等画作，是对旧社会的形象、深刻的真实写照，让许多读者产生了心灵的震撼。蒋先生在该画册"自序"中说："知我者不多，爱我者尤少，识吾画者乃天下之穷人，为我所同情者乃道旁之饿殍。"

蒋先生1947年受聘于国立北平艺专，1950年起任中央美术学院教授。他为人一向自甘淡泊，将全部精力放在对艺术的追求上，放在对人才的培养上。他说："以徐悲鸿为榜样，把艺术教育放在第一位，把余生献给新中国的艺术事业，培养更多的优秀人才，应该是我继承他未竟之业的最好表示。"

其言如此，其行亦如此。王晋元的同班同学马振声在纪念蒋兆和诞辰90周年时说，"蒋先生在艺术教育的园地里，是一位辛勤的园丁。在徐悲鸿开辟的这条融合中西的艺术道路上，他创建了一套全新的中国人物画造型基础教学体系，采取科学的教育思想和因势利导、循序渐进的教学方法，为培养具有坚实的造型基础的现实主义艺术家，兢兢业业的劳动着，他为新中国的艺术事业做出了重大贡献。现在他所深切希望的'有待艺苑百花放，芳馨四溢漫东西'的大好局面已经展现在祖国艺术的大花园里"。

王晋元的另一位同班同学朱理存，多年后回顾自己从学习到创作的历程时，这样忆及蒋先生和叶先生："当时在国画系教人物画的教授主要是蒋兆和先生和叶浅予先生，他们的共同特点是有很强的造型能力和鲜明的艺术个性。蒋先生的教学极严谨，作画从白描入手，在此基础上用皴擦表现体面结构'以形写神'，蒋先生那代人传统文化修养根深蒂固，他能够很自然地把中国的笔墨精神在写生中发挥得淋漓尽致。叶浅予先生授课，完全是线描，强调观察和记忆，写生后是默写，是中国绘画概括、程式化的特点在写生中的运用，不动脑子写生的人就会露出缺陷。在临摹课中，我们也临摹了古代、近代许多大家的名作，学习和体会中国画的精神、特点和技法。"[5]

李可染教授性格敦厚质朴、治学刻苦严谨、生活态度淡泊恬然，是中国山水画的一代宗师，对中国山水画的革新做出了令人瞩目的成绩。

中央美院成立后，李可染担任美院中国画系教授，呕心沥血地培育新一代国画人才，并致力于中国画的艺术革新。他提倡师法造化，将生活与传统熔为一炉。他以"用最大的功力打进去，用最大的勇气打出来""可贵者胆""所要者魂"为座右铭。这里的"胆"，是指敢于突破传统中的陈腐框框，"魂"者，指创作具有时代精神的意境。李可染革新国画的努力，使古老的山水画艺术获得了新的生命，在中国山水画的历史上树立了一座丰碑。齐白石评价李可染说："中国画后代高出上古者，在乾嘉间，向后高手无多。至同光间，仅有赵㧑叔，再后只有吴缶庐。缶庐去后约二十余年，画手如鳞，继缶庐者，惟李可染。"

李可染非常重视画家的全面修养，他说，"深入学习传统、深入认识生活、全面的艺术修养，这三个方面很重要。真正的学术可以说没有什么奥秘，正确的道路就是奥秘。"又强调说，"我们优秀的传统画家都是把研究生活和认识生活作为修养极其重要的部分。"李可染50年代走遍了大半个中国，进行了多次写生，探索出一条把创作与写生相结合的道路。他认为艺术创作就是要到生活中去认真研究自然规律。

李可染还认为艺术家应该学习和继承一切优秀的艺术传统而提高艺术的表现力，优秀的艺术家都是深入汲取传统的营养而又有所发展和创新的。他

---

[5] 朱理存：《从学习到创作的历程》，《艺术沙龙》2009年2期。

说:"传统包括古今中外,包括一切间接的经验,就是除了你自己直接经验以外的一切间接经验。传统是自有文化以来数千年亿万人智慧的结晶。"李可染推崇"为祖国河山立传"的艺术价值观,他通过描绘祖国的山水来表现爱国主义的情怀,显现出了强烈的时代精神。

李可染先生的这些艺术主张和创作实践,让王晋元和同学们都非常感动,深受鼓舞,从中获得许多启迪。李先生非常强调苦练基本功,他的刻苦和勤奋,也令王晋元和同学们感到是对自己的一种鞭策。李先生谦虚地对同学们说,"我不依靠什么天才,我是困而知之,我是一个'苦学派'"。他多次勉励同学们也来做一个"苦学派"。

国画系一、二年级是全面的基础课。进中央美院的第一个学期,给王晋元他们班上书法课的便是李可染先生。站在讲台上的李先生和蔼可亲,满脸仁慈,虽然语速平缓,却让人感到一种内在的热忱。这种热忱和精彩的讲课内容深深地吸引着同学们。

李先生从不简单地讲方法讲要求,而是在每时每刻、每点每滴中融入了中国传统美学的精华。他在讲中锋、讲掌虚、指实、腕平、力透纸背、平、圆、留、重、变时,会把它们升华成一种境界,一种做人的道理。……记得李先生用"桑蚕吃食、刀刻金石、如锥画沙"来形容好的用笔,先生把笔称为神经末梢,还讲了"屋漏痕"的美和精神。"屋漏痕"看似平凡,它却有无尽的不可阻挡的力,也有审慎、包容、见机而行的智慧,并且绝不重复、绝不嚣张。含蓄地变化着,坚定地前行着。这是一种多么美丽的生存状态,我完全被它折服。从此,它成为了我的信仰,这是老师打在学生心上的永远的印记。[6]

在王晋元二年级下学期的时候,李可染先生在《人民日报》(1961年4月26日)上,发表了《艺术实践中的苦功》一文,以齐白石、黄宾虹、徐悲鸿、

---

[6] 陈行:《怀念恩师》,《艺术沙龙》2009年2期。

盖叫天等前辈艺术大家为例，分析他们的成功因素，认为"要想成为艺术大师，必须具备四个方面的条件：天才、功力、修养和寿命"，李先生在文章中强调，"功力则是指刻苦、勤奋的实践经验。""要把练功看得重如泰山！偷懒取巧永远不会在艺术上有什么成就。"

这篇文章在艺术界内外引起强烈反响，在中央美院学生中更被奉为艺术宝典。文章中阐述的苦练基本功的观点，给王晋元和同学们以极大影响。对王晋元而言，这种影响是一生的。他用毕生的勤奋刻苦，实践了李可染先生的教诲。

李苦禅先生是中国写意花鸟画历史上，继明代青藤，清代八大、吴昌硕与近代齐白石之后的一位统领时代风范的大师。他擅长大写意花鸟画，常以松、竹、梅、兰、菊、石、荷、鱼、鸡、鹰等为题材，创造出许多形神兼备、千姿百态的艺术形象。他笔下的鹰既是北方人豪爽纯朴的气质象征，也是他自己人格的化身。他是中国传统文人画真正的批判继承者，继承民族绘画优良传统，熔中西技法为一炉，作品雄浑厚朴、磅礴大气、笔墨豪放、天趣自然、形象洗练，有鲜明的独特风格，树立了大写意花鸟画的新风范，将大写意花鸟画艺术推向了一个崭新的天地。

李苦禅先生1946年任北京国立艺术专科学校教授，1950年进入中央美术学院，先后任学院民族美术研究所研究员、国画系教授。

王晋元考入中央美院后，有幸受业于李苦禅先生这位花鸟画大师。在正式上李苦禅先生的课之前，便从高年级同学口中听说了李先生在人品、画品方面的很多感人事迹，诸如朴实无华、诚恳待人，对社会地位不同的人都一视同仁，生活朴素，为人正直，谦虚谨慎，在学术上永不满足，等等。

李苦禅先生给王晋元他们班上课后，王晋元从李先生常说的话中深受启迪："字画如其人，艺术及人品之体现，人无品格，行之不远，画无品格，下笔无方。""鸟欲高飞先振翅，人求上进先读书。""中国文明最高尚者不在画，画之上有书法，书法之上有诗词，诗词之上有音乐，音乐之上有中国先圣的哲理。那是老庄、禅、《易》、儒。固尚欲画高，当有以上四重之修养才能高。了无中国文明自尊心者与此无缘，勿与论者。""画有精品，有神品。精品可以功力得之，神品则功力不逮者固必不可得，而功力即具者亦不可必得。会须意兴所至，信手挥洒，心纸无间，笔墨契合，才情风发，妙造自然。"

王晋元升入三年级赶上分科教学，李苦禅先生与郭味蕖、田世光先生都是他们花鸟科的主课教师。王晋元从李苦禅先生的直接授课中更是获益匪浅。保存至今的他当年的课堂笔记中，记录了李先生的授课内容，如李先生讲《墨》这一节时，王晋元是如此细致地认真记下了重要的内容：

着（作）画分析，笔墨，用笔怎样，线是用笔，对与不对，好与不好。

构图之关系：这一块与另一块之关系，各块之作用。

速写对象不是全部画下来，也要有构图，但不严格。

一、找规律，（一定的规律），直角、锐角形，枝子出去（到）什么地方，叶子构造是怎样成长，但也不是记很清楚，（速写）这是为了便于构图，提纲挈领，纲为真纲之绳。花瓣的整齐与不整齐，要团一些，用笔要结合对象，质硬则用线硬。

二、鸟，把它分几类

1. 食谷类，鸡、雉鸡、麻雀，身体笨重，嘴短粗，无钩爪，不善飞翔，翅圆短。

2. 食肉类，鹰、鹫、隼等，嘴有钩，眼球大，雄，狠，凶，飞翔力强，胸襟高。

3. 食鱼类：涉水，鹭、鹤，嘴长脚长尾短，身轻，翅膀大。

4. 涉水类：鸭、鸳鸯，飞翔力不强，脚有蹼。

画树，要记特证，有直角的，树性坚硬。

成锐角的见弱，也有折中的。

书法不能间断，（书法与画的）关系不是直接的，而是自然结合。

1. 长胆量，与魄力。

不写字，用笔没根据，则野与狂，后人只是技法物，而用不够，要文雅，无产者要文雅，他（书法）是绘画中最重要的。雅与野无阶级性，好现象。

俗气：是味道不高妙，意趣不高，感动人的程度不够，一般可看。

昆腔：有庄稼气，太朴实，要读书，读文艺书，诗词歌赋，书卷气。

（只要化合不要混合）只有化合那样有新意的东西。

用功方法，要以早为好，早晨时光最好，早晨易解决（问题），脑（袋清醒），"一岁之计在于春，一日之计在于晨"，好章法都在早晨。在缥缈的云雾中找东西，这如戏的意境一样，空中（灵）缥缈，好的艺术都是这样来。

不勇敢，则不能解决东西，良工苦心矣。

要舍短，自己不见长的不要去画，就是自己达不到的。这是搞创作。

……

李苦禅先生上的课给王晋元和同学们留下了极为深刻的印象："苦禅先生幽默、风趣，他的课堂总是笑声不断。他口里讲着天南海北的故事，有时还加上生动的手势和表情，手上的笔墨功夫却绝对脱俗。画到要害处，他会道出千古箴言，比如先有人品，后有画品；比如这个笔，里面要有气……他用笔豪放，从容自如，行笔漫不经意，美得让人透不过气来。最惊险的时候是题款，每个字活生生地出其不意地歪过来斜过去，让团团围着画桌的我们看得发呆。苦禅先生的为人像他的画一样，正直、率真、大气、才华横溢。他没有丝毫世故和虚饰，并且乐观过人。先生是一位有内在心灵自由的人，一位好人。"

50年代末60年代初的中央美院中国画系，还有专业造诣颇深的田世光、刘凌沧等5位副教授和宗其香、陆鸿年、李斛等9位讲师。

田世光副教授是北京人，是著名的工笔花鸟画家、美术教育家。他早年拜张大千门下，为大风堂弟子之一。1933年18岁时以优异成绩考取了北平京华美术学院国画系，在校期间师从赵梦朱、吴镜汀、于非闇、齐白石诸位先生。毕业后进入北平古物陈列所国画研究馆，历任研究员、助教、讲师，同时还受聘于北平京华美术学院，成为当时学院中最年轻的教师。田世光 30 岁时即任教于北平艺术专科学校，在北京颐和园养云轩拜张大千为师。在黄宾虹、于非闇的指导下，主攻宋元"双钩"重彩花鸟和山水画。1950 年中央美术学院成立时，他成为首批主力教师。他还是首批中国美术家协会会员，历任中央美术学院讲师、中央工艺美术学院讲师、副教授、中央美院副教授、教授。

宗其香先生是成名较早的一位国画及西画大家，擅人物、山水画，尤长夜景。他是新中国成立后中国画改革的开拓者之一。宗先生是江苏南京人，幼时家贫，自学美术，1939 年考入中央大学艺术系。1942 年，20 多岁的宗先生就创造了中国的夜景山水画，1943 年曾在重庆举办"重庆夜景"个人画展，被徐悲鸿先生赞誉为现代中国画划时代的作品。他与陈树人、吴作人、黄君璧等画家被民国政府教育部评为有杰出贡献的画家之一。

1944 年毕业后，宗先生被徐悲鸿先生聘为中国美术学院助理研究员。1947 年他随徐悲鸿北上，任国立北平艺术专科学校讲师。新中国成立后，宗先生任中央美术学院教授、水彩教研室主任。宗先生是一位极有个性、视艺术为生命的艺术家。他的老友、著名画家黄苗子先生说，"朋友当中，宗其香是最有艺术家脾气的艺术家之一，他'我行我素'，爱画什么就画什么。爱怎么画就怎么画。他是徐悲鸿先生的学生，有精湛的基本功，可是他并不一成不变地走老师的道路，'我自用我法'（石涛语）"。

宗其香先生对他的学生常说这样的话，"你爱大自然有多深，大自然爱你就有多深，一个人不是生下来就是天才。有人反对我的这种看法，认为有些人不经常画，也画得很好。有些人是不经常画，但他们的眼睛却经常在画。一个艺术家不作画时，他的眼睛却在观察一切。我自己也这样，不作画时，就时常在观察，把观察到的一切牢记在脑海里，以后画起来就得心应手了"。

学生对宗先生的印象很深刻："宗其香先生的教学较为感性，令人难忘。他要求学生感受自然、亲近自然、忠于自然。他说做人要老实，画画不能老实，以此鼓励学生的创造性。宗先生的眼睛小而亮，犀利的眼神随时都在捕捉山光水影，捕捉一切美的东西。他的笔墨是西式的，有深厚的素描根底。看似随意的点抹都点到要紧处，符合自然规律，真实可信。宗先生带学生的风格是手把手的。"[7]

李斛先生是四川省大竹县人，是对中国画的推陈出新做出重大贡献的国画家和艺术教育家，是在融合西画的现实主义人物画这条道路上第二个高峰中的代表画家之一，在50年代中国人物画界很有影响。他在中国画技法上有着开创性成就。他坚持用中国画的笔墨进行西洋画法的写生，在继承和发展徐悲鸿、蒋兆和人物画创新之路的基础上，独具新的突破。他对素描基本功十分重视，其素描作品准确细腻，重感觉，是著名的素描大师，在美术界享有"中国拉斐尔"的美誉。李先生秉持现实主义创新精神、在创作中反对自然主义的摹拟客观对象，主张通过画家主观意匠加工而达到艺术的真实。

1948年起，李斛定居北京，先后于清华大学营建系，中央美术学院绘画系、彩墨画系（后改中国画系）任教，继续拓展徐悲鸿的教学体系，并把自己的艺术样式不断升华，成为现代画史上独具一格的人物画家。

升上三年级时开始分科，王晋元他们64届的学生，是分科教学后的第二届学生。上一届范曾、李西源他们63届是分科教学后的第一届学生。《范曾自述》里记：

李斛先生是四川人，矮矮的身躯，讲话带有浓重的四川口音，秋冬天时经常戴一项圆形的"法国帽"。他在教室里与同学和蔼可亲，但在教学上极为严肃，可谓一丝也不含糊。上课时，他会经常转到同学们的身后，发现同学画上的问题，果断地用手擦去，要求同学必须重画。在素描教学上，他最强调的是整体的观察和空间的处理，最反对的是脱离整体的局部刻画，尤其反对同学们在没有认真观察分析对象的基础上急于动手在纸上画。李斛先生在素描课上只允许我们用柳炭条作画，不提倡用炭铅笔和炭精棒作画，原因是松软的炭条便于皴擦。上课时，他经常用胖乎乎的手指在学生作业中表现

---

[7] 陈行：《怀念恩师》，《艺术沙龙》2009年2期。

不够准确的地方修改。他用手指一擦一抹，对象的空间关系和体积感跃然纸上。我们同学都非常钦佩他准确的素描功力和高超的艺术表现力。

……

王晋元进入中国画系后，学制是五年。一、二年级是全面的基础课，以人物为主。素描课占较大的课时比例，其次是书法篆刻课等专业基础课。一年级上学期的素描课前半学期安排几个石膏写生，后半学期即转入人物半身写生。王晋元的课堂笔记，也尽可能记录了当时各位大师、名师讲课的内容，直到半个世纪后的今天，仍然具有珍贵的价值，是中国美术史上重要的历史文献。虽然因为是在课堂上边听边记，笔记内容未必能记得那么详细，但主要的精华内容都记下来了。从笔记中可以看出他学习的刻苦和认真。此外，在课堂笔记本中，他还不时地插记一些自己的心得。

为了拓展学生的知识面，国画系还请了校内外的多位不同专业的老师来开讲座，王晋元的课堂笔记中，都记有这些讲座的详细内容，如陈志浓先生讲"石刻画像"、刘永庵先生讲"书法"、刘凌沧先生讲"中国画之笔墨""民间绘画""重彩人物画"、石鲁先生讲"关于写生"、于希宁先生讲"诗书画的关系"、张安治先生讲"谈明清人物画的技法"、李桦先生讲"形象化和形象刻画的问题"、文全扬先生讲"色彩、构图"、刘继卣先生讲"动物画"等。

3．恩师郭味蕖

1960年暑假结束后，秋季学期开学了，王晋元升入了二年级。

开学一个多月后，王晋元和同学们见到了一位新老师——刚调来中央美院国画系任讲师的郭味蕖先生。郭先生除担任国画系的花鸟、山水课外，还兼任留学生美术史的指导教师。

这位郭先生50岁上下，身材魁梧，目光睿智，说话平和温良，谈吐不凡，气宇轩昂，一副儒者风范。上了郭先生的第一次课后，王晋元和同学们很快就对这位学养深厚的老师钦佩不已，肃然起敬。

30多年后，王晋元还对当时郭先生上课的情况记忆犹新，"好像宛如昨天，历历在目"。他在一篇回忆文章里这样记述了郭先生第一次上课的情况：

> 紧张的大学生涯，素描课完成之后，中国画系安排了山水课、花鸟课。我们这一班大部分是美院附中上来的学生，在当时社会思潮的影响下，许多同学都想攻人物画，对于花鸟画课只不过是想从中学些传统笔墨罢了。郭先生来上花鸟课，可以说是受命于花鸟画危难之时。郭先生一到课堂，稳重而沉着，谦和而严肃，并不讲这些问题，只讲中国花鸟画发展史，介绍了中国花鸟画在中国绘画史上的特殊地位，叙述了历史上花鸟画巨匠们及其成就。他侃侃而谈，知识丰富，言语精练，热情洋溢……同学们的评论是："潇洒自如，学识渊博"。但我的感觉是：他对艺术有着真挚的爱，有着执着的追求，待人诚恳、朴实。[8]

上了这第一次课后，同学们对学识渊博、对艺术有执着追求的这位郭先生印象好极了。此后不长时间里，同学们还陆续听说了郭先生的一些经历，知道了郭先生其实是"调回"美院的，而不是"调来"美院。

早在1951年，郭先生便由家乡山东调到中央美术学院研究部工作了。他当时被聘为美院研究部干事，主要负责收集古代美术原作、图书资料，并开展相关研究。徐悲鸿院长在郭先生的"中央美术学院工作人员聘任核定表"上，作有这样的批示："郭君对于中国遗产问题已有著作几种，所涉颇广泛，倘给予机会集中精力为之，当有成就。"50年代初，郭先生除担任研究部干事外，还兼任中央美院夜校教师，教授职工文化课。

1954年，黄宾虹先生任所长的民族美术研究所成立，遂将郭先生调入该所担任助理研究员，收购、整理图书资料，研究美术理论，并兼任中央美术学院兼任外国留学生的美术史指导教师，还参加了中国美术图谱资料的收

---

[8] 王晋元：《我的老师郭味蕖》，《画谈》（云南画院院刊）总2期，1996。

集编辑工作。他鉴定收集古代美术原作，为美院购藏了许多流散于社会的绘画珍品。1956年，徐悲鸿纪念馆需扩建展览室，徐悲鸿先生遗留下的大量书画作品、图书资料、书信文稿、文物收藏，以及珍藏的当代、古代和西方绘画原作，都需要专人开展系统研究整理。作为最合适人选的郭先生又受命调入徐悲鸿纪念馆，做了大量卓有成效的研究工作，为徐悲鸿纪念馆的开馆建馆做出了重大成绩，也使他对近现代美术史的研究又进了一步。

郭先生刻苦钻研，精鉴赏，善画法，重视史学、画论、画法的综合研究，积几十年研究之心得，成为一位著名的美术史论家，其学术研究领域包括中国美术史、金石考古、书画鉴赏、历代书画家研究、中国版画史、民间年画、中国古代建筑与雕刻、花鸟画史、花鸟画创作技法理论，以及文学、诗词、书法等诸多方面。在这次调回美院之前，已经发表了数十篇重要的研究文章，写完了《中国古代建筑与雕刻》《宋元明清书画家年表》《中国版画史略》等专著的书稿。

郭味蕖先生不仅是一位造诣精深的美术史论家和美术教育家，而且还是一位功力深厚的、具有时代风范的著名花鸟画家，而且是学者型的画家。他坚持向传统学习，向生活学习，在艺术上勇于创新，致力于花鸟画的革新，大胆实践，并取得了可喜的成就。

郭先生对笔墨的熟练程度决非一朝一夕练成的。他那雄浑豪放的画风给学生和留学生留下了深刻印象。"（郭）先生在中央美院带过不少留学生，友好国家文化代表团访问期间亦慕名要求观摩先生挥毫表演。示范作画时，他那龙飞凤舞的笔法，疾风迅雨的速度不时博得外宾的欢呼与掌声。有时先生也来点花样，在给一幅花卉补鸟时，先画尾巴，加翅膀，勾出雀爪后就不画了，先收拾其他部分，外宾看后，满腹疑团，不知端倪。最后三笔两笔点出眼、嘴，一只活灵活现的山雀跃然纸上。一阵热烈的掌声与欢呼声过后，一位外宾用不太流利的汉语说：'简直是魔术般的神奇！OIL！'……郭先生风度翩翩，才华横溢，行笔迅捷，善泼墨、逆锋、干笔、长线，赋彩匠心独运，若画龙点睛，风采别出。在先生身上，既看到传统文人画家风度，又透着西方艺术家的气质，是一位中西兼融全新型的国画大家。……'快'是先生作画的突出特点，他善用双钩法再现牡丹、山茶、百合、蜀葵等结复杂的花朵，其造型多是从大量写生资料中归纳出的艺术形象；多用长锋狼毫飞笔写出，其快速、熟练程度，叹为观止。"[9]

郭先生60年代给本科生作画示范时的状态也是这样的。64届学生庄寿红说郭先生"行笔如惊蛇入草"。67届学生李魁正说："上课时我目睹先生感情的调动是非常快的，一个画家不可能是很平稳的，观察先生的眼睛，面部表情和动作，很清楚看到先生的感情调动，他的脸憋得很红，提起一口气，行笔如飞，迅雷不及掩耳。……我的眼睛跟不上先生的手。每个画家风格不同，我并不是说每个画家都应这么快就好，苦禅先生用笔很慢，很沉着，由于画家性格不同。郭先生是很狂放的，是狂热的。"[10]

郭先生1960年调回中央美院时，国内美术院校的花鸟画教学总体面临后继无人、青黄不接的状况，各美术院校的花鸟专业越来越不被人重视，越来越沦为小画种，基础越来越薄弱，生存空间越来越缩小。中央美院也是这样。

这些混乱严重影响了美术院校的教学，在新中国成立初期，美术院校把中国画与油画放在一个系，称为绘画系。在中央美术学院校的教学课程安排中，传统的花鸟画科目受到排挤，几近消亡，像李苦禅、刘力上、田世光这样优秀的花鸟画老师都不能理直气壮地从事花鸟画的教学和创作，而被要求去进修人物写生。花鸟画家多数迫于无奈，只得改画人物，以适应形势要求。著名画家潘天寿对这种情况苦闷之极："一方面中国画系与油画系合并为绘画系，中国画只有几点钟的白描人物画，无课程可教，一方面曾多次学习毛主席延安座谈会讲话等文艺方针文件，知道文艺应该为工农兵服务，人物画是比较为工农兵所欢喜的，我也决意试学人物。大约搞了三年多，也创作了好几件作品，如丰收、缴公粮、种瓜度春荒等，总是画不好，一是对人物的形

---

[9] 谭英林：《在大师身边——记郭味蕖先生几件事》，《山东艺术学院学报》2009年总第3期。
[10] 李魁正：《郭味蕖九十周年纪念研讨会的发言》，1998年11月。

象基础太差,二是各项技法跟不上,真是六十六,学大木,感到非常困难。"[11]

"这种状况直到 1953 年美协成立会议在北京召开,会上大家谈到花鸟画这一画种还是要,只是在于向新的方向发展,像潘天寿这样的花鸟画家才又改回来画花鸟。但'实在当时对花鸟画,各有各的说法,究竟如何画?才合毛主席文艺座谈会谈话的方针,仍不是弄得很清楚。'[12] 等到 50 年代中期,全国各地蓬勃兴建大型饭店、车站、博物馆、纪念馆等建筑,需要花鸟画和山水画为装饰,花鸟画的创作才兴旺起来。但是这些公共场所的装饰画大多要考虑公众的审美趣味和符合政治形势的需要,因此也让花鸟画家们在创作过程中内心并不踏实,感到茫然。这一时期花鸟画创作'在题材上主要描绘社会主义生产建设的成果,如苹果、荔枝、蔬菜等;既使描绘的是文人画传统题材,如毛竹,在此时也是作为生产资料的性质来对待的,与竹子在传统文化中的象征含义毫无关系。'[13] 在表现形式上,则多以类似于年画的样式来创作,只在写生的基础上画得热闹些而已,传统意义上的笔法墨法赋彩尽失,图解政治和附会形势的作品占了大多数。"

置身于这种环境中的一些有识之士对这种状况是忧心忡忡的。时任中央美院中国画系主任的叶浅予先生就为本系教师结构的不均衡忧虑甚久,他想方设法地要引进学养深厚、花鸟画绘画造诣深、热爱并胜任花鸟画教学的教师。1960 年,他经多方努力,终于把他认为最适合的人选郭味蕖先生从徐悲鸿纪念馆调回美院中国画系执教,担任花鸟和山水两门课程。郭先生调回美院任教这事,得到了徐悲鸿纪念馆馆长廖静文先生的支持。"中央美术学院要调他去担任花鸟画科的主任,当然,纪念馆很舍不得他走,但是为了发展他的才华,也为了培养更多的学生,我们忍痛割爱,他调到中央美院培养

---

[11] 潘天寿 1966 年文革中的"交代材料",转引自《潘天寿研究》,中国美术学院出版社 1997 年 3 月。

[12] 潘天寿 1966 年文革中的"交代材料",转引自《潘天寿研究》,中国美术学院出版社 1997 年 3 月。

[13] 邹跃进:《毛泽东时代美术》,湖南美术出版社 2005 年。

了很多学生。"[14]

郭味蕖先生几十年来一直喜爱教育事业，从事了多年的教育工作，现在，他自己又感到是"归队"了，心里很高兴。

郭先生可以数得上是在50年代中坚持探索花鸟画革新的为数不多的画家之一。他早在50年代初期就已经展开了对花鸟画的革新和探索，他要找寻到一种符合他所理解的这个时代真正气质的艺术形式。当社会形势向有利于艺术"百花齐放"的局面发展时，郭味蕖也开始参与到各种艺术活动中来。1958年9月为纪念徐悲鸿逝世5周年，他作为纪念馆的学术发言人在《美术》上发表了《学习徐悲鸿先生在中国画创作方面的革新精神》，文风也从史学研究者的古雅平正转向美术评论通俗而富于激情的表达。

次年，他先后在《人民日报》发表《谈花鸟画创作》、《文汇报》发表《继承花鸟画的现实主义传统》等重要文章，针对当时花鸟画创作和理论中出现的民族虚无主义和保守主义发表了重要的见解，并与同时期《美术》等杂志关于花鸟画的讨论相呼应。他认为社会上那些对花鸟画十分混乱的看法"都是对艺术为人民服务的狭隘理解，是对花鸟画的艺术功能没有很好研究的结果。他认为花鸟画有力量鼓舞和启发人民的生活热情，反映伟大祖国的面貌，给人以美的享受。但花鸟画必须革新，否则，也必然会不可免地走上死路"。[15]

郭先生热爱花鸟画教学，希望为培养花鸟画人才尽些力，让花鸟画事业后继有人。因中央美院花鸟画学的急迫需要，郭先生回到美院任教，正是在花鸟画教学濒临危机的紧要关头，担负了一种历史使命。学生张铭淑说，"我们感觉到郭先生到来以后，国画系的花鸟课就像是春风吹暖了这片土地一样"。

4. 攻读花鸟科

对于王晋元来说，能成为花鸟科的学生，直接受教于郭先生，这是一个

---

[14] 廖静文：《郭味蕖九十周年纪念研讨会的发言》，1998年11月。

[15] 郭怡孮：《郭味蕖对花鸟画创新的认识与实践》，《美术》1980年09期。

极大的幸运。

　　1961年春季学期结束之前，中央美术学院的国画系开始实行分科教学，全系分为三个科——人物科、山水科和花鸟科，郭味蕖先生担任了花鸟科主任。时任中国画系系主任的叶浅予在回忆录中记写了当时分科的情况："国画分科，山水、人物、花鸟画科分别由几个作品风格突出的著名画家任教，第一届分科是由国画系三年级，三年级的学生共19人，这个班63年毕业，当时山水班分得7人，由宗其香、李可染两人任教，宗其香任科主任，人物科分8人由蒋兆和、叶浅予教，蒋兆和任科主任（第二年由李斛任科主任），花鸟科由李苦禅、田世光、郭味蕖教，郭味蕖任科主任。科主任也负责一、二、三年级学生的教学。这些学生主要由陶一清、梁树年、黄均、肖淑芳、刘勃舒、黄润华等画家分别负责学生的基础教学。"[16]

　　花鸟科的教师有李苦禅、郭味蕖、田世光、肖淑芳、高冠华、俞致贞、高希舜等先生，还有青年教师焦可群等，并请了北京画院的屈贞、洪怡两位女画师来兼课。

　　暑假过后，秋季学期开始，此时已上完二年级基础课的王晋元他们64届升入三年级，也开始分科，成为分科教学后的第二届学生。

　　美术院校的国画系实行分科教学，是由在此前的4月召开的"全国高等院校文科教材会议"推动之下做出的决定。出席这次会议的有全国文科高校教师近千人，会议声势浩大，激动人心。

　　时任浙江美术学院院长的国画大师潘天寿先生为了挽救山水、花鸟画的优秀传统，策略性地在这次会议上提出了中国画系人物、山水、花鸟三科分科教学的建议，写了《中国画系人物、山水、花鸟三科应该分科学习的意见》。他认为"中国画早有人物、山水、花鸟三个独立的大体系，都受到广大人民群众的喜爱，三科的学习基础各有不同的特点和要求，为了专、精地培养人才，三科必须分开教学。"为了增加说服力，潘天寿先生还专门展示了那几年浙江美术学院中国画系的教学实验和具体方案，并作了细致的说明。

---

[16]《十年荒唐梦：叶浅予回忆录》，人民日报出版社，1989。

潘天寿先生的这个建议，引起了与会代表的强烈反响。

"在这个会议上，国画小组着重讨论了人物、山水、花鸟分科的问题。主张分科的理由，认为这几年美术院校大力提倡人物画，人物基础较好，山水花鸟基础很差，不能满足社会对山水花鸟的需要，因此必须改变现行的着重培养人物画家的方针，加强山水花鸟画家的培养，使这两门人才不致中断。不主张分科的理由，认为专长一门是毕业后个人创作实践和社会供求所促成的结果，院校的任务只能给学生向专长发展的必要基础，不能走单打一的近路；但也看到这几年过于侧重人物基础，大大削弱了山水花鸟的比重，已经出现这两门专业后继无人的状况，同意适当削弱人物课，加强山水花鸟课，达到掌握全面，平衡发展。讨论结果，责成各院校考虑自己的条件，提早分科，扭转山水花鸟后继无人的紧急状况。"[17]

潘先生的这份建议得到与会有关领导和上级的首肯，以及兄弟院校的赞扬与支持。会议结束后，兄弟院校纷纷效仿试行改制，逐渐形成了全国性的美术院校实施中国画分科教学的局面。

叶浅予先生当时是不主张分科的，他主张掌握全面、平衡发展。人物、山水、花鸟并重，不分专业。他认为："过去二十年过分强调以人物为主的方针，排斥了花鸟、山水，出现了山水、花鸟的断线，从而也枯竭了人物画技法上的营养。主张先通修全科，后分修一科。把花鸟山水提到优先地位上来。""专长一门是毕业后个人创作实践和社会供求所促成的结果，院校的任务只能给学生向专长发展的必要基础，不能走单打一的近路"，尽管意见有所保留，但他仍"为了服从会议的决定，开始准备人物、山水、花鸟分科学习，先由在校的三年级试点分科，经动员后，由学生自愿选择专业。"[18]

郭味蕖先生是主张分科的。他认为美院要培养出高层次专业人才，分科是很必要的，因而积极支持分科教学这一建议。郭先生自调回美院执教后，心情振奋，全身心地投入美院国画教学及美术理论的探索研究中，积极开展

---

[17]《十年荒唐梦：叶浅予回忆录》，人民日报出版社，1989。
[18] 叶浅予：《细叙沧桑记流年》，江苏文艺出版社，2012。

中国花鸟画的教学实践和创作实践，提出了一系列花鸟画教学的新主张并大力践行。当又迎来了国画系分科教学的大好时机，他极为高兴。当学院和国画系任命他担任花鸟科主任后，他又积极筹划花鸟科的学科建设。在庆幸中国花鸟画的事业将迎来转机的同时，他也感到自己肩负的担子不轻，怀着一种强烈的使命感，以极大的热情，全身心地投入花鸟科的学科建设当中。

平心而论，分科一事，不论对于学生，还是对于主持花鸟科教学的郭先生来说，其实都是一种考验和选择。

为什么这样说呢？其原因就在于当时的大环境、大气候把画科不成文地分了一个等级：人物画是老大，山水画是老二，花鸟画是老三。王晋元他们64届这个班分科报名的时候，报花鸟科的同学很少。全班十六七个人中，主动地、高兴地报花鸟科的只有女同学庄寿红一人。

这种状况的确叫人忧虑，系、科领导心里都有些焦急。国画系系主任叶浅予先生召开了动员会，给同学们做思想工作，循循善诱地讲了一通不要轻视花鸟画的道理。会后，郭味蕖先生叫王晋元留下，严肃而又带着一种急迫感地对他说：

"希望你来花鸟科，花鸟科需要一批学生，为的是中国花鸟画的事业。"

王晋元一时不知怎么回答，有些踌躇，也有些茫然，因为他当时学人物画的兴趣正浓，已经报了人物科，打算在这方面好好发展。

郭先生看王晋元不好表态的样子，也沉默了片刻，最后又重复了一次——"我希望你来。"

郭先生是早就看准了王晋元这棵好苗子的。此前郭先生已经给王晋元他们班上了一个多学期的课，对同学们的情况也比较了解了。王晋元的质朴、踏实和刻苦、勤奋在他心里留下了很好的印象。他觉得王晋元的基础不错，也肯钻研，只要好好培养，是能够成才的；只要好好引导，相信他是能继承花鸟画事业的！

在此之前，王晋元已经听了郭先生一个多学期的课，与郭先生有过课内外的多次接触、交谈。王晋元心目中的郭先生，不仅是一位对艺术有着真挚的热爱和执着追求的艺术家,而且是一位待人诚恳朴实的忠厚长者,更是一位学养深厚、循循善诱的好老师。王晋元之所以此前没有选择花鸟科,而是报了人物科,主要是当时学人物画的兴趣正浓——当然,这也许跟社会上把画科不成文地分等级的影响有一定关系。

在郭先生这次强调"我希望你来"的严肃的谈话之后,王晋元心里沉甸甸的。他感到,郭先生的话虽然不多,语气也不重,"却含着真诚,带着希望和点拨"。经过一番郑重的考虑,最后,王晋元作出了选择花鸟科的决定。他日后在"自述"里这样说道:"因为我又一次看到了他(郭先生)的心境,他对花鸟画爱得执着。这一决定,也就决定了我今后奋斗的事业;也决定了我今后必须专一,要舍去好多不实际的遐想;也决定了我必须走一段艰苦之路。后来虽有彷徨,但对于这一选择,我终身无悔。"

确定选择了花鸟科后,王晋元在日记里写有这么一段表明心迹的话:"(姑姑)见着我之后很高兴,在谈到我选专业时,她像是在担心我感情用事过多。但就是这样,凭它去吧,我不后悔,反而高兴,因为我做了我自己愿意干的,就是这样,可能我的一生都是这样的生活。"

王晋元选定了为花鸟画事业奋斗一生的道路,在日后三年花鸟科的求学时光里,王晋元有了一位学养丰富、教导有方、对他格外关爱的恩师——郭味蕖先生。王晋元得以承受郭先生的亲炙,从这秋季学期开学后,成为花鸟科学生的王晋元有了更多的向郭先生求教的机会。

郭先生打心眼里喜欢王晋元这个热爱艺术、刻苦勤奋、本分朴实、追求完美、"使命感很重"的学生,有心加以栽培,对他很关心,不断鼓励他进步。王晋元日后这样说——"郭先生对学生很爱护,时常邀我们去家中看画,谈天,我们下乡回来时对于我们的收获都给予很多鼓励,在学习上取得一点进步,都给予肯定,他真诚地为我们的努力而高兴。"[19]

郭先生是一位情操高尚的老师,颇有儒者提携后进的风范,"广植桃李"

---

[19] 王晋元:《我的老师郭味蕖》,《画谈》(云南画院院刊)总2期,1996。

是他终生的理想。[20] 郭先生之所以器重王晋元。是因为郭先生身上也有与王晋元相同的如下几个特点：

第一个特点是勤奋。

郭先生自己是一个一生勤奋的人。他靠非凡勤奋和刻苦钻研，取得了骄人的成就，成为一个学者型的画家。

第二个特点是深具使命感，不甘落人之后。

郭先生对艺术、对学术、对教育所表现出的热忱和使命感，是终生不渝的。他曾如此表白了自己的心迹："我是不甘心落在被人后面的，时时刻刻总想出人头地，一心想通过艺术实践、勤学苦练创出一条道路，树立自己的风范。我在艺术界卅几年来，认识了许多画家。我看不起没有技法而负有声誉的人，也看不起只有一点技法而缺乏广泛文化修养的人……"[21]

所以，当郭先生了解到王晋元具有"勤奋刻苦"和"使命感很重"的优点之后，对王晋元很器重，从各方面加以关心。王晋元更是对郭先生分外敬重，心中对郭先生给予自己的厚爱充满感激，决心努力学习，取得优良成绩来回报郭先生的关爱，不辜负郭先生对自己的殷切期望。

王晋元的部分课堂笔记穿插记着部分日记。他日记不多，自9月中旬分科以后的半个月中相对集中。从王晋元升入花鸟科后短短半个月（9月22日—10月6日）的日记中，可以看出他跟郭先生的接触之多，师生之间的感情之深厚。

在1961年9月22日日记中，王晋元写道："昨天听说郭先生病了，下午我去看到，本想同龚继先一起去，因古巴总统来没车，继先怕到那先生睡了，就没去。二点，我自己去了，天有些阴晦了，秋凉了，我觉着有些清冷。"9月22日这天，是古巴总统多尔蒂科斯访问中国的第一天。龚继先是王晋元的学长、花鸟科63届的学生。这天，他没去成郭先生家，王晋元独自去了。

---

[20] 张鉴、成佩：《论郭味蕖的花鸟画创作教学体系》，《美术研究》2008年第4期。
[21] 郭味蕖：《1967年6月6日"罪恶历史交代"》，引自郭怡孮编著：《画家学者郭味蕖纪年》，人民美术出版社，2008。

第三章 | 中央美院的日子

接下来，王晋元的日记中记述了他去到郭先生家的情况：

先生见我来很高兴，他躺在床上，师母在他身边，而在先生的对面，新挂了一幅陈师曾的萱花竹子，先生说："是陈师曾40多岁画画比较好的，□□[22] 巨匠，在48岁辞世，萱花浑厚，竹子有力。"

先生问我看什么书，学习怎样，并给我介绍二本书，他说：学画要全学，一样都不能去，现在时间当爱惜，一天比一天可贵，学画当看成终身事，如醉如痴，成了"病"才能画的好，学习二胡的人，在睡的被子中还在摸脉，就要那样精神才好，一定要把字学习好。

学人物，今后应画大幅的，背□很少，现在还没有一幅大的人物，在清以后就失传了。

学习画一定要有自己的东西，不然就不可能有什么创新。

对中国画当有正确看法，这种看法也正在转变，以前不这样，凡认为中国画不科学的人，他是不懂中国画，而我们学画，不但要作好画家，而且要作一个好人，先生说陈之佛的为人很好。

先生告诉我要好好地学习美术史，尤其是中国画家对于中国美术当了解，我心中解开了担，博而专，专才能博，我真正地认识到了，也就是要研究学问，先生问我的生活，我的家事等，先生说中国花鸟画后继要有人才行，他很关心我，我觉到了，看来我没有权利不听他的话。

先生还关心同学们的学习，时而不放心我们，怕我们学不好，叫我好好帮助二年级的同学，我一一地告诉先生叫他放心。

先生送我他写的二张自己亲手写的字，我喜欢、我高兴极了，我不敢在那儿多耽误了，因为先生还要休息，我是怀着一颗激动的心走出了门，我默默地想，我是幸福的，给了我最大的安慰。

---

[22] 笔者注：原文中此处字迹看不清楚，用□代替。以下全书中凡王晋元的日记、课堂笔记、读书笔记中原文文字迹看不真切的字，均用□代替。

接下来，仅是这短短的半个月的日记中，王晋元提到郭先生的地方不下十处，简要记写他与郭先生的相处的情况，谈到对他的关心、教导、提醒，且都是恭恭敬敬地言必称"先生"：

九月廿四

郭先生今天示范，在闲谈，又谈了画的功力问题，我很有感触，要想功夫深必须要有一定的劳动，先生又谈了徐悲鸿在法国学画的艰苦，在饥饿的战线上挣扎着学习，一天只几个面饼，住到文人住的六层楼，还是学习着，坚持着，最后被迫到德国，但是在那儿又画了许多速写的稿子，动物，所以他有如此的功力，可惜也坏了自己的身体。

十月一日

……

先生以屡次给我提出来色的浓（淡）问题，而我竟也弄不好，后来我考虑是胆小，我想色的掌握是一个画家最重要的一环，掌握好色就要掌握好水份，色用调合，内在的调和，本身一个花瓣色阶的调合，和整个画的调合。

先生告诉我海棠的花叶最难画，碎而杂，不容易整体，画海棠花时，花瓣不容多加粉，粉画花□的空，嫩叶以黄和洋红为主要，多画红叶筋。

画石头就要有坚硬的感觉，肯定、大胆，对于静物叫我注意和地面的关系，自然不自然，是否合乎情理。

昨天上午，我连画了四节课，到了四节时却是有些累了，也不出效果，先生看我太累了，关切地说："连画四节太累了吧，应当休息一下，不一定老画，画也不出效果。"我听了心中是一热，先生不时在想到我的。

十月二日

……

早和继先约今天到郭先生家去，先生刚刚吃完饭，而继先拿了画他立刻就要求看，一张一张很仔细看，从构图到笔墨、意境，后来又拿出他画的大幅的藤萝，叫我们看，新颖、自然、生动。

吴昌硕的藤萝是别有味道。

今天在这看到郑板桥两条字，今日可看出他字的好来，有力量、结实、自然，而更有个性，有一联写他自己的写字情况。那种"忽然大叫三五声，满壁纵横千万字"的精神，我真为佩服。

先生告诉我们，写意花鸟，远看当像工笔，而工笔远看当像写意，这中间是有着深深的学问的。

先生老提醒我们画不要包揽无余，叫人看了什么全有，而什么也不行，应当给观众一个再创造的机会。

这对我们来说是非常必要的，而肯定地告诉我要努力地实践，不能不画、（不）下功夫。

我现在极感到我要练线，而先生也就给我提出来练习线，他说要练线的横断、干湿、浓淡和力量，如果画的线没笔，没笔也就没有骨了，而只掌握好水分是不行的，只能最高而达到了水韵，而达不到气韵，还告诉我要高低执笔画线。

现在先生谈到了XX的画，说没有东西，没有笔，说他有些太狂了。这句话我牢记着，不要狂，我就有这种隐□，不改会成后患（拿出吴昌硕一幅花草，也很好）。

先生告诉我，要努力画枝干，我没画好。

看来，他非常喜欢他的小儿子玫宗，把画拿给我们看，我看了有些悔恨和惭愧，这孩子很有天才的。

"吾不如也"而更加强了我的信心，努力的学吧。

我现在学习很不踏实、浮躁，只是闹的□□，我还是怕吃苦吧！

我现在像对于我过去的人物画改变了看法，认为我所追求的不是一个方向，要以线造型，对任伯年、陈洪绶到（倒）非常喜爱，而又感到非这样不成，我越来越感到写字的重要，笔上的工夫。

书画与书，要有内部结构也要有外部结构，就指的是外边的造型，多错落，不要把缺堵死。

十月六日

先生早晨看了我的画，批评我没有墨色的变化，我猛然觉出对。

这都是观察不细，而我画竹主要是看，但并没理解。

只知有干而不知折钗、雀爪、钉头之顺序。

鹭的脚，有骨有肉，当分清。

溪边的（竹石）草，多直、少交叉、少突出，这样才自然。

在边线地方画竹叶，不要齐出纸边。

石的染要在没皴的地方染，不要在边线上染，以免晕出。

学画怎样学，先生提示，多看多画多学。

多看，多看□人画，多看古画，

多读书，多自己画，熟能生巧。

学习古人就要学习他的方法，要钻研和应用他的方法，要创新就必须要构图新，□种新，要不就不能够创新。

……

虽然王晋元当时记的日记不多，留存至今的更少，但从中不难看出郭先生对他的关心、厚爱和教导，从中也可以看出王晋元的勤奋努力。就这样，在花鸟科三年的学习期间，王晋元一直得到了郭先生的厚爱和悉心栽培。

在郭先生卓有远见的指引、点拨和谆谆教导下，王晋元受益良多，成长很快，在学业上打下了坚实的基础。王晋元多年后能成为全国著名的花鸟画大家，与郭先生的无微不至的关爱、独具慧眼的指引和循循善诱的教导，是分不开的。王晋元——正如他自己所说——确实"是幸福的"！

王晋元与郭先生的这种亲密的师生关系，是有缘分的。由于经常上郭先生家请教，王晋元与郭先生的孩子也接触较多，特别是与比他小一岁的三子郭怡琮相处时间更多。郭怡琮也是1959年考入北京艺术学院国画系。他们俩都很勤奋，有事业心，学的又是同一个专业，有共同的艺术追求，因而他们之间有更多的共同语言，两人的关系一直处得很好。作为最要好的朋友、道友，两人互相关心、相互砥砺，共同在为花鸟画事业而努力，这种亲密关系延续了一生。

王晋元考入美院之后，就担任了国画系64届这个班的班长。他说话不多，讲话的声音有点细声细气，语速也不快，有同学说他讲话"温柔"，还有同学开玩笑地叫他"王大姐"，他也没有生气。就这么叫着叫着吧，大家见王晋元不生气，"王大姐"居然成了他大学时的一个绰号了。

不过，尽管有时显得有些"温柔"，但王晋元却一点也不懦弱。很多时候，他的性格还显得刚强，甚至有时坚持讲原则，不让步。在同学们印象里，王晋元是属于性格耿直、个性较强的这一类人。一次，有个同学在一件事情上做的不对，王晋元马上直来直去地说了他。

虽然在这件事情上，他说的话是对的，但后来他还是注意到了自己的这个缺点。有意思的是，甚至在大学毕业之后，他都还在就自己说话不注意方式方法这个缺点作了自省。1965年他到云南参加工作以后，在学习《反对自由主义》的时候，还联系到自己身上存在的这个不足之处，在笔记本上，写下了一段心得体会。

王晋元学习很勤奋，很刻苦，晚上常常在教室里学习到很晚的时间，星期天也很少休息，甚至有时候连过节也不休息。王晋元的勤奋刻苦，同学们都是看得很清楚的。同学都说，王晋元是他们班最勤奋的了。他如饥似渴地学习，时间抓得很紧。"一段时间，他临摹任伯年画册，经常是到深更半夜。第二天清晨，老师看他的大量临摹作品总是面含微笑，同学们也悄然惊异。……学生时代的王晋元刻苦，勤奋，埋头专业，不尚空谈，高兴时好唱几句乐亭皮影和京剧。"[23]

1961年的国庆节，王晋元也是在教室里度过的。他没有外出，在教室里看书，也反省一下自己的不足。这天，他还在日记里表明了心迹："今日是十月一日，每年的此时，我正在等待着游行，在想着通向天安门的时刻，而今年的十月一日，则坐在教室中，而现在的外边是游行的队伍等待出发，

---

[23] 庄寿红：《王晋元在中央美院的日子》，《云南文史》2012年第1期（内刊）。

我心绪有些乱而杂，主要的是学习问题，我说老实话，是应考虑时间的问题，只还有三年的时间呀！应当得到怎样的收获呢？自己还是一点也不行。"他在为自己的进步不够快、收获不够多而着急。为此而"心绪有些乱而杂"。

　　王晋元对自己的要求是严格的，他在反省自己的不足之处时，甚至有时是过于自责。如他在日记里，就过分地把自己说得比较差了："我较知天气的冷暖了，然而我的以前只是在迷蒙之中，似明似不明，明而不愿作，作而不能坚持，我是属于怎样的人呢？在上阶段，我是没有什么决心的人，而是一个自欺，不能刻苦的人，不是我把自己看得低，而确是这样，我并没有认真地专钻一样东西，而是东一西一，我能作也是受着这样环境的熏陶，不得不这样做的，我会将一事不成，这种心情激的我要写这一些，写出来吧，写出来心（情）倒好一些。"[24]

　　当然，对自己严格要求是好事，是能促使自己进步的。王晋元就属于这种情况，他渴望进步、渴望提高的愿望很迫切，希望自己进步快些，再快些！希望自己提高大些，再大些！所以他的同学对他有个深刻的印象——"使命感很重"。

　　王晋元也注意向同学学习，希望能从同学的进步经验中，得到启发，促进自己进步。

　　分科不久，有一天晚上，家在北京的学长蒋正鸿约王晋元去家里玩。蒋正鸿是王晋元念高中的北京24中学校友，1955年考入中央美术学院。毕业的前一年，他的版画作品《新城市》就获得了"1959年维也纳世界青年联欢节金质奖"。这一年，王晋元刚刚考入美院，对学长蒋正鸿取得的成绩很钦佩。王晋元二年级的时候，蒋正鸿就从美院毕业了，但之后俩人还有交往。这天晚上，俩人的交谈中，蒋正鸿给王晋元讲了自己的学习方法。王晋元听了后感到是很受启发的，他在日记中坦言："从他那我知道了很多。……而他都自己学，抓的正是节骨眼上，看来很有才气，他真不愧了金奖奖章获得者，学的面很宽，而又很广，吾真不及，能钻，要我学好的学习方法，不这

---

[24] 王晋元1961年10月4日日记。

样我就不能学习下去。"[25]

有时，王晋元的学习进步不明显，他心里着急，会为此感到苦恼。课余时间，王晋元高兴时好唱几句乐亭皮影和京剧。虽然离开家乡多年了，但家乡皮影戏的旋律仍常会萦绕在他的脑际。从小便与皮影结下了不解之缘的王晋元，在高兴时，或是在学习累了、作画困了的时候，会找个没人的地方，哼上几段皮影。63届的学长、国画系同学张步和油画系的齐梦慧几个唐山籍同学都对皮影戏有着深厚的感情。于是，张步和王晋元、齐梦慧发起成立了个皮影社，在课余时间活动，不定期地聚在一起演皮影，从中获得一点乐趣，也聊慰一下思乡之心。先后参加过皮影社活动的还有学校内外的几个唐山籍的学生。这个小小皮影社的活动坚持了两年左右。王晋元有一天的日记里还记下了他们为演皮影的一个小插曲："昨天因要演皮影，争论不休，许成信不来了，而齐梦慧很着急，马宝香也是这样，而马是另一种性子，不想再叫许成信，但齐为了演出，虽然生气，但是不计较，能叫就叫，齐梦慧虽然有烈性子，但为了一桩事情，他会很努力，对人很好，应当学习这一点。"是啊，几个年轻人之间，因性格不同，总是有时会出现一点争论，会有点不和谐，这太正常不过了。

不过，自打毕业分配到云南工作之后，王晋元似乎没有机会再唱皮影了。

5．立足传统

郭味蕖先生担任花鸟画科主任后，全身心地致力于花鸟画科的教学建设，在工作上得到了李苦禅、田世光、萧淑芳、高冠华等同仁的大力支持。各位先生都在尽心尽力地培养学生。国画系的花鸟画教学出现了一片新面貌，正像同学们切身感受到的那样——"春风吹暖了这片土地"。

郭先生站在花鸟画科主任的角度，他考虑得最多的问题是，采用什么样的一套行之有效的教学方法，并相应地建立一套系统的教学体系，改变以往

---

[25] 王晋元1961年10月7日日记。

1964 年与同学在中央美术学院大门口

因受社会偏见的干扰而导致的"教学大纲没有明确的主导思想""工作凭灵感,教学无步骤""教学长期无计划,也无总结"的局面,培养出更多优秀的学生。

郭先生一直是很重视笔墨蒙养的,9 月 19 日开学不久,郭先生首先就为王晋元他们 64 届花鸟科的同学讲授"笔墨蒙养"一课。同学们都听得很认真,王晋元很细心地记下了这次课堂上郭先生讲的要点:

艺术性就是从笔墨而来,也就要用笔用墨的技法,但不只单独追求,在写实的基础提高创造表现能力,现实基础就是运用笔墨,不脱离生活,现实主义东西要形要神,神是从笔墨中来,运用好艺术性高,骨法用笔,张彦远的《历代名画记中》也提出,有些古人从形似来求其画,形似必须要有古气,古气就必须在于用笔,这样才能找出内在精神。

蒙养:墨非蒙养不灵,笔非生活不(神)。

(一切的锻炼与修养),用笔画骨,用墨来画肉,用笔,要笔力、笔气、笔道。

力：有力就有气的存在，笔力扛鼎，笔线的结实能透入线内。笔力，有指力、腕力、腕背力。力要用低高不同，在适当的时间要动、要转。转是把笔上墨全用完，保持墨的平衡。

转以后，轻重缓急，用力时用，笔□三不好，不活动笔转折就生硬，用笔要工，忌有粗服乱头，要熟练，要使笔不要叫笔使，意到笔不到，不是细致去刻画，就要出现板、刻、结。

气：用笔和别人不同，有自己的风格，是我的微妙的地方，好画看不出见线而看见物象，和客观物体的精神本质。

在软中有硬，硬中有软，有弹力，有己体，要有自己，像蚯蚓，笔笔贯穿就有力气，是一幅完整的东西。

工笔要韧而坚，用笔要灵便，沉稳挺拔，要融合，浑朴就可以免出板和结。

有生命力。

沉着不但有力，就用力适当，笔笔送到家，就"无往不收，无垂不缩"。去线一定回来，垂线全要回去。

……

墨和笔是统一的关系，笔为骨，墨为肉，表现晕染和光暗，墨要活而不滞，墨要有动的感觉，感苍茫缥缈，要有浓淡浅深，浅深为色阶，而浓淡即指水的多少，浓要有三个色阶，这样变化就大一些，不用颜色就有五彩之感，这是本身色彩的复杂，而更何况有白色，单纯的墨是较难的，要色不碍墨而墨不碍色，墨中就有颜色，颜色中有墨，他有两种方法，一种是合而为一的用，一种是分开用，各种色可以调，青与绿，另一方此是青笔，□墨，先画墨，而后上色，一遍点上不容易补救，花青中可以不断地加墨，墨有积墨，（黄宾虹）多（积）墨，重复在上面，如山石，加厚，积墨在第一次颜色没干的时候上二次，好处：复杂墨的颜色。

山石地坡最多，花叶也如此。

破墨：一种浓破淡，而淡破浓。以浓破淡容易，用淡先打底，而加浓，枝干多用于此，也可以用颜色，在上次墨没干，浓先画上，而后用淡，其目的是为增加层次。

有的地方离开浓墨，用淡色来破。

运用的比较多的套墨：效果较好，他与积墨不同点以一种色干后加上，第一层和第二层互相混和，这是增加了层次，有距离，先淡为好，比较自由，这样套合很好，他能补救花重量的不均。

泼墨：又名戏墨和乐墨，自然而随便，在这种情况下，整理成形象，在画大叶子、石头等都用这种方法，尤其是没骨法，以石边成轮廓，但是没有线的感觉。

渲染：渲与染又不同，渲较染困难，一种是色阶平涂，渲是有笔法，就是极淡，能看出几笔画出。而染之浑厚，烘是退晕的方法，还有点染。点染如同是套色，退晕完全用于人物。

墨的光彩要保持□对比关系，色碍墨而变得没有光彩，墨与红是相互调合，深红加墨，紫与黄不能调，绿和朱不能调合。[26]

郭先生从自身的创作实践中总结出来的方法是："我们应该把自己体验生活中所获得的心得和学习前人的创作经验，统一运用于今天的创作中，并随时对自然和古人的创作进行观摩研究，以坚韧的毅力去反复进行创作实践，才能发现一套认识生活的方法，从而摸索出一套比较完整的创作规律。"[27] 他根据历代杰出花鸟画家的成才经验和自己的亲身经历，认定要想成长为优秀的花鸟画家，必须要立足传统，重视写生。只有在立足传统、重视写生这两方面下足功夫，方能促进创作，成为一个优秀的花鸟画家。他说，"在写生方面，古人说的'行万里路'，就包括了这个深入现实、观察生活的阶段。不论画山水、花鸟还是人物，都要深入到现实中去，否则，是不能创造出为

---

[26] 笔者注：这是王晋元的课堂笔记原文，其中有笔迹看不清楚的少许几个字，此处用□代替。
[27] 郭味蕖：《关于花鸟画的学习和创作》，1962年11月。见郭怡孮编著：《画家·学者郭味蕖纪年》，人民美术出版社，2008。

人们所喜爱的好作品来的。临摹是基础,很重要,但仅限于临摹,则又是片面的。临摹学习了古人的技法,是写生的本领"。[28]

因此,郭先生在教学中和安排全科的教学计划时,"始终强调临摹、写生、创作有阶段地反复进行。在几年中来几个周而复始,提高了我们的创作能力"。

在帮助学生立足传统这方面,郭先生抓住这三个环节,一是临摹,二是讲授,三是观摩。

庄寿红日后回忆说:"郭先生教学他首先立足于传统,在我们的课里,他把他家里收藏的赵之谦、张子祥等人的画拿到课堂上来给学生临摹,他自己先做示范。临的稿子除刚才说的那些还有郭先生本人的范本,像鸡冠花、菊花、竹子等都有。他给学生的面不局限在他个人。可以考虑到各家各派。学生涉及的面较全面,山水花鸟都学,最后是以花鸟为主是从三年级开始的。""给学生打基础时,临摹是一点都没含糊!他安排了很多,包括苦禅先生的课,大写意学生们都临摹。他是科主任,他全面安排,包括清代画家的画。也请一些外边的老师……"[29]

王晋元说:"那时能看到的原作很少,郭先生到处去借,领我们去故宫,给我们介绍影印画集,最后把自己祖辈珍藏的八幅赵之谦作品拿来供我们临摹。这段学习对我个人来讲至关重要。""我们教学,始终强调临摹、写生、创作有阶段地反复进行。在几年中来几个周而复始,提高了我们的创作能力。"[30]

郭先生多年对历史上诸多著名画家作过研究,是深谙中国画的传统和教学方法的。在传统中国画的教学中和画家的成长过程中,临摹都是重于写生的。至于郭先生自己的成才经验,更是充分说明了临摹对习画的重要性。

至于临摹的方法和临摹时要注意什么问题——郭先生以自己长期的经验积累强调说——临摹时,要特别注意研究,如临帖要认真读帖,临画也要认

---

[28] 郭味蕖:《关于花鸟画的学习和创作》,1962年11月。见郭怡孮编著:《画家·学者郭味蕖纪年》,人民美术出版社,2008。

[29] 鄂玉梅《"推陈出新"与郭味蕖写意花鸟画教学研究》,《中央美术学院》,2009年。

[30] 王晋元:《我的老师郭味蕖》,《画谈》(云南画院院刊)总2期,1996。

真读画。看古画,必须多想多钻研。看看古人是如何画的,同样题材我将怎样画,明人清人又怎样画。要在比较中发现其特征,时代的气息、个人的风范和受当时画风的影响如何。一个作家,看他继承了谁,又影响了谁,要从纵横联系、互相对比中去分析了解各自的特征。能够识别真伪也是一种必要的常识,否则就很难鉴别其好坏。总之,凡临摹,总要眼看、心想、手临,全面运用。因为我们要通过临摹,不只是掌握一些表面的技法,还有其他金石书法的多方面修养。[31]

这些观点和经验,郭先生在课堂上都是一再向王晋元他们传授的。郭先生一再要求他们"通过临摹找方法,前人的方法"。在1962年11月,郭先生又把这些观点和经验,写成一篇文章《关于花鸟画的学习和创作》,作了较系统的阐述。

郭先生正是由于有了故宫博物院研究班那段踏实地专心临古的经历,因而积累了很深的传统功力,齐白石大师1952年看到他的画极为喜爱,赞叹地说:"就是明朝人笔墨,现在少有人懂了!"并在其中一幅画上题句:"味蕖画笔工矣,予九十二岁时得获观三复。"这题句的评价之高,已经不仅仅是一般地奖掖后进了。[32]

郭先生对临摹的重视和对学生在临摹方面的要求,后来系统地表述在他主持编写的"花鸟画教学大纲"中。大纲将一年级下学期到五年级上学期共八个学期的临摹环节,循序渐进地作了完整的、系统地安排。每个学期的临摹环节的内容、要求、进度、课时都提得非常具体,目标明确,内容清楚。

在临摹时,同学们没有辜负先生渴望他们成才的厚望。王晋元是特别刻苦、格外用功的,不仅按时完成老师的要求,还自己超量,他的同学庄寿红多少年后仍记得很清楚:"回顾学生时代,王晋元对近代大画家任伯年是有过深入探究的。一段时间,他临摹任伯年画册,经常是到深更半夜。第二天清晨,老师看他的大量临摹作品总是面含微笑,同学们也悄然惊异。须知当

---

[31] 邹跃进:《毛泽东时代美术》,湖南美术出版社2005年。
[32] 郭怡孮:《取诸怀抱》,《美术》1998年12期。

年学生心目中最崇尚的故去大师当是：青藤、白阳、八大、赵之谦和吴昌硕。因为任伯年有'雅俗共赏'的评价，在学生心目中，这'俗'字，不可避免地让他们小视了任伯年。然而王晋元对任伯年的研习犹如'熟读唐诗三百首'一样，从他的画中，我们可以看到他对任伯年的程式和格律有了会心的了解和把握。"[33]

面对老同学王晋元日后在以西双版纳为素材创作的"大花鸟"画取得骄人的成绩，庄寿红也最明白王晋元是怎样从大学期间立足传统的学习中受益的："任伯年的精心观察和写生，以及他所作的'程式化'的归纳，将丰富多彩、千姿百态的花鸟通过变化多端的章法布局，向人们展示了大自然的典雅、清艳、空灵、生机和气势。王晋元得益于任伯年'程式化'和'大龙脉套小龙脉'的章法理念，从容不迫地把握纷繁复杂的描绘对象，创造性地归纳成为了王晋元的、富有空间层次而又笔墨遒劲和富于韵律美的'西双版纳'。不言而喻，'程式化'与'形而上'的艺术追求，使王晋元的作品成为富有魅力的中国气派的花鸟画。"[34]

经过一个阶段的临摹练习后，王晋元初步有了一些心得，他在课堂笔记本上写下一个简单的心得"总结"：

写意画典型作品也少，有必要多接触，这样可以举一反三，完全临摹是必要的，更有利掌握，讲的时候要多讲□一些。

互相提提意见，在画时免去他的错误，互相观摩，颜色方面，也要注意，草本、木本。

写意画的方法很多。

勾线要自然，要现实，鸟要生动，鸟与花的关系要追求构图的统一和颜色的统一。

所谓琐碎就是当画五个而你画十个，学任伯年的构图细致，而要学吴昌

---

[33] 庄寿红：《王晋元在中央美院的日子》，《云南文史》2012年第1期（内刊）。
[34] 庄寿红：《王晋元在中央美院的日子》，《云南文史》2012年第1期（内刊）。

硕的大胆取舍，可以去琐碎。

（1962年10月18日）

看得出来，王晋元对临摹不仅很认真，很刻苦，而且还很用心地思考，有自己的见地。

王晋元说郭先生"教学的另一个特点是：教学与美术史论相结合，具体分析历史诸家之长短，引导学生从欣赏、鉴赏、临摹到认识掌握其绘画风格。在后三年的学习中，就以此特点研究，认识学习了好多历史名家作品。如历史上诸大家，从徐渭、陈淳、八大、石涛、扬州八家、任氏三雄到吴昌硕、齐白石等。最可贵的是对每一个朝代代表性画家和画风学习了不少，如钱选、赵昌、李衎、林良、吕纪、周之冕、赵之谦、朱偁、张熊等等，受益匪浅。我们教学，始终强调临摹、写生、创作有阶段地反复进行。在几年中来几个周而复始，提高了我们的创作能力。"[35]

结合临摹，郭先生还给学生讲授花鸟画史上的重要画家的生平、独特风格和成才经验。

因为郭先生有非常深厚的传统笔墨基础。他崇尚青藤、白阳及赵之谦、任伯年、吴昌硕、齐白石诸大家，并对他们作过精深的研究，所以他讲授和点评历代优秀画家很中肯，有见地，有水平，让学生从中很受到启迪。王晋元日后回顾道："郭先生对历史诸家非常熟悉他们的艺术风范层次高低，在教学中有时也为一些不被重视的画家鸣不平。我突出地记得的是陈白阳、赵之谦。陈淳在画史上虽有青藤、白阳之说，但却被青藤遮去了，但他是了不起的大画家，画风潇洒、清丽、典雅脱俗，却没有被很好地研究和论证。赵之谦虽列为近百年之首，却被老缶翁淹没了。郭先生提出赵之谦对吴昌硕的绘画影响，和他们的艺术成就不可相代替。所以我们教学中又出现了一个学习赵之谦的高潮。"[36]

---

[35] 潘公凯：《以传统研究为主体的两端深入——关于中国画教学改革的设想》，1987年。
[36] 王晋元：《我的老师郭味蕖》，《画谈》（云南画院院刊）总2期，1996。

在王晋元留存下来的课堂笔记里，有郭先生讲授赵之谦的详细笔记，篇幅较长，记了2500多字，内容很丰富，包括赵之谦的生平、绘画风格、关于赵之谦的技法掌握及临摹的体会。每个问题都记得很翔实，很仔细。从这部分笔记中，可见当时郭先生对赵之谦的崇尚和讲授的内容何其丰富，也可看出王晋元对赵之谦的崇尚和对其绘画风格的喜爱。

除了重点讲授一些杰出国画家之外，郭先生还从中国美术史的角度，给学生介绍历代有一定影响的国画家，拓宽学生的视野，帮助学生从深度和广度把握美术史，提高他们的文化素养。在王晋元留存下来的课堂笔记里，有这样一份表，郭先生给学生讲授历代优秀画家的代表性作品简目，从中可知当时郭先生给他们讲了多少内容。

在郭先生这样极具眼光的引导之下，王晋元和同学们的艺术视野逐渐在拓宽，文化素养逐渐在提高。

除了强调临摹之外，郭先生还注重以讲解、示范和观摩总结的方法，帮助学生立足传统。在主持编写花鸟画教学大纲时，郭先生把几种方法都正式列为教学方法的常规要求。

郭先生这样的教学观点、教学要求和教学方法，对学生的影响是深刻的，也是深远的。学生从中获得的教益将影响他们的一生。王晋元就是其中一位突出的受益者。

郭先生精心传授的这些花鸟画知识，成为王晋元毕生拥有的宝贵的知识财富。郭先生注重立足传统的教学要求，成为有助于王晋元成长为杰出花鸟画家的一个不可忽略的因素。

与王晋元同年分配到云南的浙江美院毕业生朱维明说："王晋元很健谈，在我与他的相处中，也了解了不少花鸟画的知识，除被人们挂在口上的青藤、八大、老莲、三熊、虚谷、缶庐外，像徐熙、林良、吕纪、朱耷、陈白阳和赵之谦等，常是他所谈及的。作为郭味蕖、李苦禅、田世光等先生的门人，王晋元不仅对他们的艺术精髓有很深入的研究和学习，还藏有不少他们的课徒手稿。这些手稿，虽是这些名师在课堂里的教学示范，教之如何用笔、如何用墨，但逸笔草草随意一挥中透露出光彩，我曾细细过目。王晋元几十年浸淫其间，耳濡目染，自然已做到按李可染所说的"用最大的功力打进去"，然而，王晋元并不满足于此，他试图"用最大的勇气打出来"。他的案头常摆着潘天寿、黄宾虹等画坛巨擘的画册，也融入了他们的画风。早在70年代初，他就和我谈起当代健在的国画家中，他最服陆俨少，就其传统的笔墨功夫，与之匹敌者不多。潘天寿的《小龙湫一角》《雁荡山花》等，对王晋元的大角度花鸟画有着一定的影响。黄宾虹用笔的浑厚华滋，在晋元的画中也可见到，由于没有地域的偏见，使他能吸取南北画家之精华，再反复咀嚼，熔于一炉，修炼出自己的面目。[37]

6. 重视写生

写生这个环节，同样是郭先生很重视的。他关于写生的这些重要观点是他毕生的经验积累——在写生方面，古人说的"行万里路"，就包括了这个深入现实、观察生活的阶段。不论画山水、花鸟还是人物，都要深入现实中去，否则，是不能创造出为人们所喜爱的好作品来的。临摹是基础，很重要，但仅限于临摹，则又是片面的。临摹学习了古人的技法，是写生的本领。写生是要剪取素材，一方面需要有目的、有计划去搜集素材，一方面又要广泛地积累不一定立即可用的素材。见到山石、水口、坡石，就随时记录下来，仿佛遇到了好菜，先买了来以后再做。

写生跟速写不同。写生主要是记录形象，整体、局部都要细画。一枝松枝，画得精微，等于全树都已知道，已足以用。速写则取其整体造型，大的动势。没有目的的画来的东西没有用处，而有用之处，又往往没画。速写要求短时间内完成，如鸟的动态，必须用快速的笔触，捕捉住它优美的一刹那。而无论如何迅速，也终须低下头来画，这便包括了默写的成分。

默写可分为两个阶段：一幅画临过以后，再默写一张，而变更其姿态，

---

[37] 朱维明：《崖畔山花——忆王晋元兼谈他的艺术》，《美术》2002年02期。

即把临摹中得来的能力，潜移默化地转移到创作中去；再是在写生中运用临摹得来的技巧，而更加入主观的创造。因此，默写是接近了创作的。

写生要注意深入观察，我们看花和鸟，要超过一般人的深度。花萼的反正、蕉叶的翻转，此是常人所看不到处，却正是我们的用心处，要从中发现和表现出美来。因此，体验生活、观察现实的时间，是远比绘画要长得多的。花和鸟都不是孤立的，它们生活规律，深受自然环境的影响。高山之松矮，平原上的就高，和风吹有关。山间之松弯曲而向上，是为的向阳。平原的萱花，叶子向四面纷披，而峭壁下的则是一边倾倒，绝不向壁。瓶中写生得来的花卉动态，不与大地生长的相同。动植物的颜色、神态，又因四时变化、风晴雨露而不同。这些，都必须深入观察，全面了解，不是看了便画就可以画得好的。[38]

郭先生始终认为，花鸟画的教学必须注意好临摹、写生和创作这三者的关系，临摹和写生的目的都是为了滋养创作。写生要以临摹为基础，临摹要和写生紧密配合。他坚持主张花鸟画写生造型应以传统写生方法为主，在描写现实中丰富、发扬传统技法，运用从临摹中学习来的表现手法锻炼造型能力和写实技巧。他一再对学生强调，临摹要认真，写生也要认真！

他提出花鸟画家要深入两种生活——社会生活和自然生活，才能用新的立场观点去认识发现自然界的生活情趣。他重视"三写"（写生、速写和默写），要求学生通过速写和写生，构成花鸟画创作。在安排教学计划时，他把课程内容分为基本练习和创作练习两个部分。在基本练习中，写生与临摹的比例是写生占五分之三、临摹占五分之二。

郭先生和宗其香、陶一清等几位先生，在教学中都在写生方面花了很大的精力。他们几位先生都尽自己之所长，对同学传授得当的方法，提出了严格的要求。王晋元和同学们因之在写生方面受到了很好的训练。

为了引导学生重视花鸟写生，掌握好写生的方法，提高写生的能力，郭

---

[38] 郭味蕖：《关于花鸟画的学习和创作》，1962 年 11 月。见郭怡孮编著：《画家·学者郭味蕖纪年》，人民美术出版社，2008。

先生不仅自己精心给学生讲授"花鸟写生与创作"的课程，还请宗其香先生给学生讲授"写生课当注意些什么"，又从校外请石鲁先生来给同学作"关于写生的报告"的讲座，以求尽量多地丰富学生关于写生的知识。这些课程和讲座内容，在王晋元的课堂笔记里都有详细笔记。

讲完课后，郭先生接着就布置了首次写生练习——到附近的中山公园写生，王晋元提纲式的扼要记下了郭先生布置的要点。

宗其香先生以自己多年的创作写生经验，为同学们讲授的"写生课当注意些什么"，让王晋元和同学们的启发也很大，王晋元认真记下了宗先生讲授的精要之处。

石鲁先生应郭先生之邀请，来给美院的同学开讲座，作"关于写生的报告"。他先从怎样开始学习中国画开始说起，讲"主观与客观关系"，讲对传统的理解。接着以他自己的《东方欲晓》为例讲了作品的构思。这是他1961年第三次回延安时，一天的傍晚时分，与同事们一起在延河边散步，天色已暗，看见对岸清凉山下的延河里，倒映着成排窑洞的灯光，于是便联想到毛主席当年居住的窑洞，形成了《东方欲晓》的创作构思。

之后，结合课堂讲授和讲座，郭先生继续又安排王晋元和同学们就近在北京的几个地方作了多次写生练习，并循序渐进地提出每次写生的目的和要求。

经过一段时间的学习后，王晋元自己悟出了一些对写生的体会。他在笔记里记下了自己对写生的一些领悟：

写生要求速写和默写，这是三种花鸟的练习，对现实东西放在纸上而变成艺术的能力，（变）为创作素材，这一点目的要明确。

……

写生方法：四写，都为基础，看了以后要发现它的特点和造形特征，要很长时间去看，去体验，这样才能掌握形象特点，那方好要减裁，要画哪一部分，要掌握全面，由于颜色的不同，各种形象它的共性和个性不同处，准备着造型有用处，（把）写生用到创造中去，写生时要有减裁，在写生不好，把好的东西综合，一枝可以改在别的地方。不是如实地描摹，而是有减裁，叶子太多不好，花托多可以，高矮可以变样。

概括地（把）它变成最简单的，把最代表的形象画上去，那一个最重要，反正太多不好看，大时可以减去……

石头上的要掌握最重要的轮廓线，简就是要提炼，一条线要（顶）十条线的功用。

A. 要掌握花的外形，强调外形的美，内部怎样，典不典型。

B. 再分析个别的花型，本身的生理，瓣的画法，什么画什么样（大的主题在上）。什样锦，边缘要勾得非常仔细，不要概念。

C. 要把东西最微妙地方画出来，怎样的色都不能完全都有，要根据现在勾线时再加意匠，把不需要的铅笔线去除不要，不要进行一次减裁，不要受现时影响，要有艺术性，用线注意顿挫和高矮。

D. 断开在反叶，花尖和叶齐，不断开后加重，再提起来再断，要顿挫，断开而不是□开，不容多断，不要牵着。

E. 墨要有浓淡深浅，墨上有墨时，墨深时小瓣深，叶□深。这和它的素描关系相同。在勾的时候就要非常清楚，素描，不是勾稿的方法，写生要它非常有味道。

F. 素描主要的是要其骨，骨为最重要，这要是一张非常好的白描。

上颜色要掌握前后左右的光暗，但这光暗是整体的，要有总体的感觉。色彩的方法，如实描写对象，不是好看，要找它的艺术性，要对比，要胸有成竹，不能中途变，要想好以后掌握用色。在没掌握颜色时要少用□，要平涂多一些。

一瓣，要平涂多一些。

平涂不要涂到边上，要先上最深的地方，以后再上浅的地方。勾时不要太深，淡了可用洋红加墨再勾一次，主要是主筋，粉不要太重。最后加蕊，蕊的颜色不一定只能□，不能画多，六条（一般），花蕊可白也可以要石青。

叶子一笔画，可以不勾轮廓，从底向□，不要变化，但是颜色不容太多。

……

除了对学生明确地在教学上有这些讲授、要求、引导之外,郭先生自己身体力行,十分重视深入生活与社会实践,经常带领学生外出写生,大胆实践,勇于创新。"他提出花鸟画家要深入两种生活,社会生活和自然生活,才能用新的立场观点去认识发现自然界的生活情趣。写生,是他认识生活、抓取创作素材的重要手段。他多次带领学生下乡体验生活、搜集素材。足迹所至、画笔自随,历年所作山水花鸟写生累累筐箧。……他明确提出了'生活的认识和造型的似与变'作为研究的课题。他深信'得之于造化者深,才能脱尽习径'的道理。发挥自己西画写生能力强、又熟悉中国画各种笔墨造型手段的优势,去努力创造新的造型语言。郭味蕖能以典型的形象去创造视觉感受的真实,把自然美和客观美更多地引入写意花鸟画中,对克服写意花鸟画的辗转摹拟、陈陈相因具有重大意义。他说要到生活中去抓取最生动的形象和最新鲜的感受,从客观特征和主观精神两个方面来创造典型,他强调说:'典型形象必须是自己加工的,有自己的审美感受和自己的审美主张的。'因而在时代的共性中又能创造出他鲜明的个性特征。同时他还创作了许多花鸟画作品和数百幅山水写生。这是他一生中最具成果和最有活力的时期。"[39]

郭先生如此勤奋地深入生活和创作,令王晋元和同学们很感动,深受鞭策。有一次郭先生带 63 届同学实习回来后,把实习期间创作的画在中国画系走廊开了一个观摩,"大家为之震惊。他的《大好春光》《丽日》《东风朱霞》《初阳》《秋熟》《月上》等一批力作都是此时的成果,同时也开了花鸟画深入生活的风气。"[40]

王晋元除了"震惊"之外,还感悟到,郭先生如此身体力行,正是郭先生教学的一个特点——"教学中始终伴随着学术研讨,提出自己的学术主张,在艺术实践中去证明自己的主张。他提出了花鸟画要改变当前的局面,必须

---

[39] 朱维明:《崖畔山花——忆王晋元兼谈他的艺术》,《美术》2002 年 02 期。
[40] 王晋元:《我的老师郭味蕖》,《画谈》(云南画院院刊)总 2 期,1996。

和其他科一样要到生活中去，一是观察社会，二是要到深山大川中去观察自然，了解大自然。花鸟画要得自然江山之助，才能有所发展。"[41]

郭先生的这些学术主张和艺术实践，充实了他正在创建的教学体系，于是，也反映在他主持编写的花鸟画教学大纲中。

7. 专业实习开拓视野

与写生密切联系的是专业实习。郭先生主持编写的花鸟画教学大纲的第三部分简述的便是专业实习的目的和实习安排。在专业实习的安排中，郭先生同样是把写生当作重要内容来要求的，在1962年先形成的教学提纲有要求，在1963年正式形成的教学大纲对专业实习的安排更明确，更具体，更具操作性：

(1) 第一学年：4周，近郊（包括人民公社、动物园、植物园）。主要进行研究、参观、访问、写生，同时进行创作学习。

(2) 第二学年：5周，远郊或华中地区。进行写生及创作练习。

(3) 第三学年：5周，远郊或华中地区，进行写生和创作练习。

(4) 第四学年：13周（包括本学年的2周写生课及第五学年的5周写生课在内，集中使用），敦煌及西北、西南等花树区。进行壁画等古典艺术的研究和临摹，并进行写生。

(5) 第五学年：7周，华南等地（黄山、雁荡山等）。写生及为毕业创作进行准备。

在平常的写生训练进行了一段时间后，按照大纲的教学安排，王晋元他们64届的同学三年级时的专业实习去了北京远郊怀柔，四年级时的专业实习去了浙江富春江，五年级时的专业实习（写生及为毕业创作进行准备）去了江西井冈山。

以前花鸟画学生一般就是到公园里去画花，很少到山野中去。郭怡孮说，

---

[41] 王晋元：《我的老师郭味蕖》，《画谈》（云南画院院刊）总2期，1996。

"父亲多次带学生在北京郊区附近写生，遇到很多困难，于是决心带学生下江南、到黄山写生、到井冈山写生。到黄山写生是高等院校花鸟画科学生首次专业写生。父亲做了非常详细的计划，并与当时的系党支部书记黄铸夫同志同去。他认真安排写生计划，制定写生教学计划，亲自选点，坚持每天交流总结。白天他具体示范、讲解，晚上集中看稿上课，这在他《黄山行》日记中（见《郭味蕖艺术文集》）非常详细地做了记录，这是花鸟画具有创造性的教学改革，见到了明显的成果。学生积极性特别高。走到山野之中，性情豁然开朗，题材内容都有了大变化"。

三年级时王晋元他们64届由黄均老师带队，去的是怀柔的山区。这个时间段，刚好是郭味蕖先生带63届的同学去实习的时间，所以未亲自带64届实习。怀柔山区全是很美的真正的自然生态，有沟壑，有山坡，枣树、桑树和野卉蛮多的。王晋元和同学都认真观察，专心写生。闲暇时，当然也有年轻人的一些乐趣。当时，也有几个66届的同学参加了这次深入怀柔山区上写生课。

四年级时，王晋元他们去浙江实习写生，带队的是田世光先生。1963年3月30日这一天，是他们出发的日子。师生一行坐在火车上，往南方驶去。朝车窗外望出去，南方大地春来早，田埂上的小草开始吐绿，有的小花已经在竞相开放，越冬的麦苗开始返青，田野上已是一片春的气息。

王晋元的笔记中插有这么一段带有抒情色彩的日记，从中可以看出，王晋元的心情是多么高兴：

今天终于起行赴苏杭了，北方尽管到了山东的南部，还完全照在灰色的木□中，而越向南越增加绿色，这是春天的消息，而土地有的已被翻起，散发出了它本身松散的样子。春天了。人们在备耕，大部分去挖水渠，在我们的心目中春天大人是最忙的，而在这个地方，小孩子也是春天的主人。

春孩子（这些孩子）的童年就是这样度过，是伴着野菜和黄花生活，他们吸吮着整个大地在春天中发出泥土的芳香，这种纯朴的春□直灌他们幼小

第三章 | 中央美院的日子

的心灵。

而去江苏、安徽，水则成了孩子们的春天，他们像整天都生活在春天里。柔嫩的菜花就像他们春天中的生命那样的灿烂，而他们的纯洁又像河水那样碧绿而无瑕，这里的颜色引起我大的兴趣，对比颜色那样的强烈，红、绿、黄、土红和褐黄相映的交织在一起，如果它能构成□色坛，那会是最漂亮的□色坛。

经过火车、汽车的辗转，老师带着王晋元和同学们到了浙江的富春江。他们先是对黄公望的富春山居作了实地游。

《富春山居图》是黄公望79岁高龄时开始创作的，是为一道同行从松江归富春山居的好友无用禅师所绘。此画不是完全写实的风格，以浙江富春江为背景，简约地绘写大概，山和水的布置疏密得当，传富春山水风神。

这趟对黄公望富春山居的实地游，让王晋元和同学们深有感触，对传统绘画又多了一份深刻了解，心中对我国优秀的国画传统更增添了热爱之情。

离开了黄公望的富春山居，田世光先生和焦可群老师带着他们到浙江美术学院专程拜访了花鸟画大师潘天寿院长。潘先生平易近人，抽出时间与他们交谈，简要地传授了自己在花鸟画方面的创作经验，热情地鼓励王晋元和同学们，希望他们为中国的花鸟画事业勤奋学习，努力让中国的花鸟画传统发扬光大，不要辜负国家的培养和人民的期望。

告别了潘天寿大师，王晋元他们来到了离杭州一百余公里的新安江水电站。新安江水电站是新中国第一座"三自"（即自己设计、自制设备、自行建造）大型水力发电站，位于杭州建德市新安江镇以西6公里的铜官峡谷中，距杭州一百余公里。水电站于1957年4月1日动工建设，1960年4月22日，第一台7.25万千瓦水轮发电机组开始发电。电站建成前，常因山洪暴发，江水陡涨，新安江两岸田淹房毁，人民深受其害。电站建成后，避免和减轻了下游30万亩农田的洪涝灾害。电站截流新安江后形成的新安江水库淹没了85座山，形成了大小岛屿1078座，称为"千岛湖"。美丽的千岛湖碧波

在野外写生

荡漾，蓄水量178亿立方米，约相当3000个杭州西湖的水量。

沿着江边往电站走，仰望那新安江水电站的主体，极为雄伟壮观。登到那105米高的大坝顶上，站在那用以提举泄洪闸门、起重量达到300多吨的大型起重门机旁，王晋元和同学们心中都涌起了对建造这座水库和电站的决策者、参与者的敬意。仰望头顶，是晴朗的蓝天，白云飘动。放眼大坝之西，那真是可叫作高峡平湖。往下游的新安江望去，江水就似一条碧玉带。俯视大坝下面，从坝体底部流出，冒出一簇簇白茫茫的水花，乳白色的雾气不时升起，宛若缥缈的仙境。

1964年，王晋元升入五年级了。这年的专业实习也就是毕业实习了，通过这次实习，为毕业创作打基础。郭味蕖先生决定他们这次的毕业实习赴革命圣地井冈山写生，并且不再安排老师带队，就由王晋元带队。花鸟科64届的四个同学——王晋元、庄寿红、于福谦、郭才，再加山水科的一个女同学陈行，一共五人。著名的革命根据地井冈山位于江西省西南部，地处湘赣两省交界的罗霄山脉中段，古有"郴衡湘赣之交，千里罗霄之腹"之称，是土地革命初期中国工农红军革命遗址最集中的地方。保存完好的革命旧居、旧址有几十处，当年井冈山革命斗争的中心是茨坪，这里有毛泽东旧居——茨坪店上村村民李利昌的家。

以革命战场闻名的五大哨口位于茨坪四周，都离茨坪不远，是五条通往井冈山的要道。井冈山山高林密，地势险峻，峰峦叠嶂，峪壑幽深，溪流澄碧，林木蓊郁。其中部为崇山峻岭，两侧为低山丘陵，从山下往上望，巍巍井冈就如一座巨大的"城堡"，不仅主峰巍峨，且千峰竞秀，万壑争流，奇妙独特的飞瀑，气势磅礴的云海、七千多平方公里的次原始森林，融雄、险、秀、幽、奇为一体，甚为壮观。

当王晋元他们一行五人背着背包，历尽辛苦爬到黄洋界时，心灵受到了极大的震撼。从这里放眼四望，群山起伏，层层叠叠，白云翻滚，犹如一片白色的波涛汹涌的大海。大家的心胸为之开阔，从心底升出一股豪情。接下来，他们又去踏访了另外四大哨口——南面的八面山哨口，西南面的双马石哨口，南面的朱砂冲哨口，东面的桐木岭哨口。五大哨口都是山峰陡峭、峡谷幽深，地势十分险要。多处山坡上开满了一大片一大片烂漫的杜鹃花。在这些哨口的百丈深渊中还可以看到苍鹰在半山中盘旋。

在井冈山写生的这些天里，当地文化馆还安排了一位青年干部陪同王晋元他们，给他们带路、给他们介绍情况。王晋元和同学们听了几位基层干部介绍井冈山的历史和现状，又先后去了几位当年的老红军和老贫农家拜访，听他们回忆当年红军革命的艰苦岁月，感到很受教育。更多的时间里，他们抓紧写生练习，上山岭，下山涧，过激流，跨小溪，既画花鸟，也画山水。大家虽然都很累，但心情都很愉快。既接受了革命传统的熏陶，又饱览了根据地的大好河山，在写生水平上也有不小的提高，圆满完成了毕业实习的要求。最后，他们同基层干部合影留念。从合影照片上看到的他们几个一副意气风发的模样，真可谓是风华正茂！

这次毕业实习，为同学们的毕业创作奠定了扎实的基础。想到创作，王晋元不禁又联想起郭先生之前专门给他们讲过的一次创作课，内容都是郭先生自己多年创作的经验之谈，当时，王晋元在课堂笔记里记得很认真，从中

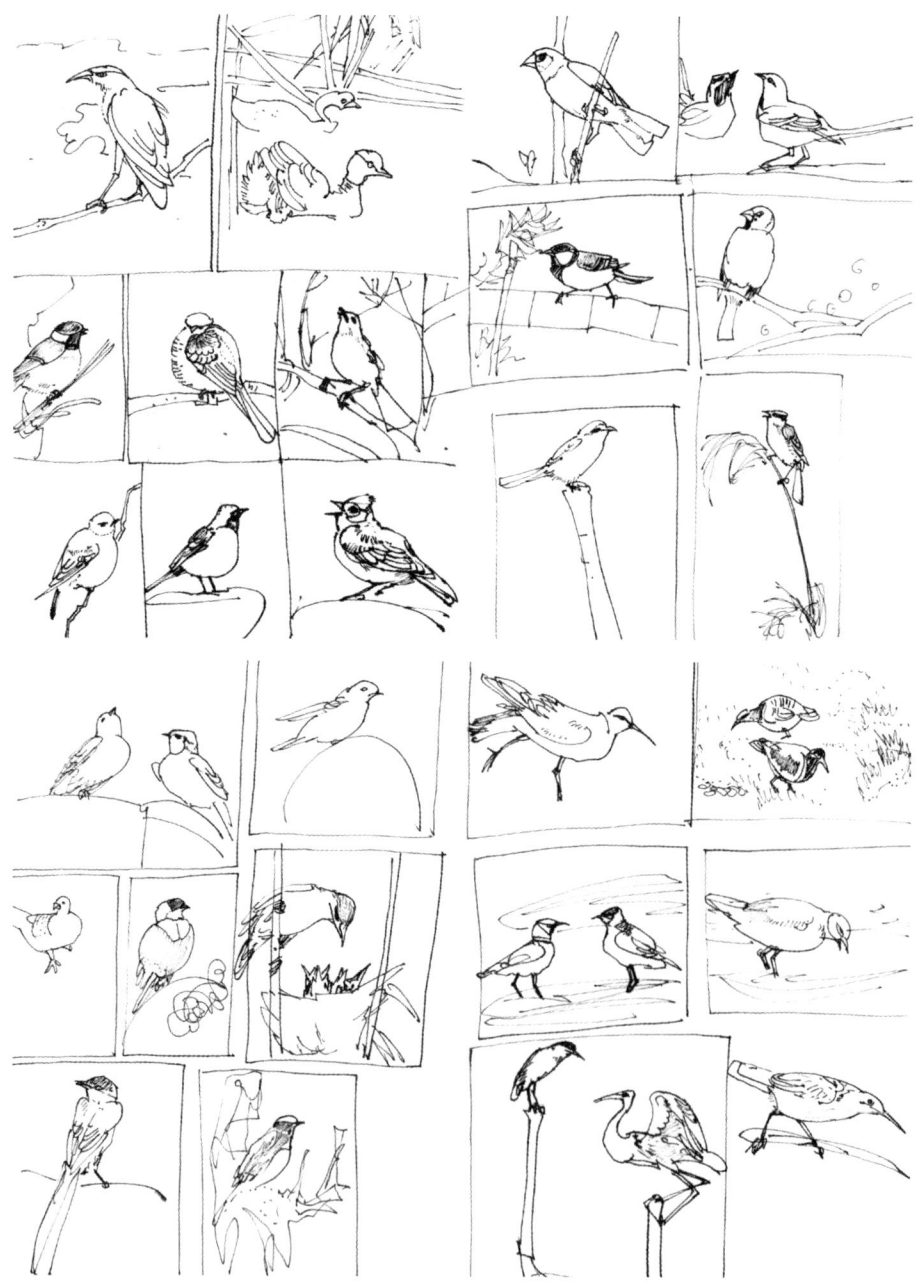

写生

写生

能让人颇受启发。

王晋元还联系到郭先生在花鸟画创作中的追求和表现方法。郭先生曾经这样说："近年来，在花鸟画创作中，我正在进行'三结合'的探索。工笔与写意的结合。这在齐白石的作品中是已经有过先例了。他用写意笔法画花卉，以工笔笔法画草虫。泼墨和重彩的结合，还有花鸟和山水的结合。花鸟和山水的结合是要画出花鸟所生长的自然环境，表现出大自然中的一个角落，衬以悬崖、水口、坡石，用以增加氛围。明代林良、吕纪，都用过这种方法。我想按照这几种结合的办法，努力去变化，看看能变出个什么面貌来。也可能失败，但我是有这个志向的。如何能出点新意呢？我想，主要是人的思想感情，首先是自己的思想要跟上时代。潘老的画中，在这点是可崇拜的。"

这次到井冈山的毕业实习，由于视野的开拓，深入生活的认真，王晋元和同学们不仅都有了创作的灵感，还产生了创作的渴望。还在回北京的归途中，大家心中就在酝酿自己的毕业创作了，有的同学甚至有了初稿的构想。

当然，这些构想尚不成熟，还需要再反复思考，再多请教老师，多听听老师的指导意见。

回到学校后，王晋元和同学们高兴地把自己这次实习得到的思想上和业务上的收获，都向郭味蕖先生一一作了汇报。郭先生仔细听完他们的汇报，不时颔首。他微笑着对同学们说："你们做得很好，受到很有益的锻炼，有提高，有自己的想法。这次专业的目的达到了，我很满意。下一步就是怎么过好毕业创作了。希望大家继续努力，奋发有为，交出让党和人民满意的答卷来！"

王晋元的毕业创作是《井冈杜鹃》。这幅作品的立意首先是他这次毕业实习到井冈山后，受到启迪而涌现出来的灵感，觉得这是一个很好的创作主题；其次是受到郭先生的创作的启发。郭先生在 1962 年带 63 届同学实习归来后，画了一幅题名为《燎原》的写意花卉画，"首先选取了在井冈山漫山遍野盛开着的红杜鹃花作为画面的主要形象，并着意刻画了它们那如同烈焰一般的动势，从而以象征的手法，成功地歌颂了井冈山革命斗争具有'星星之火，可以燎原'的伟大历史意义。这是建国以来，以花鸟画直接反映革命斗争题材的大胆创举。"[42]

郭先生这幅《燎原》作品，表现出郭先生思想上努力"跟上时代"的追求，而且艺术性与思想性结合得很好，对同学的影响很大。王晋元从那时起就深受启发，脑海中一直留有深刻印象。紧紧跟上时代的步伐，做一个优秀的革命接班人，是当时青年人普遍的进步追求。王晋元心中这样的追求更为强烈。在王晋元毕业前夕，郭先生特意挥毫手书"毛主席谈革命接班人的五个条件"赠给王晋元，表达了他对王晋元的鼓励和期望，鼓励他到边远的云南工作，锻炼成为革命事业的接班人。

最后，王晋元和同学们都尽自己的最大努力，圆满完成了毕业创作，达到了毕业要求，以优异成绩毕业了。王晋元的毕业创作是《井冈杜鹃》，由学院收藏了，至今还完好地保存在中央美院。庄寿红这样说起王晋元："王晋元是我们这届学生中学得最好的一个，他毕业后受郭先生指点去了云南西双版纳，形成了他的绘画风格。"[43]

8. 告别美院　告别恩师

1964年夏天，王晋元就快要毕业了，他和同学们都进入了毕业分配前的状态。

这个时候的大学毕业生，都是国家包分配的。学校都是按照国家的分配计划来安排大学毕业生的去向，个人都是服从组织分配的。一般说来，大学毕业时分配到哪里，基本上也就确定了你今后一生的工作地点和职业。

而且，国家有关部门在作分配计划的时候，还会较多地考虑到学生是从哪里来的，或者学生的原籍是哪里。很多时候都还是会考虑到从哪里来安排回到哪里去。这也是一条基本分配原则。

---

[42] 庆寿红：《正不必作前人墨奴——怀念郭味蕖老师》，《美术研究》1980年2期。
[43] 庄寿红：《王晋元在中央美院的日子》，《云南文史》2012年第1期（内刊）。

而且，那个时候，国家提倡好儿女志在四方，青年人大多都充满热情，满怀理想，愿意响应祖国的号召，投身到国家火热的社会主义建设事业中去。作为大学毕业生来说，除非有特殊情况外，一般都不会向组织讲条件，都不可能不服从分配。

按照国家下发当年给美院的分配计划，国画系根据王晋元的老家在天津的情况，最初给王晋元安排的分配去向是天津。

不过，更早一些时候的考虑，花鸟科主任郭味蕖先生是建议把王晋元留校任教的。他很看好王晋元这棵花鸟画教学的苗子，觉得根据王晋元各方面的条件，把他留在学校任教，继承花鸟画教学事业，是很合适的，对于今后培养更多的花鸟画人才，是会起到很好的作用的。

在要决定分配计划安排之前，郭味蕖先生已经多次向系领导提出将王晋元留校的建议，不过，遗憾的是，因为王晋元不是中共党员，所以系领导没有同意这个建议。

王晋元没有能够留校，按分配方案是要回天津的。可是分配计划实施之前，出了一个节外生枝的情况。有一位云南籍的女同学本来是安排分配回云南的，可是因为出了家庭变故，不能回云南了，请求组织能够给予调整。于是，组织上看到她的特殊困难，考虑作适当的调整。组织上征求王晋元的意见，希望他能愿意调整分配到云南，把天津这个名额调整给这个女同学。

这个棘手的问题，摆在王晋元面前。他也犹豫了几天，一时难以做出决定。那个时候的云南，在一般人眼中，是比较落后的，以为是一片蛮荒之地。如果去云南，那的确是很艰苦的，更何况就要在云南一辈子。于是，王晋元登门向郭先生求教，希望从郭先生那里得到一些指点，帮助自己确定去不去云南。

到了郭先生家，王晋元把他的想法向郭先生全部说出，郭先生鼓励他去云南，对他说，"好呀！你到那里去看看也好呀。趁着年轻，你应该去，你可以去开辟一个新的天地。我们常说到生活里面去，到大自然里面去，云南就是一个最合适的地方。云南这个地方肯定是对画花鸟很有好处的。"郭先生还跟他举了俞致贞先生的例子，跟他讲到 20 世纪 30 年代俞致贞先生因到四川去拜张大千为师而走出了一条自己的艺术之路的故事。

"你真的可以到云南看看。"听了郭先生一番开导之后，看到郭先生非常支持的态度，王晋元觉得郭先生讲得很有道理，他不再犹豫，下了决心，选择到云南去！接着王晋元向组织上表明了"放弃天津，到云南去"的决心。分配方案就这样确定下来了：王晋元分到云南，到云南后再由云南省人事部门安排具体单位。

家里听说王晋元愿意分配到云南，父母都不赞同他去那么远的地方，一些亲友也不支持他去，觉得云南是边疆，离家太远，条件太艰苦。希望他改变主意，还是留在天津，或者留在北京。但王晋元没有因大家的反对和劝说而改变主意。他是一个一旦作了决定之后，就不轻易改变主意的人。当然，他心里完全清楚，云南确实是一个条件艰苦的地方，但是，他也明白，云南确实是从事花鸟画创作的有用武之地的地方。好儿女志在四方！王晋元同当时很多热血青年一样，决心用实际行动响应党的号召，到基层去，到边疆去！

后来，王晋元在《我的自述》里说，"1964 年我以优异成绩毕业，我选择到云南工作，为了到云南，克服了社会家庭和自身的很多阻力，我认为云南从艺术资源上讲，有着深厚的宝藏，只要努力，是有能力挖掘的。"这表明，王晋元已经做好了准备，要去努力地挖掘云南的艺术资源宝藏。

动身的日期临近了，在即将要离开学校、离开北京的前夕，王晋元专程去向郭先生辞行。郭先生充分肯定了他的选择，语重心长地讲了许多鼓励他的话，让他为挖掘云南艺术资源宝藏做好吃苦的准备。最后，郭先生郑重地对他说，"我送你一幅字吧，你带上它到云南去，做个纪念。这也是我对你的希望"。说罢，郭先生展纸挥毫，用 4 尺整纸大屏，精心地完整抄录了《毛主席无产阶级革命事业接班人的五个条件》送给他。

王晋元看着郭先生在辛苦地挥毫书写，内心很激动。他明白，这是先生的鼓励和嘱托，先生希望他按照时代的要求，努力做一个无产阶级革命事业的接班人。

王晋元恭恭敬敬地接过郭先生赠送的这幅珍贵的书法礼物，由衷地一再感谢先生这么多年的关心、厚爱和栽培。最后，他怀着依依不舍的心情，走出了这座不知来过多少次的米库胡同15号小院。郭先生与郭怡孮一直把他送到院门口，他一再请先生保重。走出几十步后，王晋元再回头望了一眼，先生与郭怡孮还站在门口目送着他离开。

在王晋元接受高等教育的这五年的美院求学生活中，在他这人生历程的最重要的这一个阶段中，多位老师都给予了他很好的影响，其中，郭先生是对王晋元最有影响的老师。他从郭先生这里得到的教益和启示也最多。可以说，如果没有恩师郭先生，就没有后来成为著名花鸟画家的王晋元。

郭先生对王晋元的影响是深远的，多方面的。

在追随郭先生的这几年时光中，特别让王晋元难以忘怀的有这么一些事，由这些事引发的对他的影响，是一生的。

其一，是郭先生在花鸟画创新方面的追求，艺术上提出的"三结合"的原则，成为王晋元一生的艺术追求。他实践这个要求的努力，是他取得成就的重要因素。

郭先生多次强调了自己的观点："推陈是为了继承传统、发扬传统；出新便是解放思想，破除一切清规戒律，大胆创造，改革旧面貌，确立新的形式和风格。""我们要有自己的创造，要推陈出新，便须向前人学习。只有在继承的基础上，才可能有发扬创造。这是规律，永远是这样的。将来也必然有人继承我们，又有创造。"[44]

王晋元后来追忆说，郭先生"推崇齐白石绘画的独特才能，更推崇潘天寿先生的'铁板大江东'。艺术上具体提出了为人称颂的花鸟画'三结合'，即'花鸟和山水结合''工笔与写意结合''泼墨与重彩结合'，这样把学生和教学都推到了一个高层次。那时候，我们很兴奋，这些理论对学生来说是既新鲜又陌生，既真实而又遥远，花鸟画呈现出一片朝霞，只有努力，才

---

[44] 郭味蕖：《关于花鸟画的学习和创作》，1962年11月。见郭怡孮编著：《画家·学者郭味蕖纪年》，人民美术出版社，2008。

能进取。"[45]

其二，是郭先生的德艺双馨，成为王晋元一生做人、作画的榜样。

郭先生虚心治学的态度给了王晋元很大的影响。王晋元亲闻亲见的是——"在我上学期间，我看到听到的是他对老一辈的尊重，同辈人中的谦和，对晚一辈的爱护。他告诫我们：'你条件很好，要学诸家之长。'他对苦禅先生极为尊重，认为大写意花鸟当前就是潘（天寿）先生与李（苦禅）先生；田（世光）先生是当时最有功力与魄力的花鸟画家；俞致贞先生师于非闇先生，但又有她自己的文静典雅之风。而我们要他谈谈自己的作品时他总是说：'画画很难，花鸟画创作更难，难在进取，非得到生活中去才能有所得，那些作品你们可以看看，将来你们自己创作，要有自己。'"[46]

而郭先生从前也得到过齐白石老人同样的鼓励和教导，白石老人曾鼓励过他："你画得很好。""画了再画。笔要有力，墨要有用。"并教导过他："画画不要叫人家说好，自己要有自己的面貌。"郭先生在回忆白石老人的文章中曾感动地说："白石老人就是这样地提携后一代人，无保留地教给他们以技法，给与启示和鼓舞，引导他们前进和努力创作。"[47]

什么叫薪火相传？什么叫文人的优良传统？从白石老人对郭先生的鼓励、教导，到郭先生对王晋元的鼓励、教导，我们可以看出。这就是文人的优良传统！这就叫一代一代的薪火相传！

其三，是王晋元从上面郭先生自谦的这句话，感悟到内中所包含的重要点拨。王晋元从这句话中得到的深刻感悟，引导了他一生的艺术追求——主要的是这三点：第一，花鸟画创作难在进取。第二，一定要到生活中去，创造才会有所得。第三，创作时一定要有自己。

王晋元牢牢地记住了恩师郭先生的教诲，毕业后走进云南这块厚土，坚持深入生活、深入大自然，特别是深入到西双版纳的密林中，在艺术表现手

---

[45] 王晋元：《我的老师郭味蕖》，《画谈》（云南画院院刊）总2期，1996年。
[46] 王晋元：《我的老师郭味蕖》，《画谈》（云南画院院刊）总2期，1996年。
[47] 郭味蕖：《向杰出的人民艺术家白石老人学习》，《郭味蕖艺术文集》，人民美术出版社，2008。

法上，不断进取，不走前人走过的路，外师造化，中得心源，开创出自己的大境界花鸟画的独特风格，终于成为了一个"有自己"的著名花鸟画家。

其四，是郭先生在生活中极重师生之情。

1961年1月中旬的一天，郭先生来上课，情绪不高。当时王晋元和同学都觉着奇怪，怕他身体不舒服，劝他休息，因为郭先生极少有这样上课情绪不高的时候。但郭先生没有去休息，坚持上完课。临下课前，他对同学们说："我身体没什么，你们知道，我的老师陈之佛先生去世了，我很难过。陈之佛先生，人品画品都极高，他是我真正的教师，对学生极好！"

郭先生极重师生之情的这件事给王晋元留下的印象很深。郭先生这种重情义的为人之道，日后成为了王晋元一生怎样为人的榜样。

其五，树立了"在遇到不如意的时候，要坦然化解"的人生态度。

三年级时，按教学计划要求，王晋元他们要下乡深入生活，进行写生及创作练习。安排去实习的地点是北京郊区怀柔县。四年级的专业实习是由郭先生带队去黄山。王晋元和几个三年级的同学为不能去黄山都有情绪，甚至有些孩子脾气。郭先生看出了他们的情绪，对王晋元认真地说："你去做做大家的工作，这次只能如此安排，以后时间还长着呢。"

王晋元是班长，郭先生让他去做同学的工作，不要有情绪。可是王晋元的应答不爽快，听得出他也有不小的情绪。

看到他这样，郭先生沉默了一下，平心静气地对他说了这样一句话："人的一生要遇到很多不如意的事，我也如此，但应能把它化解。"王晋元听了后无言以对，他感觉出，"此话中有同情，有关怀，有责备，有指点。我不能再说什么，但此话一直记在心中"。毕业后，王晋元只身一人到云南生活的几十年中，遇到过种种困难和逆境，但他说，每每"想起此话，就能解脱各种困扰，处理人生的一些艰难。"[48]

上述郭先生的这些言传身教，成为了王晋元人生道路上的宝贵的精神财富，引导着他去做一个重情重义的人，指点着他去做自己的艺术追求，去不

---

[48] 王晋元：《我的老师郭味蕖》，《画谈》（云南画院院刊）总2期，1996。

断地克服困难和战胜逆境。

而让王晋元万万没有到的是,毕业前夕郭先生送给他书法作品的那次相见,竟然是与郭先生见的最后一面!

那个时代,把王晋元与先生的联系彻底割断了,师生间音信杳无。

直到"文革"后期,王晋元方得知郭先生几年前已离世的消息,他去看郭师母,师母对他讲述了郭先生在家乡的最后岁月的生活状况。"除了病,稍好一些时自己画画自慰。师母拿出了这时的部分画给我看,我默默地看着这些画,想着先生的音容面貌。这时期的画一改过去的多种题材,全为梅、兰、竹、菊,但画风飘逸,着笔有力而狂放,我行我素。此时题款写有'白阳不过如此',心境的压抑、忧郁见诸于笔端,如泣如诉。"

中央美院求学的五年,是郭先生和各位名师精心培养王晋元和同学们的一段最宝贵的时光,是王晋元和同学们最值得珍惜的一段最美好的岁月。此时,王晋元和同学们就要离开母校了,要离开他们引以为自豪的美院了,大家的心情都很激动。他们相约着,在教学楼大门前留下了有纪念意义的合影。

王晋元说:"进入了花鸟科,主课教师是郭味蕖、李苦禅、田世光等先生。副科人物、山水是叶浅予、李可染先生。也学西洋美术史、中国美术史、中国古典文学和诗词。五年中我全面地接受了中国绘画的基础训练,这对我以后的工作和发展起着极重要的作用。"[49]

在中央美院求学的五年里,王晋元不仅从各位老师的授课、指点中深受教益,受到了严格的训练,还从同学之间的互相帮助、彼此砥砺中受到影响,获得进步的动力。当时美院的学生人数全院就几百人,每个小班人数一般地都不到十人,很多时候是同一系的几个班级合班上课,听讲座的时候,甚至是几个系的同学都集中在一起听。这样一来,不同系别、不同专业、不同年级的同学很多都互相认识,课堂上和课后的联系和接触都比较多。尤其是因为绝大部分同学都很刻苦好学,优秀同学很多,如范曾、李西源、袁运生、姚治华、蒋正鸿、金鸿钧、詹庚西、龚继先、张凭、贾又福、张步、朱理存、

---

[49]《王晋元自述》(未刊稿),1985。

马振声、李中贵、庄寿红、姚钟华、周思聪、周志龙、袭兆明、齐梦慧、于福谦、李魁正等，大家勤奋学习，刻苦钻研，相互砥砺，全院形成了相当好的学风和浓厚的学习氛围，王晋元从中获益良多。不仅本院同学交流多，与外校的同学也有交流。王晋元和国画系的同学与其他美术院校国画系的优秀同学也多有来往交流，如北京艺术学院国画系的郭怡琮、李少文、许继庄等同学。

置身于这样一个大的文化环境和学习氛围中，王晋元受到了不少有益的感染和影响。感谢美院，五年的美院学习生涯，为王晋元日后的成功打下了坚实的基础。

从中央美院起步，王晋元走向了广阔的天地。

四、云南这块厚土

1. 踏上云南大地

北京到云南的省会昆明距离够遥远的，有三千多公里。这时从北京到云南还没有直达火车。从北京去云南，要先乘火车到株洲，再转一次火车到贵阳，然后再换乘两次长途汽车才能抵达昆明。前后几乎要花去一个星期的时间，真可叫颠簸辗转，风尘仆仆。就这样，王晋元这个 25 岁的北方青年，千里迢迢来到了祖国边陲云南的省会昆明。与王晋元同年分配到云南的浙江美术学院毕业生朱维明后来这样说起他怎么从杭州去到昆明的："当时，我连怎么去云南都不知道，以后会是怎样更是无法想象……从广西经贵州入云南，途中火车要中转两次，换长途汽车，再换窄轨铁路才能抵达昆明，几乎要耗一周时间。"[1]

1964 年时的昆明城不大，高楼大厦很少，最高的建筑就是位于市中心的百货大楼。不过这座昆明的标志性建筑，也就只有五层楼高。街道不怎么宽，

---

[1] 朱维明：《翠湖·西湖·翠湖》，《刀耕笔耘：朱维明艺文选辑》，浙江人民美术出版社，2014。

汽车不多，公交车的线路还不到10路，城市的人口也不多。初到昆明的王晋元感到，云南气候宜人，物产丰富，但交通确实不便，经济有些落后。

是啊，此时的云南经济确实可以说是较为落后的。不过，王晋元不知道的是，此时的云南省，跟全国不少省份相比，已经算是从"大跃进"和"人民公社化"运动造成的困难境地中，经济恢复得较快的一个省了。这多亏了云南有一位人称"生产书记"的省委书记阎红彦。

而且，王晋元更不知道的是，云南那两年能有大学生分配的编制，也跟阎红彦书记有关。

阎红彦是一位16岁就加入中国共产党的老红军，是共和国第一批授衔的上将，先后担任过四川省委书记、副省长兼重庆市委第一书记。1959年庐山会议后，他调任云南省委第一书记兼昆明军区第一政委、西南局书记处书记。他一到云南，初步了解情况之后，心情就很沉重。虽然云南气候宜人，物产丰富，但因交通不发达，经济落后于全国很多省份。而且，更为严重的是，云南虽然地处边疆，但"大跃进"中搞的那些"高指标""瞎指挥""浮夸风"一点儿不比内地省份逊色。于是，他为找准云南的优势，几乎跑遍全省，搞调查研究，了解和掌握云南省的特点、优势与劣势。

掌握了云南省的省情后，在到云南的头几年里，他抓住调整生产关系、解放生产力这个中心环节。他经常强调的一个重要观点是："抓住生产，就抓住了群众的心。"这在当时大抓阶级斗争的形势下，是需要有勇气和魄力的。

主政云南的阎红彦却敢力主以发展生产力为中心，并主持做了一系列调整工作，使云南顺利渡过困难时期，推动全省出现了政治安定、物价稳定、边疆民族团结、工农业生产迅速上升、人民生活改善幅度较大、全省的国民经济协调发展的可喜局面。阎红彦因之还被人称为"生产书记"。

为了发展经济，阎红彦借常到北京开会的时机，尽量去努力得到各方面的支持。一见总参谋长罗瑞卿，他就谈驻军屯垦和边疆工作的问题；见到农垦部部长王震，就谈在云南发展橡胶生产的问题。他还专门去同一些中央部门的负责同志研究云南的建设和发展。而且，阎红彦还注意到云南之所以发展不够快,跟缺乏人才有很大关系,于是他又为此找中央组织、人事部门,请他们给云南分配大学生。他强调说,中央要我抓云南的经济建设,如果没有人才,怎么搞得好建设?云南基础薄弱,教育也不发达,缺乏人才呀!你们一定要给我多分配一点大学生,文科理工科的都要!

这样,云南这几年才有了国家统一分配大学生的编制,而其他很多西部省份是没有大学生分配名额的编制的。这编制可不是随便能够得到的。是需要组织人事部门做计划,得到审批。很多地方很多单位的编制,是多年不变的,不能随意增加。云南那两年能得到大学生分配的编制,还多亏了云南省委书记阎红彦到北京的中央有关部门去奔走呼吁,这也才使王晋元他们这些外省大学生到云南来工作成为可能。

这一年与王晋元一起分配来云南的还有中央美术学院的姚钟华、蒋铁峰、王正与钟振璋,中央工艺美院的王瑞章等,中央美术学院附中的孙景波、张铁兵。此前两三年和之后几年从中央美院、浙江美术学院及中央工艺美院等外地院校分到云南的大学生有:中央美术学院毕业的代广文、高临安,中央工艺美院毕业的丁绍光、刘绍荟、刘巨德、钟蜀珩及浙江美术学院、四川美术学院、湖北艺术学院等院校毕业的叶公贤、史一、朱维明、贾国中、傅启中、陈之川,还有云南艺术学院毕业的李忠翔、夭永茂、张建中等。这些科班出身的美术专业的青年人,受过系统的专业训练,有才华、有热情、有抱负,都想做出一番事业。

1965年毕业于中央工艺美术学院、分配到云南人民出版社的刘绍荟后来这样说起当年他们这批美术专业毕业生的情况:"1963年至1965年间,一批从中央美术学院、中央工艺美术学院、浙江美术学院、四川美术学院等院校毕业出来的颇有才华的美术专业人才,在'支援边疆建设'的口号下,分配到了云南。可是到云南后,我们大多数没有从事业务工作,而被迫卷进了政治阶级斗争的大漩涡中,先是参加'四清',后又是'文化大革命',把主要的时间和精力耗费在人与人之间的争斗上。即使有少量的绘画创作机会,也被官方极'左'的为政治运动服务的紧箍咒紧紧地捆绑着,根本不可能产生自己喜欢的真正的艺术作品。但是,这一批人才有自己的头脑和扎实的艺术修养以及技巧,政治的压力并不能阻止他们深入云南山山水水的热忱和追求艺术真实生命的执着,艺术表现的欲望被遏制在心底,这股潜能犹如火山,埋藏得愈久,其爆发力就愈强。"[2]

刘绍荟这段话扼要地概括了王晋元他们这批分配到云南的大学生从毕业后到"文化大革命"结束时的大体经历。

2．分配到省群众艺术馆

王晋元到云南省人事厅报到后,人事厅把他分配到云南省群众艺术馆工作。

省群众艺术馆是国家设立的省级文化事业机构,是向广大人民群众进行宣传教育,研究文化活动规律,创作文艺作品,组织辅导群众开展文化活动的公益性社会主义文化事业机构,具体的工作任务有如下这样一些:搜集、整理民间艺术遗产和辅导群众业余艺术创作,以发扬各民族的民间的艺术优秀传统,充分发挥群众的艺术创造才能;编辑并推荐适合群众业余艺术活动需要的演唱材料和业务学习材料;协助文化艺术干部学校,或采取举办讲座等方式,有计划地培养和提高文化馆(站)、文化宫(俱乐部)的艺术干部,以便通过他们来培养和提高群众业余艺术骨干;组织专业艺术工作者,有计划地对群众业余艺术组织进行业务辅导,以推动群众业余艺术活动的开展和提高;通过开展各种社会文化活动,体现社会文化工作娱乐审美、宣传教育、文化承传、繁荣艺术创作的社会功能。

云南省群众艺术馆成立于 1956 年,跟别的有些省的群众艺术馆一样,在推动群众性美术工作方面,办有一份不定期的《群众画页》小画刊,每期的篇幅也不大。于是,省群众艺术馆的领导安排王晋元到美术组,主要搞《群众画页》的编辑工作,一面负责组织工农兵作者的画作稿件,一面自己也创作一些表现工农兵题材的画作。这项工作,对于王晋元来说,也算基本对口,

---

[2] 刘绍荟:《七十自述》,《刘绍荟---现代重彩艺术》,广西美术出版社,2010。

是从事美术工作了。可是具体到他的花鸟画专业，就不能说是那么对口了。

当然，在千万不要忘记阶级斗争的大形势下，花鸟画毕竟还是被看作资产阶级、小资产阶级情调的东西，是没有发展的空间的。于是，从1964年开始的十几年间，王晋元只能画一些表现工农兵形象、表现无产阶级政治的主题性人物画。画人物，王晋元也可以画，他在美院也学过人物画，也画过一些人物，但这不是他的所长。他心中也曾为此感到苦恼。不过，尽管有苦恼，他也清楚这是形势的需要，时代的要求。他一面按形势的需要和领导的安排，认真完成工作任务；一面在心中保持对花画艺术的信念，并有意识地为人物画配上一些花鸟背景。平时，在业余时间里，他也自己画一些花鸟画小品，练习笔墨技巧。

由于群艺馆的人员较少，王晋元和同事也下乡进行群众文化的调查。这使他有机会熟悉云南，了解云南。每逢有下乡深入生活的机会，他就注意收集云南的人物素材和花鸟素材，也画了一些人物速写和花鸟速写。

第二年，他画了人物画《金色的道路》《寄北方》，参加了省美展及专题展览。这两幅画在展览之后都在《云南日报》和美协的刊物上发表了。这两幅人物画是王晋元最早参加展览的作品，也是他最早在报刊上发表的作品。

3. 第一次下乡锻炼——德宏体验生活

1965年冬天，王晋元同馆里几个同志一起去云南西南部的德宏傣族自治州下乡锻炼，体验生活，为期两个月。带队的是群艺馆的马绍云馆长。这是王晋元第一次去德宏州，他心中充满渴望了解傣族人民生活的热情和好奇心。此行与他们群艺馆一道下乡的还有省文化系统另外几个单位的人员，包括省歌舞团的几位演员。

出发要去德宏那天，王晋元很早就起床了。他抓紧把东西收拾妥当，有点留恋地最后环顾了一下房间。因为在前两天，馆里有关同志告诉他，这趟下乡回来后，他就要搬去与住在一楼的老徐合住了。虽然这样会有点影响他一个人安静地画画，但他还是表示服从馆里的安排，回来就搬。他在出发当天晚上记的日记里写了这样一句话："在这间屋子里画了五张画。再见！"流露出心里那多多少少的一点留恋之情。

清晨，他们乘坐的汽车启程了。王晋元觉得，昆明的冬天是北京的初秋，但早晨还是很冷。车子很快就开出了城，他往窗外望出去，近处是一片白银，下霜了，远方被晨雾遮得模糊不清。他眼睛望着窗外，头脑里却在想着这次出差的工作、学习和生活。

从昆明到德宏虽然只有一千公里左右的路程，可是因路况不好，坐汽车却要走四五天。他们第一天先到楚雄，第二天到了下关车站。当天晚上，在下关住下后，王晋元心中还在考虑工作之事。他想到至今还没有把自己去德宏的计划订好，有点着急。出发前，他们抽调下乡的这一批人，听了刘披云副省长的动员报告。此时，住在下关的旅社里，王晋元又想到了刘副省长的报告，心中有了一些想法，他在日记中写道，"尤其感到自己工作差距大，党需要大，尤其党要求我们知识分子改造的迫切，因为第三个五年计划，就是思想意识上的建设，政治挂帅，怎样挂，怎样革命化、劳动化是一个问题，要解决得具体一点，先警告自己一点，在任何时候不能满足，要继续前进"。

第三天一早，他们又出发了。"车在下关的早雾中穿过，而走在青山白水间，那湍急的河流给我们无穷的想象，好像人的生命在和岩石、污木搏斗着，我看到了澜沧江，看到了木瓜树，而空气也湿润起来，好像我整个的心胸都有了雨露。山是祖国的山，水是祖国的水，人是阶级弟兄，我对她无比热爱，对她无比崇敬，我可以高呼，我爱我的祖国。"——这是王晋元当晚在日记中写下的表达心声的文字。

中午，他们到了群山峻岭中交通很不方便的一个小镇，这是保山县的瓦窑镇，地处保山、大理结合部。车子就停在这里，并计划在这里吃午饭，王晋元听说这里的食堂是模范食堂，连周总理有一次到云南视察工作都在这里吃过饭。饭后，王晋元感到，这个模范食堂"确是名不虚传，不但清洁，而且态度好，很热情，很自然，叫人感到（是对）几天行途的安慰，好多人都写感谢信，应当感谢。这种革命的精神,这种对待旅客(的热情),这种上进心是值得学习。"他也想好了一首打油诗,想表达一下自己感动的心情:"立志羹汤为人民,高峡深山迎亲人。革命同志情意重,主席思想领会深。"但因要写留言的人有点多,王晋元还没来得及把这首打油诗写上留言簿,车子就要出发了。

当天晚上,他们住在保山。保山可以算是滇西人口多一些的中等城市了,商铺有点多,街道规整,也清洁。

从保山出发天还早,因为要去国境线上,一切都要检查。这时的保山,属于内五县。王晋元他们要去的芒市、瑞丽属于外五县。要去外五县,都要通过严格的边防检查。从保山出发时,在上车之前,就先检查了一次单位证明,又打了防疫针。边疆有时候会有一点疫情,这是提前做一下预防。

车子出了保山,天空是一片淡红色的早霞,这早霞反映在近处的水塘中,水上天空相互交映,非常瑰丽。在进入潞江坝子后,天气热了起来,等看到高原峡谷中一条绿带子,就是浓浓的热带气氛了。在潞江桥口,大家下车过桥。这里的规定是所有车辆的乘客,都必须下车步行过桥,只有驾驶员一人开车过去。

沿途的一切,无论是地里的、田边的、还是路边的、山坡上的;无论是民居住房,还是树木草丛,都是很有南方特色的东西。这里田里还种着双季稻,此时公路两边田里的稻谷一片金黄色,快收割了。在王晋元这个北方青年看来,一切都是那样的"新奇、自然、舒畅、美丽"。

下午4点多钟,他们的车子到了潞西县的芒市。芒市是一个镇名,潞西县政府在这里。王晋元在日记里写道,"我将在这里生活两个月,新的开端,新感受,将又将我培育起"。

他们在芒市停了七八天,主要是学习讨论刘副省长的报告。他们出发前就在昆明听了刘披云副省长的报告。刘副省长的报告是关于国家第三个五年计划的。报告中,结合第三个五年计划,谈到青年知识分子的改造问题,强调青年知识分子应该怎样努力地投身到社会主义建设的热潮中。住在芒市学习的这七八天中,王晋元有一种要想快一点去到傣族村寨看看的渴望,想去了解傣族群众的习惯,想去画他们。他在日记中流露出了这种心情:"对于我自己来说，一切是新鲜的，新奇的，向往的，而其中，又弄不开其中的秘密，我想象不出来，傣族人家怎样生活，怎样的认识世界，我就觉着他们生活在芒果、槟榔、香蕉、麻桑婆这些红的、黄的、绿的、五彩缤纷的世界。我很想画他们，也很想了解他们的习惯，他们的为人和他们现在的处境，但是下不去就解决不了这些。"

不过，他还是尽量地克制住自己这样的愿望，认真地按照领导的安排进行学习讨论，并努力跟上时代的要求，自己在思想上对自己提出严格的要求。他在日记中接着写道，"晚上，都是在讨论报告和闲谈中度过的，我认识到，第三个五年计划是一个思想意识上的斗争，而且也明确地指出了我们努力的方向，增加了我们建设、革命的信心。我们这样的青年人是没有经过什么大的风浪，各方面很幼稚，要想成为一个革命战士，就必须在生活的道路上，经过好多曲折，也就是要过五关，斩六将，要过名利关、金钱关、荣誉关、政治关、文化关、女人关、生活关等，如果我们不对此保持着警惕，好好要求自己，说不定在哪一关上我们（就会）被斩断。"

在芒市的七八天集中学习结束了，王晋元他们向此行的目的地瑞丽县出发了。瑞丽县在德宏州的西南部，有很长的国境线与缅甸接壤。公路两边有很多大青树、榕树，远处的瑞丽江两岸是一蓬一蓬的秀丽的凤尾竹。这些美丽的景色与汽车一擦而过，车子却不能停下来。王晋元为不能停下来欣赏自然美景感到很可惜。瑞丽在王晋元脑海中的第一印象是这样的："瑞丽，清秀而美丽，绿色的竹像一蓬蓬的纱帐散在绿色的平原上，她高耸，她秀丽，而大青树的根奇特而自然地下垂，布成了一个秘密的网，又像神话一般。"

车子把王晋元他们送到距离公路边几百米的牙相寨子停下来，大家从车上取下行李，这个牙相寨合作社就是他们要住下来体验生活的寨子。进寨子的田间道路不宽，汽车不能开进去，大家背上行李走进了寨子。

王晋元他们群艺馆的几个人，都被安排住在社长家。社长是一位50多岁的老大妈，高高兴兴地带着他们走进了自己家中。

王晋元第一次进入了傣家的竹楼，觉得新鲜极了。这竹楼还真是"竹"楼！

什么都是用竹子做的。隔房间的墙是用竹片编的，桌子、凳子都是竹子做的。还有睡的床也是竹子做的，床架是四根粗壮结实的竹子，床板是用竹片编的。吃饭的时候，王晋元发现，就连装饭的饭盒也是竹片编的。

几天过后，让王晋元很感动的是，社长全家对他们都很好，而且这样的好是非常自然的，完全出自内心的。不仅社长全家对他们好，而且寨子里的其他群众，老老少少，男男女女，都对他们好。王晋元的几位年长的同事也都深有同感。社长大妈几年前跟许多傣族老乡一样，还是供佛的。但现在，她不供佛了，而且还加入了共产党，是寨子里唯一的一名党员。几天接触下来，王晋元看到了社长对工作的认真、热情和处理事情的能干，以及对他们这些干部的真诚和热情。

牙相寨的情况还是比较复杂的，这里离边境线也不太远，经常有往缅甸跑的人，至今还有 21 户人家没有入社，还是有一些动荡不安的情况。要领导好这样一个社很不容易，真是要花费许多心血的。

亲眼看到了傣族群众的生活，直接感受到了傣族群众对他们的热情，切身感受着老社长对他们真诚的关心，王晋元不由得在日记中写下了这样一段话，记述了他最初这几天的所见所闻所感："傣族，看来是一个优秀的民族，他们好客，他们朴素，他们自由而自然，他们的祖先大概就是这样干净的生活，活一辈子，一阵阵，经过了多少辛酸，不由得叫你喜欢他们，高兴他们，敬佩他们。现在我们住在了社长家中，她是一个老大妈，她的一切都是傣族中先进的，是一名，也是寨子里唯一的一名党员，她不供佛了，相信共产党毛主席，相信自己的组织，党说怎样做她就怎样做，而她从解放到现在，不知接待过多少干部、解放军。

从来的这几天，我观察她，她多像一个汉族慈祥的母亲，她平凡，但温存，她注意人们的每一个关系，她对党、对党的事业是忠心耿耿，她出工，别人不干的，她自己来干，年近 55 岁的人，还是那样开朗。她对干部亲热，她对我们有着母亲的关怀，我想汉、傣两族有好多是相近的。而虽然在语言上不同，却能在感情上融洽。她不是没有缺点，正是她是一个妇女。在过去，傣族对女人是看不起的，而现在，她担当起了一个合作社的大业。但是，她还不是那样大胆，工作上魄力不大，我们从她身上，感到了一种人与人之间的关系。

几天后，天下雨了，由于劳动力少，田里还有一些没能收回的谷子发芽了。王晋元他们赶快和傣族群众一起下田抢收谷子，尽量减少损失。看着那金黄色谷子发的芽，王晋元心里真心疼，他"观察牙社长也是心疼的，不过她不讲出来就是了，因为说也没有用"。看到雨一直是下个不停，王晋元心里真着急，"怎样挽救这种损失（到口的粮食），那只有参加上去抢。当然，在这种场合，我们青年尤其是干部应当冲在最前，每一个雨点像打在心上，不能等着天晴，于是我们就挑起谷子来。路泥泞得要命，走一脚，滑一步。我们还是用劲地挑，能走快一些，就快一些。"有几个青年社员也很积极，尽管天还在不停地下雨，这几个青年社员还把自己的雨衣、雨布塞给王晋元他们几个干部用。王晋元心中也很感动，觉得"他们对我们尊重和关怀，这就更觉着我们的担子重，重担子要挑好，不要放下，不管老天爷怎样，我们也要努力"。

有一天，在抢收中，马馆长曾叫王晋元来画画速写，这是从支持王晋元提高业务水平的角度来考虑的。王晋元体会到了领导对他的关心支持，但他还是婉言推谢了。他在日记里这样写道："从领导上来说，是对我业务的关怀，我怎能在这种场合下放下担子呢，两种工作对比是粮重要，要挑粮，多挑一挑是一挑，多收一粒是一粒。怎么样也要抢。电影放映队的老何同志干得最好，我应当在劳动上向这样的人学习。收工以后，我们弄了很多泥，但我们做了一样具体的工作。"

为发动大家抢收，县里还来了工作组。在一天出工时，老马让王晋元在场上劳动，也是对他照顾的意思。王晋元要求下大田去，因为大田的活重一些，他觉得不能特殊，自己应当去。在大田里他们也是晒谷子，可是社员只有七八个，还有好多社员没来。王晋元他们很着急，可是着急也没有用，他们先动手干起来。天又变得很热，还是要抢着收，抢着晒，可是从社员的情绪看来，对我们是亲热的，四个卜少还给我们送来了麻桑婆吃，牙社长奔走在田间和场上，到了场上又用手把泥里的谷子挖出来。我深深地感到一个农民对于粮食的感情，不管在南方还是在北方都是这样，他们朴素地爱着，这就是我们这些人应当学习的。"

时间过得很快，王晋元他们要离开瑞丽的时间到了。在临要离开牙相寨的前两天，王晋元他们提出要和牙社长她们照相留念。牙社长和女社员们可高兴了，她们用心地梳洗打扮，头上插上鲜花，穿上最好的衣服，就像过节一样。

离开寨子那天，牙社长老妈妈和一些社员把王晋元他们送到寨子口。他们都已经走出寨子很远了，牙社长还站在路口目送着他们，一直看着他们的背影。王晋元几次回头，仍然看到牙社长站在那里依依不舍的样子。王晋元心里很感动："她像多少子弟兵的母亲啊！我们也是有这种心情，我望着那高高的青竹林，她多像是这种青竹呢！她有韧性，她四季常青，她不屈不卑。"

4．"社教"—"文革"—"干校"

从德宏瑞丽下乡体验生活回到昆明不久，过了春节之后，王晋元就被抽调去参加省里的社教工作队了。全国那两年毕业的在省、市级机关工作的大学生们，都被抽调参加省、市社教工作队。

王晋元参加的省社教工作队负责的县是保山县。这地方离他上次去的德宏州不远。这次"社教"运动是按照中央、省委的统一部署进行，目的、任务都是很明确的。省工作总队还提出了"四好工作队的条件"和"五好工作队员条件"。"四好工作队的条件"是：一、活学活用毛主席著作好；二、发扬"三八作风"好；三、执行政策完成任务好；四、团结互助好。"五好工作队员条件"是上述四条的基础上，再增加第五条："五、服从领导遵守纪律好"。

"四清"工作队的任务还有一条，就是促进"农业学大寨"运动。从上一年开始，全国农村掀起了学大寨的运动，大寨成为全国农业战线上的旗帜。云南的社教工作队在农村开展工作也着重宣传大寨这个"依靠人民公社集体力量，自力更生进行农村建设、发展农业生产的先进典型"，推广"大寨经验"，在农业技术改造和农田基本建设方面，学习大寨兴修水利、改造农田、建设高产稳产农田的经验。

王晋元他们省文化系统的工作队员分到辛街区，负责开展这个区的社教运动。辛街区位于保山坝子的南部，距保山城有15公里左右的路，南边与施甸县接壤。这个区是保山汉族聚居地之一，有近百个自然村。

到了辛街区，工作队员们都分配到各个村子，由两三个队员负责一个村的运动。王晋元和另外一个同志老郑负责一个村。他怀着革命青年的理想，满腔热情地投身到社教工作中，决心争当"五好工作队员"。并且，他在分配到省群艺馆工作后，便已向组织递交了入党申请书。他想在这场社教运动中，更好地锻炼自己，经受住考验，争取早日加入组织，成为一名光荣的共产党员。

在做工作队员的日子里，王晋元有一段时间的日记写得比较细。从日记中，可以看出一个积极靠拢党组织、追求进步的美术青年的一段人生轨迹——他在二十七八岁的这段青春岁月里，肩负着省工作队员的责任，努力地跟上时代前进的步伐，真诚地改造思想，克服私心杂念，尽力地跟贫下中农打成一片，在劳动中锻炼自己，培养工农感情，培养吃苦耐劳精神，尽自己的最大努力，去争取做到对得起组织的信任和人民的信任。

自打按照组织的分配进村后，王晋元便随时想着自己是省里派来的工作队员，随时不忘自己的职责，搞调查研究，了解基层干部的各方面情况，帮助调解干部之间的矛盾，努力调动干部的积极性。在做好这些工作的同时，他还尽量抽时间参加农业生产劳动，起好带头作用。他的日记里多处提到参加劳动的情况：

"早晨又去支援农业生产，我想去，非常想去。"

"早晨去劳动。"

"早晨去种芋头。"

"今天一天都在掼麦子，这个活还是比较累，而且又脏。越这样，我就越应该好好干。"

"今天是打突击战种包谷,一天很紧张,但还是很愉快。……我在劳动中应当要踏踏实实,要用尽全力,我多做一点。我应当有这种品质,有这种修养,有这种道德。这样我才对得起党,对得起这里的人民,对得起他们对我的信任,对得起党对我16年的培育。"

4月中旬,上级组织了"大寨式农业先进单位展览"到县城展出,并统一安排各区轮流组织基层干部和工作队员到县城参观展览。

辛街区的参观时间安排在20号到23号。19日一大早,王晋元和各村的工作队员们及村干部们,由辛街走路到城里来参观大寨式农业先进单位展览,并且各人自己背着行李。路很远,有十五六公里。王晋元他们几个人走得很快,还背着行李,所以等走到城里也觉得很累了。

晚上,集中来城里参观展览的全部人员都住在大礼堂里,用自带的行李打地铺睡。工作队员和五百多名农民代表,全部睡在礼堂的地上,每人有一床席子垫着。王晋元很久没睡着,思绪跑得很远。他想到,"在旧社会,这些人不会睡在一起开会。而这些农民干部,过去大多数是长工,是受苦人,他们不用说来看展览,就是连想都不敢想。现在他们不是被人压在底下的,而是作为主人来的,为改变自己面貌来的,为了同一个目的"。

第二天和第三天,他们都在专心地看展览。展览的内容比较丰富,既有大寨的,还有学习大寨的先进典型下丁家等地方的。当山西省出现了大寨这个典型后,通过中央对大寨经验的肯定和宣传,全国不少地方的农民认识到,50年代后期那种靠吹牛说谎搞"穷过渡"、刮"共产风"的做法,不是自己要学习的榜样,而靠苦干、实干,改造农业生产条件,夺取好收成,才是真正应该学习的。所以,学大寨运动很快就在全国铺开了,并且产生了许多学大寨的典型。

王晋元看展览看得很认真,有些内容还看了两遍。他看完展览之后感受很深,并且联系自己的思想实际和工作情况,做了一些对照检查。他说:"今天我看了大寨、下丁家等最好的先进单位,大寨看了两次,而越看越爱看,越看心里越感到自豪,越看越觉得心里有一股说不出来的力量。我自豪的是,中国大寨人站上了世界最高地位,表现了中国人民在党的领导下的意气风发,在困难面前,表现了无畏的坚持。而我自己和大寨人相差太远,我给我们的国家人民做了什么呢?我为这个国家和人民在60年代创造了什么财富呢?

王晋元还从参观中"感到农民形象的高大,我觉着,中国人的骨头是最硬的,中国无产阶级的骨头也是最硬的。人的思想是第一,没有一个新的思想,就不会有现在大寨式的农业。我们能学习什么呢?我首先要学习这种革命的硬骨头精神,不怕困难,我在学习主席著作时却有点怕困难,首先,是把这种前怕狼后怕虎的事革掉,自己成为一个革命的小老虎,一天不革命,就要意味着向资产阶级走一步,大寨是所有人学习的标兵"。

王晋元有工作闲暇的时候,思想上自然地会回顾自己这一段所走过来的路,作出一些反省。就在县城参观完展览的一段间歇里,他还着重反省了自己在入党问题的急躁情绪。他"想来想去,在上一段自己对自己要求还是不够严格,有一点随波逐流的思想,而其中还有几分不太严肃。而这种情况是要在今后工作中注意的,你为人民工作、为党的工作不认真,就会要产生各式各样的杂念,个人主义、资产阶级东西,就要慢慢地爬上来,这是可怕的。不怕不检查,就怕检查了不去改正,那样这个人(本)质上就坏了。前一段我自己思想上对入党问题有急躁情绪,而又有些灰心,认为没人管,没人问,又在这种生活环境中,现在想起来是一种不太正确的思想。一个真正的党员,他先考虑的是'人民'而不是自己。党员不是去挂挂光荣牌,而入党就证明这个人是一个特殊材料的人,就是把'我'字已挤掉,为人民、为共产主义事业奋斗到底的人,而入党不是不革命了,而是一个革命新的开始。如果这种情绪不打掉,就是对党、对工作都产生不正确的理解和看法。如果要能真正做一个共产党员,老老实实,踏踏实实,就会成为一个高尚的人。只要我是为了党在老老实实工作,就是暂时解决问题、不解决组织问题,我也高兴。必须从思想入党,消除杂念。如果有这一些实际上也不够一个共产党员的条件"。[3]

---

[3] 王晋元1966年4月21日日记。

看完展览后的第二天，王晋元集中精力思考了革命青年和工农兵结合的问题，以及政治与艺术的关系。这一天的日记稍微长一点：

看一个青年是否革命，首先要看他是否和工农兵结合。而又是怎样结合法呢？怎样才算是结合呢？我感到首先是在感情上和他们一致。他们的爱，是我们的爱。他们的恨，是我们的恨。但是现在的我是怎样呢？一句话还是有架子，而这个架子不是表面上的，是思想深处的。总感到向农民老老实实的学习还不深，信心还不坚强。原因就是看农民发光的东西比较少。这次看大寨展览解决这个问题只是一部分，还有一部分是在现在我接触的人中间怎样学习的问题。对于我来说，先是革命者，后是革命的文艺战士。也就是说，首先是为人民服务，全心全意为革命。也就是听党的话，党叫怎样做就怎样做。就是不因自己的特长和专业来挑剔工作，而后就是把这种为人民的工作老老实实地做下去，而且要出成绩。以后才是以自己的专长和业务来服务，但是后者是长期的。专业是为人民服务好的工具，也是最有利条件，也就是一种长远利益和一个短期工作的问题，要为人民服务，就要完全彻底干净。也就是要为人民服务革命化，"化"的越好，也就服务的越好。但是这并不等于不要业务，业务对我来说现在很主要。在业务上是看我革命者的姿态够不够？就看我是取得安逸，还是想在艰苦中锻炼。如果我革命得好（思想深处），那我所画出的画是符合社会发展的。如果我革命得好，克服困难好，那我在绘画上在艺坛上是会有所发现，有所发明，有所创造的。如果我革命得好，我的生活是愉快的，有信心的，是永远向前的。如果我革命得好，我会给社会主义建设添一块砖，添一块瓦，而又感到幸福的。[4]

4月24日结束了参观后，王晋元打算理个发就回辛街。在县城理发室他遇到了一位同事，又同这位同事谈起了自己昨天思考的创作问题。在说到如果艺术家出不了好的艺术作品这个问题时，王晋元认为，"检查原因，主要在我们这边。是我们自己不够艰苦，而又没有一个艺术家的职责。但是艺术作品的形成，又是艺术家改造的一个过程，也就是在生活中。艺术家生活上

---

[4] 王晋元1966年4月23日日记。

要变得好，政治上要解决问题，而后才能解决问题。"

临近五一节的前两天，王晋元生病了，病情还有点重。人在病的时候，是最容易想起家乡、想起父母的，想起之前最好的一些时光的。王晋元也是这样，此时的他，远离家乡，远离亲人，已经两年多没有见到父母了。他的脑海里不时地浮现出父母的面容，浮现出郭先生和其他几位先生的面容，想起在中央美院的那些美好时光。他提醒自己："这样想就是一个杂念，也是一个'怕'字当头，这种情况要免去了。"他还自责说："在这个时候病太不应该了，一天一天的斗争就开始了。""不管它吧。我要采取积极的态度，要好好地注意，一切杂念都不能有。"

5月1日劳动节这天，王晋元他们几个工作队员和生产队党支部成员坐在梨树底下开党支委扩大会，讨论工作。虽说是"五一"节了，但这里没有开庆祝会，看不到欢乐的人群，也没有红旗，没有标语。想到两年前的学生时代的"五一"节自己都是在北京"以一个幻想而高兴的心情愉快的过"的，而现在的"五一"节，却是在距北京三千多公里的地方过了。也许是革命觉悟有所提高，王晋元对此没有什么失落感。他在当天的日记里说，"而我现在心里却是更安静，而又觉更有意义，我们今天是要给农村在思想上打下社会主义万年桩，现在搞社教更有意义，现在我是在工作，去做真正的社会主义建设工作，真正有意义的工作"。

通过进村以来这一段时间对农村、对农民的接触了解，王晋元也加深了与土地的感情，与农民的感情。

五一节过后不几天，辛街这一带遭遇了旱情。王晋元也像农民一样的焦急。他在5月9日日记里写道，"天气是湿漉漉的，满天都是黑蓝色的云彩，尤其在晨曦中是透明的，银灰色更是好看。我和土地一样盼着云彩，盼着雨点。没有水是一个很大困难，没有水使世界上一切都干涸。这几天我们就是和水去打交道，一天一天的等待着。旱呀，旱，几千年来的旱吸取了多少人的血汗，但是人还是依然存在，人还是越战越多。世界上人是最宝贵的"。看得出来，王晋元跟农民的感情已经在逐渐贴近了。

时间过得很快，转眼进入 7 月。王晋元感到这个时候这里的天气很像井冈山 6 月的天气，这让他格外地思念起井冈山来。

这一天，他在日记本上工整地抄录了毛主席的《西江月·山上旌旗在望》这首词："山下旌旗在望，山头鼓角相闻。敌军围困万千重，我自岿然不动。早已森严壁垒，更加众志成城。黄洋界上炮声隆，报道敌军宵遁。"

接下来，他热情洋溢地写了一篇长长的散文诗，抒发了自己心中对井冈山的那份浓浓的感情。[5]

就在王晋元正在想着怎样更好地改造世界观，进入一个"五好工作队员"的状态的时候，8 月上旬，所有工作队员都突然接到了省委传下来的通知，要求全体工作队员撤回原单位，参加"文化大革命"运动。

王晋元、姚钟华、李忠翔、孙景波、张铁兵、朱维明、张建中等人同全国革命青年一样，响应伟大领袖"你们要关心国家大事，要把无产阶级文化大革命进行到底"的号召，投身到这场轰轰烈烈的群众运动中。他们还办了刊物《千钧棒》（取毛泽东诗词"金猴奋起千钧棒"之意），登自己画的漫画、宣传画，先是宣传"最高指示"，宣传批判资产阶级反动路线，后来是呼吁群众"大联合"，走上街头贴"抓革命，促生产""学大寨，学大庆""复课闹革命""节约闹革命"的大型招贴画和印刷品。

1969 年初，全国各地都热火朝天地建起了"五七干校"，将党政机关干部、科技人员和大专院校教师等下放到干校去劳动锻炼、改造思想。王晋元去了离昆明两百多公里的位于设在滇南的蒙自县草坝的省级机关第三干校。第三干校主要是文教系统、农水系统的干部。李忠翔、孙景波、张铁兵、朱维明、张建中他们去了设在滇南弥勒县的"省级机关第一干校"。

王晋元和所有的"干校学员"一道，边学习，边参加生产劳动。白天，什么活儿都干，种大田，种菜，养猪，盖房；晚上，开批斗会，作检查，触及灵魂，改造思想，提高觉悟。前云南省美协主席郝平 1969 年 17 岁时，跟着在教育厅工作的父母一起下到蒙自草坝第三干校，跟王晋元在一起。他多

---

[5] 王晋元 1966 年 4 月 20 日日记。

年后都仍记得王晋元当年在干校的一些情况：

　　在干校中跟王晋元他们在一起，劳动也在一起，住都是住在一个大院。教育厅和文化局的都住在一个大院，吃一个食堂，一起出工一起干活。那个时候王晋元的话不多，他承担搞大批判专栏的任务，所有的包括刊头、提花、插图、标题、漫画，都是他搞，都是晚上画。我们教育厅的子女中有三个喜欢画点画的年轻人，有时候晚上去看王晋元画画。

　　白天大家都参加集体劳动，种大田、种甘蔗呀、红薯、玉米、种菜地。我们放过羊，还去过食堂，盖房子，赶马车。王晋元没有放过羊。群艺馆有一位马馆长，马绍云。当时还有些人搞些打快板啊之类的活动，王晋元都没参加。

　　王晋元画画时，我们在旁边偷着学。我是第一次从王晋元那里知道怎么使用毛笔画画，原来知道用钢笔、铅笔这些画画。用毛笔画版画的效果入画，我是第一次知道。当时王晋元还时不时地给我们讲几句，怎么用毛笔，增加表现力。

5. 西盟佤山行

　　1970年1月初，云南玉溪地区的峨山县发生了强烈地震，震级达里氏7.7级，地震波及相邻的通海、华宁、建水等几个县，人民生命财产遭受了重大损失。干部、群众奋起抗震救灾，涌现了许多感人的先进人物与优秀事迹。昆明军区决定举办"云南省抗震救灾展览"，宣传抗震救灾中的先进人物与优秀事迹，弘扬自力更生精神和英雄主义、集体主义精神。为搞好这次展览，从全省有关单位和部门抽调了部分人员参加筹办。搞展览，缺不了美工，王晋元和朱维明都作为工作需要的美工人员由干校调回昆明，参加"云南省抗震救灾展览"筹备处工作，为展览设计、绘制版面插图、宣传画等。在这次展览的筹办过程中，王晋元把丢掉的业务重新熟悉起来，他很尽力地用手中的画笔来表现展览的内容。经过所有筹展人员几个月的紧张工作，在大家的共同努力下，圆满完成了布展工作。开展后，参观者络绎不绝，从中受到了很大的教育。王晋元在筹办过程中，思想上也深受教育，觉悟也因之有所提高。他后来说："自然灾害给人民带来的痛苦，使我从彷徨中清醒过来，用自己的一技之长做点事情。"

"云南省抗震救灾展览"的布展工作圆满完成后，接着，在这年的秋冬之交，昆明军区确定要搞一个"军民联防"的展览，以配合形势教育和边防建设。王晋元和朱维明又被抽调参与筹办这次"小新寨边防展览"。他们的工作任务是，用绘画作品表现云南南部边疆西盟县的"军民联防"典型小新寨和边疆民兵形象。

要画这样的画，需要先去那里深入生活搜集素材，而那个地方的各方面条件都很艰苦。王晋元没有因条件艰苦而有丝毫犹豫，欣然接受了这个任务。他后来坦言接受这个任务的想法——"我生活在云南边疆，作为一个美术工作者怎样反映表现边疆各族人民与社会主义建设中的英雄风貌是我集中思考的问题，我听过很多边防阶级斗争的故事，觉着很神奇。我看过表现边疆的美术作品，觉着是'世外桃源'，异国情调，而边疆的社会主义风貌和阶级斗争很少得到表现，所以我对这些很感兴趣。"他为这次创作有意识地作了些准备，在出发前便先了解了一些小新寨打蒋残的英雄事迹。

王晋元一行乘坐汽车，经过三天的跋涉，到了云南的思茅（多年后改名叫"普洱"）。又从思茅坐了一天的汽车，才到了坐落在高高的西盟山顶上的西盟县城——县政府所在地。

西盟县是云南最南部边陲的一个佤族自治县，靠近中缅边境，是一个以佤族为主，有拉祜族、傣族等少数民族聚居的边疆民族自治县，是我国仅有的两个佤族自治县之一。西盟佤山地处横断山脉的南段，海拔三千多米，西北与缅甸接壤，有"一山分四季，十里不同天"的气候特点。佤山山脉常被一望无边的云海笼罩着，西盟山顶高耸入云，站在山顶放眼望去，千山万壑，云海茫茫。

西盟县的县城相当小，只有一条沿着山势用石板修成的街道，长不足百米，街道两边几乎都是平房，有不多的一些商店，也有县的各种机关。要从这里去到岳宋大寨，没有公路，是一路下坡的小碎石子路，速度快一点的话大约要走三个多小时，一般速度就得四个多小时了。岳宋在西盟县的西南角，靠近缅甸的边界线。小新寨是岳宋公社的一个寨子，也是在一个山头上。这时的小新寨全称是云南思茅专区西盟县红旗公社红旗大队的小新寨生产队。多年后撤地建市，思茅改为普洱后，全称是云南普洱市西盟县岳宋乡小新寨。

从县城到岳宋大寨的小碎石子路上，由一个岔路口走进一条崎岖的山路。只有这条山路通到小新寨。沿着这条山路走进去，爬山，下山；下山，爬山，也记不清爬了几座山。爬到山顶一看，前面还有一座大山比这山还高。好不容易再爬到了那山顶，又有更高的一座山在前方。一路上山路陡峭，人迹罕至，崇山峻岭，此起彼伏。这让在平原长大的王晋元和在江南水乡长大的朱维明真正体会到了什么叫作云南的山！

佤山上常有动物、猛兽出没，靠边境一带还有国民党的残匪不时来骚扰破坏。小新寨是西盟县靠国境线最近的一个佤族寨子，几乎每年都有大小战斗发生。仅是王晋元他们到来的上一年间，在"西盟县大事记"便记有这样多次敌情：

1969 年

3 月 27 日凌晨，逃亡在境外的国民党军残部小股武装 150 余人偷袭红旗公社红旗大队红旗生产队——岳宋区小新寨。驻军和民兵奋起还击，中午时分结束战斗，击毙敌人 22 名，俘虏 4 人。

4 月 14 日凌晨 3 点钟，西盟佤族自治县红旗公社红旗大队红旗生产队 25 名民兵在寨子边伏击逃亡境外的国民党军残部武装进犯。17 名窜犯之敌被迫全部缴械投降。

8 月，逃亡境外的国民党军残部屈鸿斋部 300 余人，先后两次砍断南锡河（中缅界河）藤索桥，不断偷袭岳宋区小新寨。当地驻军小分队和民兵在桥旁、寨边狙击进犯之敌。先后击毙敌军34人，俘虏17人。

小新寨民兵在狙击进犯之敌的战斗中的英勇表现，得到了上级领导的高度肯定与嘉奖。云南省革命委员会和中国人民解放军昆明军区联合发出题为《关于开展向小新寨学习活动的通知》，指出：西盟佤族自治县红旗公社红旗大队红旗生产队——小新寨，是我省边防线上一面不倒的红旗，被人民称赞为"战斗的新村，钢铁的堡垒"。云南省军区给红旗民兵排荣记了集体一等功。

因为边境形势复杂，边防部队还派了几名战士一路护送去深入生活的王晋元一行。当他们进到西盟县时正是秋收季节，出现在王晋元眼前的情景是，坝子中和山上一片金黄的梯田，各族人民正忙着秋收，喧闹声、欢笑声在田间地头沸腾。当他们踏上拐入小新寨的崎岖山路时是一片茫茫林海，满山遍野郁郁葱葱。王晋元说："来时我听了一些小新寨打蒋残的英雄事迹，这时我有一种感觉，'联防搞得这样好很不容易。'"

护送战士告诉王晋元他们说，"前面的山林就是外国，蒋残匪经常在这一带流窜，对小新寨的军民恨的要命，看成是他们眼中钉，他们几次犯境却被打回去，啃也啃不动。所以扬言要血洗小新寨，活捉岩困和岩师（小新寨民兵排长），可是小新寨那杆五星红旗却高高地耸立在寨子中"。

走到了离小新寨还有一点路的地方，王晋元就看到寨子中那杆高高的五星红旗在迎风招展，寨口面对着蒋残匪的方向竖立着一块高高的大标语牌——"全歼入侵之敌"，王晋元看到这个场面，心情很激动。这个令人激动的场面，更驱使着他急切地要了解是什么思想基础建立起这样的"钢铁长城"。

小新寨有四五十户人家，房屋全是竹子搭建的两层竹楼，楼下养猪、养牛、养鸡，楼上住人。屋子中央都有一个白天黑夜都从不断火的火塘，火塘上方架着个铁锅，周围铺着竹席，全家人晚上就身上披床毯子围着火塘睡觉。

王晋元他们在小新寨里住了几天，接触了一些佤族兄弟姐妹和边防部队官兵，和他们一起劳动，一起去夜校学习，还参加了佤族民兵的一次忆苦思甜的现场会。

一天，王晋元他们和佤族兄弟们一起打谷子。他们告诉王晋元说，"过去这一带荒山只能刀耕火种"。

王晋元说："你们梯田建得这样多，谷子长这样好。"

"毛主席教我们学大寨，开梯田，以前我们这里只能种包谷。"佤族兄弟说。

"你们这里都用上打谷机了。"王晋元说。

"毛主席教我们走社会主义道路，我们这里还有了小发电站呢。"佤族兄弟边说边指给王晋元他们看那远处的一弯渠水，"这是毛主席和解放（解放军）和我们一起修的。阿佤、解放是一家，汉族、阿佤是一家。"

又一天，王晋元他们几人和娜沿大嫂到甘蔗地、菜地去劳动、画画，娜沿大嫂说："以前我们的甘蔗只长一点点高，我们也不会种菜，是毛主席让解放教给我们种的这样好，阿佤、解放是一家。"

娜沿大嫂还说："我天天晚上要站岗、放哨，白天就到这里劳动。"

"那不累吗？"王晋元问。

"不累，解放是这样，毛主席教我们要提高警惕，保卫祖国要准备打仗。"娜沿大嫂认真地说。

在小新寨的这几天时间里，王晋元老是在激动和思考："毛主席、共产党、社会主义，'阿佤、解放是一家'，汉族、阿佤是一家，我到处听到。那种一提到'毛主席共产党'就有着深情幸福的眼睛我随时都可以看到，那种阿佤和解放军、汉族之间的兄弟朴素而真挚的感情我随时可以遇到，像一股温暖的巨流，暖着佤族兄弟的心，也暖着我的心，过去传说中的那种粗野、愚昧、落后全没有。给我的是朴素、聪明能干和热情，所以越来越想画他们，越来越想让更多的人知道我看到的遥远的边疆，这些英雄形象，但不知道怎样去表现。"

王晋元说，在小新寨"自始至终给我一个最突出的印象是佤族兄弟、边防战士对党和毛主席、社会主义事业怀着一种朴素的无产阶级感情，热爱党和热爱解放军、毛主席，给我了很大教育，也是促使我要表现他们、热爱他们，向他们、学习的一种动力"。

快要离开前的一天，王晋元对驻军钟营长谈起了自己的这种感情。

钟营长深有感触地说："他们对党和毛主席的感情很深厚，是真挚的、热情的，要理解他们感情，就要了解他们的过去。"

接下来，钟营长又给王晋元简要介绍了佤族解放前和解放后的一些情况："在解放前这所寨子全部是奴隶，土司头人把他们只看成一个工具，要杀一个奴隶不如踩死一个蚂蚁。他们吃的是山茅野果，穿的是麻布片，衣不遮体。有的就是光着身子带上锁链劳动，瘟疫年年到处流行，土司头人挑起的械斗无止无休。解放了，是党和毛主席把他们从土司头人的手中解放出来，见了天日，换了一个截然不同的社会，走上了社会主义道路。现在有了机器、电灯，有的上了中学、大学，生活一年比一年好。但是阶级斗争的现实也教育了他们，外边的蒋匪不甘心，被他们推倒的土司头人不甘心。有的土司头人逃出去，就在对面山上，五八年就在策划叛乱，随时随地都想着打回来。所以他们不得不警惕，不得不保卫胜利果实。他们几次仗配合部队打得这样好，对于党和毛主席的爱，是主要的思想基础。五八年岩困就和阶级敌人进行了一场生死的搏斗，叛徒要他跟他们走，把刀放在他的脖子上。他非常坚定地斥责了叛匪，逃出来，找到了失散的民兵，去老林子中摸了几天，迷了路，他说'我们要朝着红太阳升起的地方走'，终于找到了解放军，给解放军带路，歼灭了叛匪。你只看到他们的爱，没有看见他们对敌人的那种仇恨，由于他们爱和恨分明，才能茁壮成长。"[6]

在一次忆苦思甜的现场会上，王晋元听民兵岩困详细讲了他们击退侵犯敌人的几次战斗。岩困讲到敌人怎样地向他们猖狂射击，怎样地烧杀抢劫小新寨人民时，眼睛里充满仇恨的怒火，咬牙切齿。他又讲到民兵追击敌人、消灭敌人、此时他的眼睛非常明亮。

---

[6] 王晋元：《在深入生活的一点体会》。

岩困讲的这些事和他的眼睛，给王晋元留下了深刻的印象。王晋元后来说："我永远不能忘，这是一种无产阶级的爱与恨。我深深地明白了'旧社会把人变成鬼，新社会把鬼变成人'的道理，从而更使我明白了，小新寨形成一个'钢铁长城'的思想基础，我只想表现他们的这种精神状况。"

在小新寨的几个夜晚，几乎每晚都有情况，电话铃不时地响起，证明敌人天天想蠢蠢欲动。

有一天晚上，王晋元他们正和解放军、佤族同志们去夜校学习，忽然外边响起急促的"扑通、扑通"的脚步声。接着有一个人猛地把房门推开，这是值班民兵岩不伦。他额头上都是汗，手握钢枪，眼光炯炯有神，一种急迫的口气："钟营长！在南边山林子中打了两发信号弹！"他这一声就好像是命令，大家都迅速站起来。钟营长命令"全体集合"！"民兵马上集合了，战士马上集合了。他们那种动作之迅速、情绪之振奋、态度之严肃，王晋元从没见过。等王晋元跑去外边时，集合的队伍已经都走了。王晋元说，"当时情景使我异常激动，战士、民兵的英雄形象给我留下生动的记忆。这英雄形象使我久久不能平静下来。我爱这些战士，我爱这些佤族兄弟和民兵，我爱这里前哨的国土，我真希望和他们共同战斗！"

第二天早晨，一切过去了。王晋元碰上了昨晚值班报告的那个民兵岩不伦，王晋元问他："你们昨天晚上怎样？"他笑着说："去打野猪。"王晋元知道最近因为正值秋收，野猪经常出来糟蹋庄稼，民兵组成了一个狩猎队，每天晚上猎秋，打野猪。王晋元明白岩不伦这句话的含义——"他这句话却给了我很大的警示。昨天晚上他们不正是去打野猪？他们的狩猎是不寻常的狩猎，他们是在为保卫祖国的边疆而狩猎，不正是为着社会主义祖国而打豺狼吗！"王晋元后来在谈创作体会时这样说。

在小新寨住了一个多星期，虽然时间不长，但王晋元觉得自己思想上真有不小的收获。他实地真切地了解了这里佤族乡亲们的现实生活状况，看到他们在共产党的领导下，从世世代代刀耕火种、结绳记事的生活跨入社会主义社会的大变化！在小新寨的所见所闻，让王晋元对边疆各族人民与社会主义建设中的英雄风貌有了一些深入思考。

6．"我感到我有能力做一个好的中国画家"

　　1972 年 10 月，为准备作品参加第二年在北京举办的"全国连环画、中国画展览"，省里召开了美术创作会议。会后，集中了全省地州搞美术的人员，分成几路去写生，搜集素材。由姚钟华、王晋元、朱维明、孙景波等人分别带队。

　　王晋元负责赴德宏一路的写生队，成员有十余人。于是，王晋元又一次来到了德宏地区瑞丽边疆的边防线上，接触的依然是民兵。他在 1965 年就来到过这里，对边疆民族的生活有些了解却不很深。现在，事隔七年，他再次来到这里，对边疆民族的精神面貌和他们的生活有了进一步的了解。他看到瑞丽边疆傣族和景颇族发生了很大变化，人的精神面貌和气质上有了很大变化。青年们都随时保持着革命警惕性，过去那些被称之为孔雀的傣族小卜少（姑娘），现在成为了飒爽英姿的背枪的女民兵，身体健壮，情绪开朗，小卜帽（小伙子）们都是枪不离身，开会背着枪、耕地背着枪、放牛赶车也背着枪。

　　来深入生活寻找创作灵感的王晋元觉得"如果再用美术作品去表现那大包头、花筒裙、杨柳细腰，不是担水就是'赶街'，根本不能反映他们的面貌。这时也是秋收季节，人们整天的紧张秋收，但是他们去秋收和边防线上丝毫没有放松警惕性，有的日夜站岗，有的日夜守卫秋收场。"这里的生活，使王晋元不由得想到了小新寨的佤族民兵——"他们为什么那样的像，尤其当我们访问了几个民兵排，听了他们的英雄事迹之后，这种联想就更强烈。他们都有一个信念，'提高警惕保卫祖国'。在这里我们听了很多英雄事迹，这里各式各样的英雄，抓着不同情况下的特务，有老人，也有儿童，边疆已给敌人布下了天罗地网。尤其是广大民兵的捍卫社会主义事业的成长，民兵的警惕更给我深刻的印象，我为着祖国边防有着这样多警惕的眼睛而自豪，正是因为这样，才使得我们有着各方面的大好形势，守卫着祖国的南大门。"

一天，王晋元给云井民兵排的老排长和一个女民兵画像。他们把这件事看得极为严肃，而且他们自己要求要端着枪画。当画起来时，他们俨然像巡逻站岗，两眼凝视着前方，炯炯有神，仿佛他们是去原始森林，去搜寻，警惕地不放过任何一个角落和可疑的地方。王晋元一下子有了创作灵感——他们的眼睛"多么的像岩困的眼睛、岩不伦的眼睛、边防战士的眼睛呢！就又一次地感动和触发着我，要画他们，表现他们，表现这种在阶级斗争中的英雄形象"。

就这样，王晋元回到昆明后，就画起了人物画《猎》的草图来。在小新寨的所见所闻得到的收获与思考，帮助他打下了表现"军民联防"主题的这张《猎》的构思的基础。王晋元说："不由的我所感受的形象都涌现出来，尤其是他们那炯炯有神的眼睛，岩困的眼睛、岩不伦的眼睛，那些边防战士机警的眼睛，他们不都正是祖国的眼睛吗？猎人的眼睛是厉害的，而祖国战士、民兵的眼睛就更厉害，这就形成了我《猎》的初步构思。"

草图完成之后，王晋元又一再修改，征求多方面的意见，吸收了部队同志与本单位领导和一些同志的建议，多次修改，至少画了五幅正稿，才终于定稿。画面上共有三个人物，中间是一位解放军战士，机警地弯腰用手轻轻地把草扒开，在镇静地沉思。战士左边站着一位老民兵、老猎人，右边是一位年轻的女民兵，警惕地注视着前方。战士的眼睛刻画得很好，让人感觉到他的大胆仔细。背景有云南边疆的特点，起到烘托"军民联防"的主题的作用。

1973年10月，王晋元创作的《猎》入选在北京中国美术馆举行的"全国连环画、中国画展览"，获得了好评。这次展览是"文化大革命"开始以来，以国家名义举办的第二个全国美术展，主办机构是"文革"中新的艺术机构——国务院文化组（后改为文化部）。展出后，《猎》还收入了画册《中国画选集》。美术界肯定这幅作品是一幅优秀的现代题材人物画，把驻守边疆的解放军和民兵高度的革命警惕性表现得很到位，造型准确、性格刻画深入，气氛烘托得也很好。《猎》与其他260余幅入选展出的画作一道，彰显了当时的连环画与中国画创作呈现出的前所未有的活力。

对于王晋元这个刚过 30 岁的年轻人来说，这的确是可以值得自豪的。不过，王晋元并没有因之而骄傲，而是将这份荣誉看作一种鞭策。他从中受到鼓舞，在内心里增强了走好美术创作道路的自信。他说，"1973 年我的创作《猎》在全国中国画、连环画展上展出，也受到好评，并选入了画集之中。在此之后，我受到了鼓舞，我感到我有能力做一个好的中国画家。"[7]

据《人民日报》报道，这次展出的 97 套连环画与 168 幅中国画，展览中的连环画作品"质量之高，形式之多样，都大大超过了'文化大革命'以前"。而"展出的中国画，无论是业余作者、青年画家的作品，还是从事中国画几十年的老画家的作品，不少都有新意"。

不过，王晋元对《猎》这幅作品还不是完全满意。他诚恳地说："总之我感到《猎》在思想、艺术上都差得较远，没有反映出边疆人民的英雄风貌，只是一个探索和追求的过程，自己觉着心中惭愧。"然后他又具体地谈了一些体会："现在的这张《猎》不成熟，但还是在领导和集体的帮助下搞出来的，我个人的水平太有限了。例如一开始，我没有把解放军放在主要的位置上，很不突出，反而老民兵、老猎人倒很突出，是部队同志提了意见才改正过来的。又如原来老猎人背上有一只鹰，而战士手的动态是去捡烟头。有的同志就提出来，不要这样，刻画战士的眼睛更重要。要画他沉思、镇静、大胆、仔细，不如去用手轻轻地把草扒开，这样的战士更机警。而猎人身上的鹰就更没必要，再如背景原来比较简单，而领导提示我要像样板戏学习，用景来烘托人物，表现人物的性格，要有云南边疆的特点，要有境界。才形成了现在这样，都比最初进步了好大一步。"[8]

令王晋元"受到了鼓舞，感到自己有能力做一个好的中国画家"的因素，除了这次《猎》入选 1973 年全国美展之外，还有一个因素，那就是在 1972 年的全国美术展览上，王晋元与赵志华、单应桂合作的中国画《铁索桥畔》入选展出，并受到好评。

---

[7]《王晋元自述》（未刊稿），1985。
[8] 王晋元：《在深入生活的一点体会》。

《西双版纳植物园》 1974 年

《西双版纳写生》

《写生》

  1972年5月23日在北京中国美术馆开幕的全国美术展览,是"文化大革命"开始以来,举办的第一个全国美术展,全称是"纪念毛主席《在延安文艺座谈会上的讲话》发表三十周年全国美术作品展览"。展览举办了两个月,展出了270多件作品,包括国画、油画、版画、年画、宣传画、水彩画、剪纸等多种艺术形式。展览的主办机构是国务院文化组(后改为文化部)。从这年开始到1975年,连续四年,每年都举办了一个全国性的美展。

  自1964年全国美术展览以来,国家一直没有举办过全国性的大型美术展览,所以1972年这次展览可视为是对几年来美术创作的一次大检阅。展出的作品包括了如《毛主席去安源》《毛主席视察广东农村》等一系列优秀作品。展览开幕的次日,《人民日报》立即在头版头条以《在毛主席无产阶级革命文艺路线的指引下,我国涌现出一批优秀美术和摄影作品》为题,发表了热情洋溢的长篇报道,认为所有参展作品"以饱满的政治热情和明朗的色调,

第四章 | 云南这块厚土

《记于西双版纳植物园》 1975

在昆明滇池写生

歌颂了毛主席和毛主席革命路线的胜利，抒发了我国各族人民热爱党、热爱毛主席的深厚无产阶级感情，描绘了我国社会主义革命、社会主义建设的壮丽图景，塑造了各条战线上的无产阶级英雄形象""作品题材的广泛性和形式、风格的多样性是这次展览人的特色之一"。1972年的这次全国美展，从题材上和风格上基本确定了美术创作的大格局，对后来三届展览影响颇大。

王晋元连续两年有作品入选在以国家名义举办的全国美术展，这自然是难能可贵的了！

有研究者写的一篇综述性的文章中，对1972年至1975年这四次全国美展的特点，做了概括，指出有下面这四个特点：

一、"帝王将相、才子佳人和一切资产阶级的垃圾被从画面扫除了，无产阶级的英雄形象，革命的新生事物，社会主义革命和社会主义建设的伟大胜利是美术创作的主要内容。"

二、从表达新的题材内容与新审美需要出发，各个画种都提出了艺术创新的问题，而且，各个画种都呈现了崭新的面貌。

三、出现了许多业余作者。

第四章 | 云南这块厚土

《猎》 1973年 192cm×109cm 中国美术馆藏

四、中青年艺术家大显实力。现有的资料足以证明，当时十分突出的作品，大多出于中青年艺术家手中，这些人完全是解放后由各美术院校按社会主义文艺的需要和苏式教育方法培养出来的。他们既较好地掌握了搞社会主义文艺需要的一整套艺术技巧，如用画面描述故事的功夫，写实造型的功夫，构图的功夫等；又熟知党的各项政策。加上历经多次政治运动的锻炼，善于配合政治形势搞宣传。所以，当他们面对新艺术机构所提出的新艺术目标时，能及时调整自己的创作方式，探索出一套新的东西来。当然，更为重要的是，他们中的大多数人受党的教育多年，真诚信仰《延安讲话》的精神，格外重视艺术的教育功能和"文以载道"的文化传统，他们当时的最大愿望是：用自己的专业知识来为宣传党的政策服务，做一个中国式的约干松，以实现用世之志和人生价值。[9]

以上四个特点中，除了第三点外，王晋元与另外三点都有密切关系。换句话说，也就是这三个特点在王晋元身上都有体现，都适合用来肯定王晋元的作品入选 1972 年、1973 年这两次全国美展的价值。

对于王晋元来说，这个起步非常重要，让他受到了很大的鼓舞，增强了自信心。在此之后，王晋元更奋发努力了，更坚持深入生活了。

7. 收获了爱情

1974 年，是王晋元人生道路上的有重要意义的一年。

此前，云南全省还没有一个把专门美术人才集中在一起的单位或部门。1974 年初，经云南省文化局几位有远见的领导极力促成，成立了隶属文化局的美术摄影工作室（简称"美影室"），工作任务是指导全省的美术创作与摄影创作，美影室人员自身也要完成一定的创作任务。

美影室由高德林担任主任，姚钟华、杨成忠担任副主任，调入了省内业

---

[9] 鲁虹：《72 年至 75 年的四次全国美展》，《中国网络文学联盟·文艺史料·中外艺术》·中国美术专题。

务水平较强的一些美术工作者和摄影工作者。王晋元被列为适合调入的人员，由群艺馆调入了美影室，成了专业的美术创作员。

调入美影室后，王晋元有了更多的机会和条件到云南各地深入生活，积累创作素材。这既是他要完成工作任务的需要，也是他自身的兴趣所在。

在这一年里，王晋元不仅成为了一名专业的美术创作员，而且收获了爱情，完成了他的婚姻大事。更重要的是，他成了著名植物学家蔡希陶的乘龙快婿。岳父执着的科学精神日后给予了他莫大的鞭策，岳父丰富的植物学知识对他日后在表现热带雨林的绘画事业中给予了很多影响与帮助。

此时的王晋元35岁，朋友们都很关心他的终身大事。

之前的几年里，王晋元也经朋友的介绍，先后接触过几位女青年，但都没有继续交往下去。

王晋元的一位要好的画画的朋友——从云南省艺术学院1966年毕业、在昆明师范学院（后更名为云南师范大学）任教的郎森，对王晋元这事也很关心。郎森的爱人小杨与蔡仲明很熟悉，他夫妇俩一商量，觉得介绍王晋元和蔡仲明交朋友是很合适的。蔡仲明是云南大学化学系1968年毕业到怒江坝解放军农场锻炼，两年后，分配到了位于云南江川县的青云机械厂工作。江川县城离昆明两百来公里。青云机械厂是一家国防工厂，离江川县城二十多公里。

郎森的爱人小杨是昆明师范学院学艺术的毕业生，在解放军农场劳动锻炼期间与蔡仲明相识，对蔡仲明比较了解。于是，郎森夫妇和丁绍光等几个热心的朋友都觉得应该把王晋元和蔡仲明牵在一起。小杨热心地通过朋友写信给蔡仲明，约她1974年元旦放假的时候来昆明找她玩，说要给她介绍一位朋友。蔡仲明感谢朋友的好意，抱着去看看再说的心态同意来"相亲"。

元旦放假时，蔡仲明从江川上昆明，到了郎森夫妇的家，见到了王晋元。好友丁绍光和王瑞章也在座，几个人热热闹闹地聊天，气氛极好。这第一次见面，王晋元、蔡仲明俩人虽然都是抱着试试看的态度来的，但初步交谈之后，彼此都有好感，都觉得值得继续交往了解。就这样，他俩开始认识了。

元旦的假期很短，王晋元又抓紧时间约蔡仲明单独见了一次面。在双方有了初步的接触了解后，蔡仲明就匆忙回江川去上班了。之后，他俩之间的联系主要就是靠通信。

这一年的春节与元旦之间相隔二十几天。三个星期后，就到了春节，蔡仲明从江川回到昆明过春节，住在黑龙潭植物研究所。于是，王晋元和蔡仲明又有了几次见面交谈的机会，彼此有了进一步的了解。俩人相处的态度都很诚恳，都坦诚地向对方介绍自己和家庭的情况。

一天，王晋元到黑龙潭植物研究所去看蔡仲明，分别的时候，蔡仲明一定要送王晋元去到前一个车站兰龙潭站乘公交车。这段路很长，天快黑了，俩人走在那两旁是田野的柏油马路上。王晋元几次叫蔡仲明不要送了，可蔡仲明坚持一定要送到兰龙潭那里。王晋元心里也是希望与蔡仲明多待一段时间，可又担心她坐不上返回去的车，路上不好走。但看着蔡仲明坚持要送，王晋元也就没反对，想着大不了等一会儿自己再把她送回去。

天气有点冷，王晋元脱下大衣给蔡仲明披上。他俩就那样走着，说着，好像有说不完的话。夜幕降下来了，在那条长长的路上，好像只有他们俩。走到了兰龙潭车站后又等了一会儿，蔡仲明要返回的公交车先来了，她一上车后就把大衣扔下给王晋元，怕他回去的路上冷，坚持要他穿回去。后来，王晋元写信给蔡仲明回忆了自己当时那一路上心中的感动："我们的心是多么相通，在那里没有更多的话，但是你心中感到的，我感到了。我心里的话你感到了。这大概就是我们的乐趣。当你一上车把大衣给我扔下来，我心中有一种不知所措的暖流在流，在那样的场合下，是那样的坚决，我看到了一种力量，是一种朴实的思想。我已经感到，我要结束我的孤独、寂寞的生活了，我应当把我的情感交给你了，我更进一步地感到找到了我要找的人。"

过完春节后，蔡仲明又回江川上班去了。虽然两人相见的次数不多，在一起的时间不长，但王晋元的心中已经对蔡仲明留下了美好的印象。在认识一个多月后，王晋元在2月11日写给蔡仲明的信中便毫不隐瞒自己的欣喜和激动：

你匆匆而来，又匆匆而去，我们是在匆匆短暂之中认识的，然而，在我觉来却好像认识了几个月或是一年，因为在短短的时间中，我们什么都谈，无忧无虑，所以留在我心中的只是时间过得快，而在一起时间是那样的短。……我大着胆量撞进你平静的生活中，而我好像看到了、找到了我在以前找了好久的东西，是兴奋、喜悦，激动猛烈地冲击着我的心……不知怎的，我老不想叫你走。相会的时间太短暂了！这种情绪在你走后尤为强烈，我自己也莫名其妙了。

2月12日，王晋元与美影室搞版画的中年同事万强麟一道去西双版纳采风，搜集人物素材。位于勐仑葫芦岛的西双版纳热带植物园，是他们到西双版纳采风的第一站。蔡仲明提前给在植物园担任主任的父亲蔡希陶写了一封信，告诉父亲说，"有两个画画的同志会来植物园，其中有一个叫王晋元。他们可能会来拜访您，如果您有空的话，就接待他们一下"。蔡仲明的信中没有提到她在与王晋元交朋友。

蔡仲明的父亲蔡希陶是全国著名的植物学家，中国科学院昆明植物研究所副所长兼西双版纳热带植物园主任、云南省科委副主任、中国科学院昆明分院副院长，是西双版纳热带植物园的创始人。他曾作为"反动学术权威"被批斗、毒打、关"牛棚"、跪玻璃渣，1974年初刚刚恢复了领导工作。

坐了几天汽车，王晋元与万强麟2月16日到达了葫芦岛上的热带植物园，这是他们到西双版纳采风的第一站。不巧，蔡希陶在12日到景洪去听省委关于批林批孔会议的精神去了。植物园的李延辉、杨世臣接待了他们，并安排了画标本的老罗（罗安国）和小刘（刘怡涛）陪他们在植物园转转，看看。

植物园确实像你说的，很好，植物种类繁多，是亚热带地区的风光。此点选的是版纳精华，植物园"贵"在于它自然，那些高高的槟榔树，槟榔的黄果实，正坠在了树干。我有些奇怪的感觉（好像是鸡毛掸子上挂着铜铃），我最喜欢的是那些葵棕树和贝叶树。他们专注、大方地挺立在这个美丽的半岛上,像这岛上插着的散乱碧发,那样的典雅而又惹人注目。人们说这就是典型的西双版纳植物,我觉得不愧此称。当然油棕林并不减色,但由于它是经济作物,让人思想起来不如贝叶树那样古朴,那样叫人容易想起"傣族"。……其次就是火红火红的高高的英雄树,在岛的尾部杂树丛中忽然挺出数株高高的树干,背后都是苍翠欲滴的群山,在蓝绿色的底子上开出了耀眼的红花,像是镶在远山上的宝石,却又像是套在山上的花环。它也像英雄一样挺立在山间。还有那些大大小小的路,这些路你可能走过,在看油瓜的那浓荫的油棕林的路,在看大青树那条石子路,在果园那条漫长漫长的,还有在居住区那平坦坦的路,然而我却喜欢的是那丛林小道,那里幽静,那里杂草丛生,有时需要用手去拨开树枝,有时需要费很大气力,但她安静、自由,她还没有形成路,她要人们开拓才成路。在她周围自然地、自由地生长着好多生物,有时在人不注意的地方,会生长着一些好看的植物,时而又送来三两声的鸟鸣。……这样的小路我走过了多少,而我还是喜欢她。植物园你住过一段,在你的记忆和回忆中,给你留下的是什么呢?我要赞美的是那条碧绿、悠悠的罗梭江。他现在没有那种汹涌澎湃,他现在没有那种浊浑和浮躁。他不娇媚耀眼,他给我的是深邃和平静,好像他有千言万语,然而他却寄语于那碧绿的水底,他是一条美丽的江,是一条文静和善良的江,听说雨季时,也会江水暴涨,洪水四溢,我想那多么不是他的面貌呵![10]

——这是王晋元对西双版纳热带植物园的第一印象。他到植物园的第三天,便热切地把对植物园的这份感受和看法写信告诉蔡仲明,字里行间洋溢着他对这片神奇、美丽的土地的欣赏和热爱之情。

蔡希陶直到20日才从景洪开会回来。回来之后,又要在植物园贯彻会议精神,大会开完要开小会。蔡希陶回来后的第二天,王晋元和万强麟去见他,看到他很忙,所以也没谈多少时间。王晋元觉得这次只是初见,也不好多谈什么。

---

[10] 王晋元1974年2月19日写给蔡仲明的信。

蔡希陶关心地问了王晋元他们的活动安排，给他们介绍了植物园中的东西，对"油瓜"介绍的最多，还问他们："油瓜花现在大概正开，很好看。你们看没看见？"

第二天早晨，大雾弥漫，刘怡涛领着王晋元他俩去看油瓜花。到了瓜地不久，蔡希陶抽空赶过来了，问他们"见到花了没有？"看到因今年天冷花还没有开时，蔡希陶惋惜地说，"你们一定要找照片看看，很好看的，很好看的。"

然后，蔡希陶又领着他们在植物园里转了几个地方，还特意转到树丛中一棵大青树下，树上长满了藤本植物和寄生植物。蔡希陶有声有色地说道："这树也叫'勐仑树'，只有此地才有。我好几年没到这里来了，这里很有意思！这是很好看的树，如果画在画上，会很好看的，有热带风味。要是下面画些傣族的房子和人，那就是一幅不错的画了。"

"是啊，是啊！"王晋元和万强麟都笑着应道。

看完大青树后，他们在路上缓缓地走着，蔡希陶饶有兴致地谈起了绘画。谈到他过去收藏的画，谈起陈师曾父子，还谈到鲁迅与郑振铎合作编选的《北平笺谱》。他丰富的文史知识和对书画的兴趣，让王晋元在心里暗暗佩服。

考虑到蔡希陶是在开会中抽空出来，王晋元便催他："伯父，您去开会吧！我们有小刘陪着就行了。""好，好，我是还得去开会，你们再到处看看。"他一边应着，一边叫小刘一定带王晋元他们去画一画羊蹄花，"我从景洪回来在路上看到了白色的羊蹄花，很好看的！"

在植物园住了一个多星期的时间里，王晋元他俩画了一些花鸟写生，与蔡希陶又有了几次交谈。蔡希陶看到他们画的火红火红的攀枝花时，说："我最喜欢这种花，因为它很大方。我想了一个题材，就是画一棵很大的、盛开的攀枝花，下面画一片菜花，题它一句'火树烧出菜花黄'就行了。"

王晋元笑了，蔡希陶也笑了。

王晋元把他此时的感慨也写信告诉了蔡仲明——"是的，看着那群山中的英雄树，那醒目的红花，怎么不叫人引起美感呢。热爱生活的人，是最能体会这感人自然风光，给人性格上的陶冶。"

看到植物园的生活相当差，园里职工食堂几乎天天吃清水煮莲花白和炒空心菜，没有什么油水，蔡希陶也同大家一样吃着职工食堂很差的伙食，想到这位"献身给植物科学的、年迈的"伯父长期过这样的生活，王晋元很担心他的身体吃不消，两次在信中提醒蔡仲明注意，"伯父还在吃大伙食（小伙食不办了，因供应不上），我们吃着大伙食，很差，这确实是叫人担心的一件事。"

"植物园的生活太差了，是我见到的少有的差。伯父每天都和他们同样的生活，不！是和那些单身汉一样生活，有时出去骑自行车，他自己说无所谓。而作为我们怎么办呢？怎样从生活上、精神上给他以安慰呢？要考虑！你在家中，能不能给他买一部《红楼梦》寄给他，因为他说起他没有。他这个人，在我短短相处中体会到，他不会向别人要求什么，他只有给予别人。"

2月底，王晋元与万强麟告别了蔡希陶，离开了植物园，前往他们采风的第二站——橄榄坝。

虽然蔡仲明写给父亲的信中，并没有提到自己与王晋元的关系，但是，"知女莫如父"，在见了王晋元后，蔡希陶这位睿智的父亲，便敏锐地感觉到了女儿与眼前这个年轻人的关系不同于一般的熟人或同志的关系，应该是更近一些的关系。在与王晋元的谈话中，蔡希陶没有把话挑明，甚至没有直接问王晋元跟女儿是怎么认识的。

王晋元与万强麟离开植物园后，蔡希陶给蔡仲明写了一封信，除了谈及一些家事外，还谈到自己对王晋元的初步看法和对女儿的希望，其中有两句话让蔡仲明一辈子都牢牢地记得。一句是："王晋元是一个今后有发展前途的人。"另一句是："仲明，你是不会画画，但是你起码要学会一点，就是要懂得如何去欣赏美术作品。"

多少年之后，蔡仲明都还觉得父亲"这两句话说的非常中肯，对我一辈子都很重要的"。她一直佩服父亲看人看得很准，因为1974年那个时候，王晋元还根本没有什么成就，甚至连在事业上是否算起步了都还不好说。

5月，蔡仲明从江川上到昆明住过一小段时间，住在黑龙潭植物研究所。这是父亲前几年被迫害时安排的住房。研究所当时将废弃不用的旧马厩简单地分隔了一下，改建成一间一间的小单间，安排了多户人家住进去，条件极差，房子又小。开初仅给她父亲分配了一间，一段时间后，才又给在这间后墙处加盖了一小间，算是有了两间小房。

　　蔡仲明回到父亲这个家的这一小段时间里，王晋元和丁绍光、郎森等好几个朋友，相约着骑着自行车来到蔡仲明家里玩。因房间里太小，坐不下，几个人就在小院子里摆了张桌子，边喝茶，边聊天，天南海北地聊，主要是聊一些画画的事。蔡仲明在旁边听着他们聊得热火朝天的，他们在说，哪一张画怎么样，哪一个画家怎么样，总之，都是聊他们最关心的这些画画的事。丁绍光特别健谈，还容易激动，一看就知道是个性格中有浪漫色彩的人。几个朋友聊得尽兴了，在蔡仲明家里吃完晚饭，就又骑着自行车回城了。

　　他们这几个好朋友一起去植物研究所找蔡仲明玩过两三次，每次都乘兴而去，尽兴而归。王晋元与蔡仲明之间也有了几次深入交谈的机会，俩人谈得很融洽。

　　由于工作地点的限制，王晋元与蔡仲明能见面的机会不多。此时，蔡仲明工作的江川与昆明之间的交通很不方便。从青云机械厂要到昆明一趟，需要遇上机械厂有车到江川县城，然后再从县城坐长途公交汽车到昆明。长途公交车的班次也很少。从昆明返回江川的机械厂也是要这样折腾。蔡仲明来回昆明一次实在是非常不方便的。

　　不仅交通很不方便，邮政也很不发达。王晋元写给蔡仲明的信，往往要一个多星期后，蔡仲明才能收到。王晋元的信从昆明到江川县邮政局后，就会一直放在邮政局，要等到青云机械厂有人去县城的时候，才会去邮政局取厂里人员的信件。如果厂里没人进县城，那些信件就会一直放在邮政局。有时候，甚至后面寄出的第二封信收到了，之前寄出的那第一封信都还没有收到。同样的，蔡仲明寄给王晋元的信，也是要一个多星期后才能收到。

　　尽管交通和邮政都那么不方便，但他俩就是靠频繁的书信来往，谈了大半年的恋爱，一步一步地建立起深厚的感情。

鸿雁传书，他们用书信交流彼此的情况，谈工作，谈理想，谈追求，谈生活，谈感情。他俩的交流中，一个重要的内容，是谈读书。王晋元经常给蔡仲明推荐一些值得读的书籍，大部分是苏联文学的。王晋元爱看这些书，也希望蔡仲明多看这些书。

那段时间中，王晋元推荐蔡仲明读了很多苏联作品，认为蔡仲明应该多读这些作品。像《静静的顿河》《上尉的女儿》《叶甫盖尼·奥涅金》《母亲》《死魂灵》《钦差大臣》《奥勃洛摩夫》《当代英雄》《战争与和平》《安娜·卡列尼娜》《复活》《猎人笔记》《铁流》《罪与罚》《钢铁是怎样炼成的》《毁灭》，还有高尔基的自传三部曲《童年·在人间·我的大学》等。这些苏联作品中，蔡仲明在读大学期间也曾经读过一些，不过她是学自然科学的，在阅读这些作品的时候，有的读得不够仔细，有的理解得不够深。在与王晋元交往的这一年当中，在王晋元的引导和帮助下，蔡仲明加强了阅读，加深了对这些作品的理解。

这大半年中，蔡仲明也有机会上过几次昆明，去王晋元那里借书、还书。蔡仲明看完书后，如有厂里的熟人来往昆明与江川之间的时候，便托他带去王晋元那里还书，然后再借另外一两本书带回。王晋元给蔡仲明的信中，很多是向蔡仲明推荐书籍，谈他自己的读书体会。蔡仲明给王晋元的信中，更多的是谈她的读书心得，有时也向王晋元询问读书中遇到的一些问题。更多的时间里，读书成为了联系他俩之间的重要纽带。俩人的共同语言越来越多了，彼此的了解也越来越深入。

就这样，两颗年轻的心，越来越靠近了。"我们就这样很自然地、很随意地交往了，我们都是很真诚地对待对方，所以很自然，就没觉得有一点点什么不自然的地方。"蔡仲明晚年时回忆起这段青年时的恋爱往事时，如此说道。

水到渠成，到这一年的夏秋之交，俩人都认定对方就是自己"苦苦寻找了几十年的人"，就是自己的终身伴侣了。王晋元在6月25日写给蔡仲明的信中热情洋溢地说："回忆着那短短的相处，回忆着那亲切的话语，你又在我眼前，在这以前，我一直认为我这一生，一定是很苦的，尤其在思想上是很苦的，因为我明确的了解自己，我无自古以来宋玉、相如那样的天赋，又无屈原、司马迁的奇志，更无今人一些人的胆魄，好像先天就不足，但我却有一腔的热血，一腔的恩怨，一身的傲气，只不过是一个自生自灭的人罢了。我想大自然不会过分地恩惠于我，赐予我更多的东西，而你的出现却给我带来多么大的满足呀！……青春对我们来说不会太多了，然而我们的爱情又是这样的迟来，你知道，迟来的爱情是强烈的、坚定的、珍惜的、持久的。"

王晋元欣喜地感到，自己找到了知音！他心中的这种感觉越来越强烈了。他在7月6日深夜写给蔡仲明的信中毫不隐瞒自己的这种欣喜和激动。"但我和你一接触，当我看到你的眼睛，当我听你诉说你的童年、家庭，当我倾听你谈你的父亲，当我听你并不掩饰着你的家庭关系和感情，当我说着我的一切，家庭、生活、父亲，（对）你的情感时，初步的感觉是我走对了，我差一点又一次地犯错误，走向迷人的大海。那天夜里我没睡好觉，我激动，兴奋，一直反复在念你现在讲的那句话：'我要找的那个人不是已经出现在我的面前了吗？''不是已在我眼前了吗？''我不应该把全部的情感和爱交给他吗？'是时候了，不能迟疑了。于是我发疯似的连续去找你，连我自己以前都不可想象，我还会有这种力量，连午觉也不想睡了。"王晋元感慨道："没有一个知音，会给人带来好多生的痛苦；有一个知音，会给人带来好多生的幸福。"

在这封信的末尾，王晋元还热情似火地写下了这样一首诗，大胆地、深情都袒露了自己的心迹：

爱人呀！
我望你不要再为我的信速去和急虑，
只要时间允许，我将随时寄给你我的信息，
你当这样想：

在一方，我所爱的人时刻将我忆想，
我们心中升着同一个太阳。
爱人呀！
我的胸膛是一张床，
给你以将养。

爱情的热度不断升温，1974年9月中旬，王晋元和蔡仲明作出了结婚的决定。王晋元写信与蔡仲明商量说："关于结婚的一些方式，我的意见一切从简为好。好多同志也和我这样说，我想你也会是这种看法，但礼节的东西还是要注意的。"王晋元计划借自己10月要到北京参观画展的机会，俩人去王晋元的天津老家看望王晋元的父母，并在老家举办婚礼。

蔡仲明完全同意王晋元的意见，从江川请好假来到昆明，与王晋元高高兴兴地领了结婚证，乘上火车到了北京。在王晋元去参观画展的这几天里，蔡仲明就暂时借住在王晋元的好友王瑞章的北京老家里。

可是，让他们没有想到的是，王晋元的参观还没有结束，他俩都还没来得及去天津的时候，就接到了蔡仲明父亲蔡希陶病危的消息。王晋元和蔡仲明新婚的计划被打乱了。他们必须马上赶回昆明，不可能再去看望王晋元的父母了，也不可能再到天津老家举办婚礼了。

于是，他们赶快设法买飞机票返回昆明。那个时候买飞机票非常困难。需要单位证明。可是他俩的单位都在云南，一下子怎么开得到单位证明呢？俩人心里着急死了。最后，想到父亲蔡希陶是中国科学院系统的人，他俩设法去找中国科学院代开到买飞机票的证明，才匆匆赶回到昆明。

蔡仲明的父亲蔡希陶，在西双版纳植物园突发脑血管痉挛，在西双版纳工作的北京医疗队迅速选派了两位专家参加抢救。对这样一位有贡献的重要科学家，云南省委对他的病情都很重视，省委书记安平生指示部队派直升机将他从西双版纳空运到昆明抢救，从北京赶回昆明的王晋元和蔡仲明一到昆明，便马不停蹄地直奔医院。蔡仲明的弟弟、在边疆孟连县工作的蔡君葵也

王晋元与蔡仲明

赶回来了。当时有人给他打电话,告诉说他父亲可能不行了,让他来见最后一面。这消息把他吓得不轻,马上设法赶了回来。蔡仲明的姐姐蔡渊明,第二天也从内蒙古赶到了昆明。

从赶到医院的第一天开始,王晋元就像亲儿子待父亲那样,很自然地在医院里护理岳父。他每天晚上和内弟蔡君葵在医院守护,白天是蔡仲明俩姐妹守护。四个人就这样分班轮流守候护理,王晋元一直在岳父身边守了很多天,直到岳父出院。

因了这次岳父急病,王晋元与蔡仲明的新婚蜜月,就在医院里,在守护岳父的忙碌中度过了。

后来几年中,岳父又几次发病。每次发病时,王晋元都是这样像儿子样地自然地守护在岳父身边。蔡仲明对此心中很感动。多年后,说起王晋元当

王晋元与蔡仲明

年的辛苦守护,蔡仲明说,"他总是很自然地加入家庭当中,完全是把自己当作了这个家庭的一分子。没有什么见外的想法。没有说这是你的父亲,不是我的父亲。让人觉得,王晋元这个人是非常可靠的。他与我的姐姐和弟弟两家人也一直都相处得很好"。

王晋元这种真诚地善待岳父的所作所为,让蔡仲明更感到自己在终身大事上没有选错人!

初次发病一个月后,岳父的病情有所好转,终于可以出院回家调养了。岳父出院后,王晋元和蔡仲明都因工作关系,再也没有机会请假去天津看望王晋元的父母和在老家办婚礼了。当然,说起来,他俩也感到是有些遗憾的。

岳父出院后,王晋元和蔡仲明约了郎森夫妇、姚钟华、丁绍光、王瑞章等几个要好的朋友,在王晋元的宿舍那里,吃了一顿饭,就当作补办婚礼了。他们就以这样简朴的方式结婚了。也许是家风传承的缘故,近40年前的1935年春天,王晋元的岳父蔡希陶与岳母向仲就是以很简朴的方式结婚的。

婚后,王晋元和蔡仲明就住在王晋元在省群艺馆的那间单身宿舍里。蔡仲明母亲去世比较早，蔡渊明身为长姐，对妹妹蔡仲明的婚姻大事，一直是很关心的。当她一听到妹妹说在和王晋元处朋友的时候，就想到自己要为妹妹把把关。她正好有个北京的医生朋友——父亲老友俞德浚的女儿，被派到西双版纳搞巡回医疗。她便委托这位医生朋友去见见在西双版纳写生的王晋元，跟他随便聊一聊，大体了解一下这个人怎么样？不久，这位朋友回来告诉蔡渊明说，已见到了王晋元，这个人中等身材，略偏高，瘦瘦的，眼睛小，总是笑眯眯的。人很健谈，也很热情。听了朋友转告的情况后，蔡渊明赞同妹妹和王晋元相处下去。她把自己的意见明确告诉妹妹：可以跟王晋元交往，多了解了解。

　　蔡渊明第一次见到王晋元，就是在医院父亲的病房里了。她从内蒙古赶到昆明的时候，蔡仲明和王晋元已比她早一天赶回了昆明，守候在父亲的病房里了。她发现，王晋元的手指是抽烟人那种被烟熏黄了的，看来王晋元抽烟很厉害。不过，王晋元在父亲病房里倒没有抽烟。等父亲出院之后，在她跟王晋元接触的那几天里，她看到王晋元一天从早到晚几乎手上都捏着一支烟，知道他抽烟还真是厉害。

　　与王晋元接触下来，蔡渊明对王晋元的几件生活小事留下了难忘的印象。她跟妹妹聊起这事的时候，笑着说："哈，这个王晋元怪有意思的！"

　　蔡渊明看到王晋元喜欢喝茶，喝完茶后喜欢把茶杯洗得干干净净的，擦得倍儿亮。可是擦茶杯用的布，却是他从门背后顺手取下来的洗脸巾。这一下让蔡渊明心中有点吃惊。还有一件事，有两天，王晋元感冒了，咳嗽，擤鼻涕，可是，他从裤兜里面掏出来擦鼻涕的却是一只袜子。擦完鼻涕后，又很自然地把袜子塞回到裤兜里。看到这一幕，蔡渊明差点笑出声来，赶快把脸背过去。

　　这几件小事，让蔡渊明觉得，这个妹夫还真是朴实、直率，生活也真是简单、随意。

　　是的，王晋元过日子确实是很俭朴、很随意、很简单的。在结婚前，王晋元睡觉时多年盖的就是一床旧毛毯，没有用被套套起来的毛毯，而且是好多年没有洗过的。现在结婚了,他也没有什么积蓄,甚至几乎可以说是一无所有。他当时的工资是大学生毕业的统一工资标准——56元,每个月都要寄20块钱给天津老家,孝敬父母,贴补家用。再除掉自己吃饭的钱,他的工资剩下的就很少了。此外,他还要抽烟,还要下乡。而且,他抽烟抽得厉害,每天都要两三包,虽然是只抽价钱便宜的烟,可这也是一笔开支。

结婚之前,蔡仲明的情况稍好一些。她在农场锻炼时也没地方花钱,工作后远在江川的国防工厂,也没什么花钱的事。所以她多多少少还有一点积蓄。父亲蔡希陶1974年平反后补了工资,给了蔡仲明一些钱支持她办婚事。姐弟三人中蔡仲明是最后一个结婚的。姐姐和弟弟结婚的时候,父亲都还关在牛棚里面,只能领很少的一点生活费,不可能对姐姐、弟弟的婚事有什么帮助。

于是,蔡仲明用父亲给她的钱,买了一台海鸥牌的120照相机,作为结婚纪念品。这台照相机大概就是这个新婚家庭中最值钱的、最有纪念意义的东西了。最初几年,这台相机也没舍得怎么用,几年后这种相机就落伍了,也就没有再用。所以这台相机在几十年后的今天,都还一直很好地保存着,从外表看都还像新的一样。

房间就一个单间,还很小,家具简单、陈旧。家里也没有什么值钱的东西,夫妻二人还分居昆明、江川两地。王晋元与蔡仲明的新婚生活,就这样简简单单地开始了。

蔡仲明在晚年的日记里,情真意切地回忆了她和王晋元这难忘的爱情之路:

我同晋元从相见、相识、相恋,到结合时相互的通信,这几十封信,非常真实,有力、全面地记录了两个内心深沉、又渴望真爱的成熟男女对爱情、对人生的真谛。读着这些信,我回到30年前,我们在植物园鲜花丛中倾心交谈,在青云街群艺馆晋元的小屋里黄昏时我们谈笑有声。在江川抚仙湖畔,我们在黑夜中,顺着湖边散步。那是两颗敞开的心扉在碰撞,在融和,而这两颗心曾经是多么孤独,多么痛苦,多么无助,虽然这两颗心并不年轻,晋元当时已是 35 岁，我也是 30 岁，但我们这时都不约而同感到，对方就是自己多年以来寻找的那个人。我们相识在 1974 年初，在不很长的时间里，谈话、通信，相互看到了对方的内心，深深的内在的东西，就像看到了自己的另一面。当看到自己的另一半就这样出现了，简直不敢相信这是真的，俩人都在问自己这是真的吗？说起来人世间真的有这样奇怪的事，苦苦寻找了几十年的人，竟这样突然就出现在自己的面前，而且是这样真实，可心。[11]

8．与岳父蔡希陶的深厚翁婿情

王晋元与蔡仲明结婚后，有了较多的机会与岳父蔡希陶接触。

考虑到蔡希陶刚出院，身体还在恢复中，回到西双版纳不太方便。省政府有关部门便在景虹街找了一处房子借给蔡希陶，方便他这段时间休养和去医院复查。领导很关心，派了蔡仲明去医院照顾他。以后蔡希陶又几次住院，领导都做了这样的安排。

景虹街在翠湖的南边，王晋元住的群艺馆宿舍在翠湖的北边。王晋元和蔡仲明只要用十多分钟时间，穿过翠湖中间的那条阮堤，就可以走到景虹街看望父亲。有了景虹街这处房子过渡，蔡仲明和王晋元去看望父亲也就方便得多，王晋元和岳父之间的交流也越来越多了。

过去，由于蔡希陶长年在外工作，蔡仲明接触父亲的机会并不多。现在，蔡仲明和父亲有更多的时间生活在一起。王晋元只要不出差，他也总是与妻子蔡仲明一起去医院照顾。后来几年间，蔡希陶的病情复发，又住了两次医院。王晋元也因之有了更多的机会去看望岳父，聆听岳父的教诲。

随着对岳父了解的日益加深，王晋元由衷地产生了一种对岳父的敬爱之情。他在给蔡仲明的信中曾这样朴实地叙说了自己对岳父的感情：

不知怎地，我这个人对于热爱自己事业，又献身于自己的事业的人，始

---

[11] 蔡仲明 2004 年 12 月 9 日的日记。

终是敬佩的，哪怕是失败的人，也同样如此。但父亲使我敬爱的是他身上的气质，他是一个搞艺术的气质，他对于自然的理解是富有艺术气质的，这对于一个植物学家是难的，只有这样他才能承受大自然所给他的一切东西，他才能更深地了解生活。我所知道的科学家，大都是少有此种表现的。我不光指的是他对美术绘画的理解，包括文学、戏剧艺术。在美术上，我不能说他了解得很深，但他在谈到绘画时所欣赏的东西，我可以看出他艺术气质不低，这使我感到极度的愉快。尤其当我想起你和我谈的他的生活，他走过的一个世纪的生活，使我更为激动和敬佩。真是一个峥嵘岁月！然而他心地是善良的，这也全在他谈话中间表现出来，但是生活所给他的是什么呢？我好像不能很完善地回答，我想生活没有辜负他的性格，它培育了他，锻炼了他，使他对于生活有所认识，他不是还是生活得很好吗？这种好，不是一般人所理解的好，不是享受、碌碌无为，给他的是劳动、斗争、胜利，给他的是正直、热情和热爱。这一点我们非向他学习不可。从一开始我和他初次见面，我就感到这一点，而和他以后的接触就更明确了。他对于植物、鸟、兽的热爱，对于人的热爱，使我明白了，在世界上有这样的科学工作者，他们对什么都无动于衷，只是献身事业。在个人这一方面，不得不说是一种缺陷，人生活在人世间，要有一个好的精神境界，在任何条件恶劣的情况下，都要保持着这种境界，这才能保持着人身上所存在的美。[12]

　　王晋元敬爱岳父，真诚地关心岳父。他非常理解和体谅岳父晚年多病的处境和心情，在蔡仲明还没调回昆明工作之前，多次单独去看望岳父。

　　一次，他从江川刚回到昆明，却不忙着先回家，而是就在近日楼下车，直接就近去昆华医院看望住院的岳父。岳父正在读《红楼梦》，他问岳父怎么不睡觉呢？岳父说："睡了一上午睡不着，就想看会儿书，结果一翻《红楼梦》，就是宝玉哭晴雯所作的芙蓉赋，很是感伤。"

　　事后，王晋元写信告诉蔡仲明说了此事，并有些伤感地说："由此可看到他的心情如何！""我还是想，我们把一切都用在使爸爸病好的事上去。"王晋元心里明白岳父对早些年去世的蔡仲明母亲的那种深厚感情，他在信中

[12] 王晋元 1974 年 9 月 2 日写给蔡仲明的信。

对蔡仲明说,"在你那里我看到了好多照片,有好多想法,对父亲像有较深一层的认识,我更清楚父亲对母亲的情感,尤其是在他病中的表现。"

然后,王晋元又联想起自己和蔡仲明的感情,对蔡仲明说:"愿我们像我们的父亲母亲那样的感情,那样得深沉,那样了解,那样得和谐。该忘却的都忘却掉,该伸延的都成长起来。抚仙湖的水是碧蓝的,种苦荞的地方的山是高的。让我们携手走吧,走着那漫长的路,不管是苦,还是甜,我们的心是连在一起的,那我们的父母看着是高兴的。你说呢?"

王晋元出差在外地时,也常牵挂着岳父,多次在给蔡仲明的信中问候岳父,关心岳父身体和心情。

1975年7月初在中甸写生时,王晋元在信中嘱咐蔡仲明:"爸爸怎样?他一定很寂寞,望你要常去看他,他是年暮之人,又在病期,要人在身边,他情绪就好一些。我们要满足他这种情感,尤其是他这样的人,一个一生奋斗、一生坎坷的人。"

一个月后,王晋元去到德钦,又给蔡仲明的信中关心地问道:"不知道父亲情绪如何,病体如何,愿这样的人身体健康,愿他多贡献,我们的子孙是不会忘记他的,中国这个土地是不会忘记的。"

岳父蔡希陶几次大病住院期间,王晋元和蔡仲明耳闻目睹他的一言一行,从中受到很大的感染和教育,有几件事是让他俩很受教益的。

一件是岳父病中常想到的就是工作。

这次大病之后至1981年去世的六年间,岳父的病又复发了两次,病情都比较严重。一次是1977年8月到边疆瑞丽察看瓜尔豆生长情况时,他的脑血栓痉挛症复发,也是被用飞机送回昆明抢救。治愈后他又返回了西双版纳工作。又一次发病是在1978年2月,抢救过来之后他又说要恢复工作。这五六年间,他一直是顽强坚毅地与病魔进行斗争。儿女们劝他不要再去野外工作了,但他坦然地说:"生病在哪里都一样,我总不能在昆明等着病来找我。"他还说:"我是共产党员,我要为党工作,我要工作。"在他心里,科学事业重于一切。尤其是在有生之年,他总是想着有一分热就想多发几分光。

1978年住院抢救这一次，蔡希陶刚清醒过来就对女儿说："仲明，我还有件事情没做完，《中国植物志》的编写工作，我负责姜科，可不能因为生病，耽误了这部书的出版啊！"

蔡希陶知道自己的病情很重，要完成这项工作是很困难的，心中万分焦急。几天后他想到个办法，他写信给热植所分类室的陈佩珊，把如何撰写姜科植物的内容和方法告诉她，让她去西双版纳写完后带来昆明修改。陈佩珊写完后，和绘图员刘驷来到昆明蔡希陶的病房里。在征得医生同意的情况下，蔡希陶与陈佩珊、刘驷把病房楼层的小饭堂中的三张桌子并起来，成了一张临时工作台，把实物标本、参考书、标本绘图都摊开，紧张地工作起来。蔡希陶不顾病体，对每份资料、每幅绘图都查看得很仔细，一一指出哪里有错误，怎么修改，哪里需要核实。蔡仲明总担心他的身体，要他多休息，他却总是说"没关系"。就这样，蔡希陶不顾休息和病痛，在医院里用了一段时间，与两个同事一道，终于完成了姜科的编写工作。

蔡希陶的病床边床头柜上还放着一张周总理的照片，他会常望着周总理的照片久久不语。他心中一直难以忘怀的是，周总理1961年在西双版纳橡胶林中亲切接见他的情景。现在，在病中，每一提到周总理，他就眼眶湿润，总觉着自己没有完成总理交给他的要保护和改造大自然的重任。他忘不了总理接见他时说的话——"西双版纳是富饶美丽之乡。如果破坏了森林，将来也会变成沙漠。我们共产党人就成了历史的罪人。后代就会责骂我们。你在西双版纳做植物工作。你们一定要研究这个问题，要解决好合理开垦，保护好自然资源，改造好大自然界。要做人民的功臣，可不要做历史的罪人。"蔡希陶不止一次地跟女儿蔡仲明说，每想到总理这话，心中就感到内疚、不安。当病情稍微好转些时，蔡希陶便让一位同志到有关部门了解了一些情况和数据，在病房里写了一份《关于加强西双版纳热带森林的保护建议》，请有关部门送交国务院。后来，这份材料登载在《科技工作者建议》1978年第16期上，为领导决策起到了参考作用。

在他生病期间，还收到了全国各地群众的多封来信，有询问抗癌植物美登木的,也有索求萝芙木的,还有植物爱好者要求调到西双版纳工作的。蔡希陶很认真地阅看这些来信,自己写字有困难,就口授复信,让蔡仲明执笔回信。若是蔡仲明因事稍微拖了一点时间回信,他就要批评。

另一件是蔡希陶以大局为重、不计前嫌的广阔胸怀。

也是在 1978 年蔡希陶住院期间,有两位军人来访。他们是昆明军区的,主要想了解"文革"时期部队派到热植所"支左"的某人的情况。蔡仲明把访客的来意向蔡希陶讲了,蔡希陶对她说:"跟他们说,我身体近来不太好。"蔡希陶委婉地谢绝了来访者。过了些天,这两位军人又来了。蔡希陶仍然婉拒了,说:"我现在记性很不好,很多事都想不起来了。"

当他俩第三次来时,对岳父直接说明:"有人作证某人主持的批斗会上,您的头部被打得鲜血直流,我们想请您对这事写一个证明材料。"蔡希陶坐在床边,沉默了许久,尔后又闭上双眼。蔡仲明在旁边看得很清楚,也明白父亲显然是极不愿意去回忆那痛苦的岁月。过了好一阵,蔡希陶开口了,缓缓地说,"当时因批判我执行修正主义科研路线而把大片油瓜砍倒,这是我最心痛的!"至于他被谁打的,蔡希陶只是轻描淡写地说他记不得了。

在一旁的蔡仲明心里想,怎么可能记不得呢!

蔡仲明和王晋元这时明白了"在父亲那宽广而又坦荡的胸怀中,能装多少东西啊!最能使他动情动心的是他的事业,他心中只装着他的事业,个人的恩怨和痛辱他没放在心上。"

再一件是蔡希陶助人为乐、与人为善、毫无私利的崇高美德。

蔡希陶住院期间,都尽可能地主动帮助住在一起的病友。有一些天住院部的电视机坏了,为了解除病人晚上的寂寞,他让家人把家里刚买的电视机搬到医院会议室给大家看。

一天,医院住进一个被癌症折磨得非常痛苦的晚期癌症病人,家属很着急,医生也没有妥善办法减轻这种痛苦。蔡希陶知道后,马上打电报给热植所的同事,让带些美登木来,并亲自送给这个病人试服。当然,岳父也明白,对于这样一个晚期癌症病人,美登木是无济于事的。他只不过想以此略减轻些病人临终前精神和肉体上的痛苦，也希望美登木能创造一个奇迹。后来，岳父又听医生说小儿科住进来一个患白血病的孩子，他又亲自给小儿科送去了美登木，请医生试用并观察临床的效果。

在住院期间，来看蔡希陶的同志很多。蔡希陶虽然病情沉重，但仍然非常热情地勉力与同志交谈。有个同志来看他时说接着还要回家办理母亲的丧事，蔡希陶当即就拿出一百元钱送给这个同志。还有一个同志要回四川看望生病的父亲，路经昆明来医院看蔡希陶，蔡希陶又把原先准备寄给蔡仲明姐姐的钱送给了他。

马克思说过这样的话："在科学的道路上没有平坦的大路可走，只有在崎岖小路的攀登上不畏劳苦的人，才有希望到达光辉的顶点。"蔡希陶的一生经历，可以说是最好地诠释了这句话的精髓。他为了国家的科学事业，满腔热血，埋头苦干，上下求索，历尽千辛万苦，跑遍云南的山山水水采集标本，在黑龙潭建立了中国科学院昆明植物所，在西双版纳葫芦岛创建了中国唯一的热带植物园，在植物分类学领域取得了卓越的科学成就，对云南的烟草和橡胶种植做出了巨大贡献，在西双版纳开发了大量的药用植物和资源植物，极大促进了西双版纳州的经济发展和社会进步。

蔡希陶是靠刻苦自学成长为植物学家的。出生于浙江省东阳县一个医生家庭的蔡希陶，少年时在杭州、上海求学。1928年秋进上海中华美术专科学校学习了一年后，入上海光华大学物理系就读。次年，因参加革命活动被迫离开学校。为躲避军警的抓捕，他离开上海到了北平，考入北平静生生物调查所做了一名助理员。在所长胡先骕教授的指导下，蔡希陶边工作，边学习，初步掌握了植物分类学的研究方法，并打下了英文、德文和拉丁文的良好基础。

1932年，21岁的蔡希陶以非凡的毅力和勇敢的探险精神，带着两个青年离开北平到云南进行生物调查。他们从四川宜宾徒步沿金沙江进入"植物王国"云南，经盐津到昭通，又挺进大凉山，然后再到滇南各地。一路的艰辛难以想象，青年同伴中途离开了，最后只剩下了蔡希陶一人，为了查清云南的植物种类及其分布情况，蔡希陶几乎踏遍了云南大地，从乌蒙山到碧罗雪山，从怒江到澜沧江、红河，到处都留下了他的足迹。他沿途吃野菜，住山洞，克服了瘴疠威胁、匪盗侵扰等重重困难。在那些荒无人烟、野兽出没的地方还经历过无数次危险。历时三年，他采集到一万多件植物标本。这些标本中有相当一些是非常珍贵的，有不少是从未被鉴定的新物种。这些珍贵标本为静生生物调查所的科学研究提供了宝贵的资料，也为后来中国植物学界研究川滇植物区系提供了非常有价值的科学资料，受到了中外植物学专家的重视。从此，云南这个植物王国的奥秘被初步揭开，省内外人士得以认识到云南的植物资源之丰富，第一次见识这个植物宝库的真面目。如此深入、全面地对云南省生物资源作调查的，蔡希陶是第一人。他是发掘云南这座植物宝库的先驱者。从此，蔡希陶这位年轻的植物学工作者，与云南这块热土建立了终生不渝的感情。云南三年采集工作的宝贵经历，也使他对云南人民产生了深厚感情，使得他立定了要从事植物学研究来为群众做些有用的事的志向。

抗战爆发后，蔡希陶按照胡先骕所长的安排，于1938年初到云南去筹办昆明工作站，组建一个后方基地，在昆明北郊黑龙潭建起了北平静生生物调查所昆明工作站，并且还富有远见地与云南省教育厅商定合办了"云南农林植物研究所"。蔡希陶任该所研究员，后任副所长。他在经费严重不足的情况下，带领职工自办小农场维持生存，坚持开展科研工作。

中华人民共和国成立后，中国科学院在原云南农林植物研究所的基础上成立了植物研究所昆明工作站，蔡希陶被任命为工作站主任。1951年8月，国家召开了橡胶会议。为了共和国的橡胶事业，蔡希陶婉谢了昔日好友、北京市副市长吴晗的推荐，放弃了回京担任北京动物园主任的机会，继续留在了云南。1958年，为实现开发热带植物资源宝库，开创热带植物研究基地，蔡希陶与吴征镒等人一道，奔赴西双版纳密林，经过艰苦踏勘，最后选定勐腊县境内的葫芦岛作为热带植物园园址。第二年，蔡希陶离开为之艰苦奋斗二十多年的昆明植物研究所，带领一批青年植物工作者，来到葫芦岛，白手起家，艰苦创业，引种国内外经济植物二千多种，创建了我国第一个热带植物研究基地——中国科学院西双版纳热带植物园，蔡希陶任主任。多年来，植物园生机勃勃地发展，取得了几百项研究成果。蔡希陶重视培养人才，带出了一支由高、中、初级多层次组成的、能独立开展植物学综合学科研究的优秀科研队伍，为使科学事业后继有人做出了贡献。

王晋元能成为蔡希陶这样一位著名植物学家的女婿，是幸运的。蔡希陶执著的科学精神和极认真踏实的工作作风给予他莫大的鞭策，蔡希陶丰富的植物学知识和实践对他日后在表现热带雨林的绘画事业产生了许多影响。

蔡希陶出院回到植物园工作的那些日子里，王晋元又几次去过西双版纳写生，得到蔡希陶的不少教诲。无论是在西双版纳，还是在昆明，这翁婿俩之间有多次交流，他们之间有很多共同语言。

他们的共同语言中，最重要的一点就是热带雨林。

只要有机会相聚在一起，这翁婿俩聊得最多、聊得最热的一个话题，就是热带雨林。俩人都热爱大自然，其中又都最热爱热带雨林。热带雨林是蔡希陶科学研究工作的主要对象，是他的科学事业的重要目标；热带雨林是王晋元绘画的重要素材，是他的美术事业的重要体现。围绕着热带雨林这个话题，他俩常有讲不完的话。

王晋元为了充分表达雨林给自己的感受，多次深入西双版纳的热带雨林中，画了不少写生，在写生中研究对象的结构和生态。为把握住新鲜的感受，他也当场画一些构图，而且努力使构图多变化，更有助于表现出雨林的真实环境气氛。他发自内心地说："云南这地方，气候垂直变化大，气象万千。我热爱热带雨林的自然景观，也为滇西北高山幽谷的奇花所吸引。热带雨林没有明显的季节差异，植物王国自生自灭，遵守着大自然的规律。同一棵树上既有落叶纷飞，又有新芽茁长；上百种寄生、互生的植物或栖息于一株。青苔长到半尺来高，藤葛飞绕，野卉飘香，人走进去，像入了迷宫。我被这没有开垦过的'野自然'所深深感动着。"[13]

蔡希陶知道王晋元有用画笔表现热带雨林的追求，主动给他讲了植物学方面的很多知识，帮助他从艺术与科学结合的角度来更好地把握热带雨林的

---

[13] 王晋元：《"野自然"美的探求》，《美术》1985年12期。

特点。在岳父的指导下,王晋元基本掌握了植物分类的科普基础知识,能准确分辨出植物叶片哪些是对生,哪些是互生,也能清楚地分清原始森林与再生林或次生林的区别。他懂得什么样的森林是原始森林,他在画作中出现的各种植物形态都是正确的。他也在写生的下乡途中,告诉一些年轻的同事,强调说,"不是说长得好一点的森林都是原始森林""在画作中出现的各种植物形态都应该是正确无误的"。

这翁婿俩之间的共同语言中的又一点,是对云南杜鹃花的喜爱和欣赏。

杜鹃花中国十大传统名花之一。中国是杜鹃花分布最多的国家,约有六百多种,占了全世界九百余种杜鹃花的三分之二。而云南的杜鹃花竟多达四百二十余种,占了全世界该属种类一半以上,中国该属种类的三分之二。

王晋元在云南各地,特别是在滇西北写生的时候,看到了满山遍野火红的艳丽的杜鹃花,心里就特别欢喜,格外欣赏这天然的花色绚丽的高山名花。他喜爱杜鹃花的感情是多年前就蕴藏在心中的。早在1964年去井冈山做毕业实习的时候,就以井冈山的杜鹃花为题材,创作了国画《井冈山的杜鹃》。在这更早之前,他的恩师、中央美院花鸟科主任郭味蕖先生的一幅佳作《春山处处杜鹃红》,深深地感染了他,影响了他。到了云南之后,他对杜鹃花的喜爱之情,真是可以说是到了热爱的地步。他画了很多杜鹃花的速写,并且在自己的国画创作中,多幅作品都出现了杜鹃花。有的画作中,杜鹃花以醒目的位置和鲜艳的色彩,产生了强烈的视觉冲击力。还有的作品,直接以"杜鹃"入题,如《井冈杜鹃红似火》《云南三月杜鹃红》《遍青山红了杜鹃》等。

而蔡希陶喜爱和欣赏杜鹃花的程度,一点也不亚于女婿王晋元,而且他对杜鹃花颇有研究。他觉得,世界最美丽的花恐怕就是杜鹃花了。

这翁婿俩之间的共同语言中的再一点,是对文学的爱好和情趣。

王晋元还很钦佩蔡希陶广博的视野和深厚的文学功底。早在青年时代,蔡希陶就写过多篇小说、诗歌,并有机会见过鲁迅先生。那是30年代初,当时才20岁出头的蔡希陶,在对云南省生物资源作调查了解,收集标本的三年时间里,接触了大量的各民族群众,了解到他们的喜怒哀乐。他对他们的语言、文化、风俗、历史及现实生活状况都很关注。此时，他念书时的文学热情又迸发了，便利用采集工作的空隙，提起笔来，以朴实自然的文学语言，写了几篇富有生活情趣的、反映边疆少数民族的粗犷、善良、真诚以及他们的不幸和苦难的短篇小说：《普姬———一个花苗姑娘》《四川的巴布凉山人》《四十头牛的惨剧》《蒲公英》和《爬梯———一个赶马人的日记》。

这些后来发表在上海的刊物《文学》（郑振铎主编）和《太白》（半月刊）上的作品，得到文学家王统照的热情肯定外，还得到了鲁迅先生的称赞。年轻的蔡希陶也跻身于《太白》的撰稿人行列中，而且还是刊物使用数量排名在前的作者，应该说，这确属不易了。

在与女婿王晋元的相处中，蔡希陶也给女婿聊起过30年代初在云南各地采集标本的危险与艰辛，以及深入生活中激发的文学灵感和由此引起的创作。王晋元从中颇受教益，生出一些感慨与共鸣。

以蔡希陶的文学兴趣和扎实的文学功底而言，倘若他后来没有走上植物学家的道路，而是沿着文学创作的道路走下去的话，那他肯定有希望成为一个很好的文学家。同样地，就王晋元来说，他后来如果没有走上艺术家的道路，那么，以他的文学兴趣和才情而言，他也是完全有能力成为一个文学家的。这从下面将谈到的他写的那首诗作当中，我们可以看得出他的文学造诣并不低。而且他在高中毕业考大学的时候，曾同时被北京大学中文系录取了的，只是他对美术的兴趣更胜于对文学的兴趣，所以他选择了就读中央美术学院，就没有能走上文学之路。

在与王晋元多次的相处中，蔡希陶也渐渐加深了对女婿的了解。他欣赏这个年轻人朴实的品质、勤奋的工作精神、绘画的才华，以及他对艺术事业的执着追求。他打心眼儿里喜爱这个年轻人，为有这样一个女婿而由衷地感到欣慰！

王晋元还把他对蔡希陶的钦佩之情，化在自己的艺术创作中，用他擅长的绘画形式表现出来。他先是为一个刊物发表《生命之树常绿》，并为之画了几幅插图。后来，他又画了一幅表现科学家探索精神的国画——《在热带雨林中探索》。画面上，在遮天蔽日的密林深处，远远地看去，有一个人物，是一位科学家在密林中探索的形象，就是以岳父蔡希陶为原型来表现的。后来，这幅国画捐给了中国美术馆收藏。

之后，王晋元还以蔡希陶的成长经历画过一套连环画，在《奥秘》画报（1981年）上发表，体现了科学家的科学精神。岳父蔡希陶童年时怎么喜爱小动物、怎么热爱自然等内容，在连环画中也都有表现。

1981年3月9日，蔡希陶病逝。王晋元怀着深切的悲痛之情，与几位亲人和一两位植物园蔡希陶的同事，一起为蔡希陶的整理遗容，然后护送蔡希陶的骨灰入葬西双版纳热带植物园。

遵照当时有关领导的安排，蔡希陶的亲属和植物园的同事们把蔡希陶的少部分骨灰撒在由他创建的昆明植物园中他手植的一株水杉树旁，另一部分骨灰则安放在由他创建的西双版纳热带植物园中由他亲植的一株龙血树下，树旁竖立着一块镂刻着由中国植物园创始人之一、著名植物学家陈封怀书写的"一生为国建家园，开辟边疆觅资源；西双版纳成大业，惨淡经营工作严"墓志的巨石。在巨石下，一股清泉终年涌出，由小而大，流进三个按自然风格修建成的水池中。

1984年3月，王晋元因准备参加第六届全国美展而收集素材，再次来到西双版纳写生。在寂静的夜晚，他特意独身一人来到岳父的墓旁，静静地缅怀亲人，思念远在天堂的岳父。事后，他情真意切地写下了一首怀念岳父的诗作：

一个三月的夜晚，
我来到版纳你的墓旁。
三年后的今天，
我才迟迟地把你探望。
一种亲属的眷恋，
一种晚辈的怀念，

一种艺术家的景仰,

一起涌向我的心上。

往事依稀可见,

就像天上的繁星时时闪着光亮。

又像那沉沉的夜雾,

那样迷蒙飘溢。

三年后的今天,人们并没把你遗忘。

龙血树是见证,是你品德的象征,

木棉树是你的感情,那样火热而芬芳,

那一潭清水犹如你整个人生那样清澈透亮。

所以不需要什么碑铭,

碑铭,只记上你的名字和家乡,

它记录不了你的业绩、你的爱和你的思想,

这一些才是照耀人生的朝阳。

你池旁的睡莲,一年一年地茁壮,

开了,谢了,年复一年地记录着你去后的时光。

它的灵性告诉我,你还在这块林莽中奔忙,

犹如开发这块荒原时一样,

洁白的、芳香的心花怒放。

我默默地望着夜空,

我默默地祈祷上苍,

在那遥远的国度,

我渴望看到绿色的海那海上的云,

见你在那里不断奔忙。

五、新时期的萌动

1. "申社"问世——艺术的本性就是创造

1977年,王晋元的巨幅花鸟画《井冈杜鹃红似火》参加全军"八一"美展,大获好评。王晋元心里明白地意识到,从这时开始,他遇上了自己回归花鸟画正途的契机,迎来了自己艺术上的转机。他说:"77年祝贺建军五十周年,'八一'美展在北京开幕,我的花鸟画《井冈杜鹃红似火》入选,在北京展出,受到了观众和画界朋友的好评,鼓励我应重操旧业,要为祖国的花鸟画作贡献。后全军美展办公室收藏了这幅画,这使我增加了信心。"[1]

《井冈杜鹃红似火》参展并获全军美展办公室收藏,让王晋元更增强了自信,他相信自己是能为祖国的花鸟画做出贡献的。此后,他更加努力了、更加奋发了。

1978年,文化部、美协在北京主办了"毛主席诞辰八十五周年展览",王晋元的作品《一年一度秋风劲,不似春光胜似春光》入选展出。他在慢慢地被社会认识,也逐渐在接受社会各方的检验与评价。

---

[1]《王晋元自述》(未刊稿),1985。

《男帽》 20世纪70年代 68cm×47cm 中国美术馆藏

第五章 | 新时期的萌动

1978年,意味着一场彻底改变中国命运的改革的开始。顺应时代潮流的改革开放大潮开始了。此时,国家对文化艺术的政策也开始松动,思想解放的浪潮也开始慢慢地在全国艺术界涌动,涌动的程度在各地有大小不一的表现。

在美术界,首先引起人们关注的是上海的"十二人画展"于1979年的大年三十,在黄浦区少年宫悄然开幕。

这是"文革"后第一个体制外画家的自由展览,也是1949年后第一个民间自组的、具有现代艺术倾向的画展。展览没有开幕仪式,没有领导的讲话,也没有举办者的发言,只有柴可夫斯基的《第一钢琴协奏曲》在少年宫的大厅里轻轻地回荡。展出的作品多是水彩画和油画,全部是喜欢艺术的十二位画家在"文革"期间偷偷画的习作,每人10幅,共120幅。

观众的反应却很热烈,当天参观人数便超过了两千人。上海美术界基本全到了,关良、哈定等很多老前辈都来了,来支持这个"表达了他们自己想表达的意思"的展览。画展原预计展出十天,可是热度一直不减,展期应邀延长了一周。武汉美协和北京美协接着也对"十二人画展"发出了邀请。上海展览结束之后,全部作品被带到武汉办了展览,北京展览后来未能成行。

上海的"十二人画展"过去了大半年后,在北京,一群与"十二人画展"参展者有同样心态、同样追求的热爱艺术的人,在中国美术馆外的街心公园举办了"十二人画展"声势更大的"星星美展"。

1979年9月27日,"星星美展"在中国美术馆东侧的40米长的铁栅栏上悬挂展出了23位艺术家创作的油画、水墨、素描、钢笔画、木刻版画以及木雕等共150多件作品。这也是一次极普通的同人展览,美展自身并没有十分明确的主题。这次展览的组织者和参加者,都是一些不在美术单位工作的"业余"艺术家,他们确定作品的标准十分简单——只要"有新东西"就行。展出的作品有继承、有突破,让人有耳目一新之感,引起了观众极大兴趣,也吸引了一些专业美术工作者。

可两天之后,警方扣留了展品,展览被迫停止。1980年1月23日至2月12日,"星星美展"在北海公园的画舫斋继续举行,这算是"星星美展"

的首次正式展览，展览共售出约八千张门票。到了初夏，"星星画会"作为一个民间艺术组织正式成立，并在北京美协正式注册。八九月间，"星星画会"组织的"第二届展览"在中国美术馆举行。"星星画会"之外的十多位艺术家也有作品参展。鉴于展览影响较大、观众较多，展览时间由原定展出的半个月延长了三天，参观人次共达八万多。"星星美展"可以说是中国当代艺术家独立性的一次象征。《新观察》半月刊随后介绍了此次展览，在国内引起了更大的反响。

让国内艺术界没有想到的是，云南竟然成了文艺新思潮率先涌动的一个地方。云南艺术界的一群中青年人，没有错过那个时代给予他们的机会。他们在1980年成立了一个重要的画会——"申社"，组织举办了"申社"画展，与稍前一些时间出现的上海"十二人画展"和北京"星星美展"，成为中国当时新艺术思潮发轫地的三大重镇之一。

"这个画展和北京前卫的星星画展以及四川表现'文革'伤痕的新巡回画展都不同，而是举起了唯美的旗帜，以艺术语言的创新和个性化的表现为主旨，带有浓郁的地域特点和非政治化倾向。这个展览引起了广泛的关注。"[2]

"申社"的主要成员（以姓氏笔画为序）：丁绍光、王天任、王晋元、王瑞章、刘绍荟、朱维明、孙景波、陈之川（女）、孟薛光、李秀（女、彝）、李开明、何能、何德光、郎森、肖嘉禾、柯德恩（满）、姚钟华、贾国中、袁瑞新、董锡汉（白）、蒋铁峰、裴文琨、廖莹（女）等，多是60年代从外地艺术院校毕业分到云南的大学生。这批青年画家同样有一种强烈的要在艺术内容和表现形式上突破的渴望。

后来有研究者这样说，"70年代末到80年代中，云南是中国艺术家的朝圣的'麦加'，昆明是中国现代艺术的摇篮。毫不夸张地讲，当年三十岁以上的中国艺术家，十个人里面有八个都去过云南，画过云南，甚至在一段时期内，云南的风土人情是他们唯一的创作题材。就像90年代的西藏是中国人的感情和

---

[2] 刘绍荟：《七十自述》，《刘绍荟---现代重彩艺术》，广西美术出版社，2010。

精神'天堂',70年代末到80年代中的云南就是中国艺术家的'伊甸园'"。[3]

姚钟华、丁绍光、王晋元、刘绍荟、蒋铁峰这些年轻画家们的艺术上的"躁动",成为了"申社"横空出世的动力。"申社"的主要发起人姚钟华是这样记述当时情形的:"此时,北京也出现了'油画研究会''星星画会''四月影会'等团体,都有新颖大胆的展览问世,给了我们强烈的刺激。""80年初我完成了人民大会堂的大画回来,王瑞章热心地到处奔走串联,要组织一个自己的画会,那些年云南美术界团结、和睦,气氛很好,在相处密切的朋友们共同的商议下,我们成立了个画会,叫什么名字呢?我说今年是庚申猴年,取金猴奋起之意,就叫申社吧!大家都说好。当时选出了常务理事丁绍光、王晋元、刘绍荟、蒋铁峰和我,由我任会长,王瑞章任联络员。"[4]这五六位主要人物各有特点,姚钟华、丁绍光性格豪爽,容易激动;王晋元、刘绍荟、蒋铁峰性格沉稳,做事细心;王瑞章为人热情,不计名利。众人拾柴火焰高,"申社"画会的架子就这样搭起来了。

接下来,这批青年画家们就开始积极地着手准备办画展了。画展要求每个画家要有所突破,要把自己平时在艺术道路上探索的习作展现给社会。1980年7月12日,"申社首届画展"在云南省博物馆展出了。参展画家23人,作品120件,其中,丁绍光已于几个月前去了美国,姚钟华将他送给自己的一幅白描风景写生拿出来参加展出;孙景波已到北京去读研究生了,寄来了一些速写的复印件参展。各个画家参展的作品数量不等,王晋元参展的是9幅中国画:《边陲春早》《高原放牧》《成昆盛夏》《金沙秋色》《细雨蒙蒙》《天涯芳草》《野趣图》《晨露》《新秀》。

吴作人先生为展览题辞,郎森还刻了一方印章。展览的请柬上注着"中国美术家协会云南分会举办"的字样。展览的前言写得很有文采,简要阐述了"申社"的来历、起名的缘由,以及他们的宗旨,表达了这群年轻画家的艺术追求和历史使命感:

---

[3] 刘雪琼:《丁虹 归来》,《深圳青年》2014年9期。
[4] 姚钟华:《风雨丹青六十春》,《创造》2010-6-15。

为了创造具有鲜明的革命精神和时代、民族、个性特征的新颖视觉世界，创造那"真、善、美"的现代民族美术，我们聚集到一起来，组成了"申社"这个画会。

"申社"是80年代之始，夏历庚申猴年诞生的。金猴——那追求真理、忠诚、智慧、勇敢、活泼的化身、人民的理想的化身。我们用它来作为"申社"的象征。在曲折艰辛的艺术道路上，只有具备它的精神、品质，才能担当历史赋予我们一代人的重任。

我们深知，没有理论上的突破，就没有实践上的崭新创造。没有不计得失的大胆探索、实践，一切都是空话。艺术的本性就是创造，没有创造，艺术就死亡。风格的本质即人格，锤炼自己的心灵，是作画之本。——为了这，我们要学习、要思考、要切磋、要实践。

这次展出的作品大都是画会成员平时的探索和练习，是刚刚迈出的一步，但愿有一天，能展现我们辛勤劳动的结晶，奉献给人民和历史——无私、伟大的真理与艺术的裁判官。

展出的作品内容、画种、风格是多样的，各个画家的作品都很有分量，使这个画展成为了一个有创造力的、有影响力的展览。中国有句俗话叫"无心插柳柳成荫"，这次画展竟无意中成为了"云南画派"之滥觞，成为了几年后风行一时的"云南重彩"的渊源。

在这次画展上，"由林风眠、黄永玉首创的，用宣纸或高丽纸两面绘制的，后被称为'现代重彩'的画种首次大规模亮相，给人们带来了新颖而强烈的视觉冲击。蒋铁峰的画具有浓烈的装饰性，结构独特，造型严谨。后来他继丁绍光后也去了美国。以丁、蒋为代表的'重彩画'在大洋彼岸大放异彩，并在商业上大获成功，被称为'云南画派'。最盛时有一百多位画家，虽然许多人来自全国各地，但在美国都自称'云南画派'。这种商业上的成功影响又回到云南，'正宗云南重彩画'风靡一时。"[5]

"申社首届画展"引起了国内外画坛的瞩目，被认为是"星星画展"之后最有影响的民间团体展览。

上海的《美术》丛刊1980年第4期除了刊登申社画展的大部分成员作品外，还特意发表了刘绍荟和蒋铁峰的文章。随着"申社首届画展"影响的日益扩大，美国著名美术评论家柯珠恩随后专程到了昆明造访"申社"，并将采访、了解到的许多材料纳入了她在纽约出版的《1949—1986的新中国美术》一书。

"申社"仅举办了这一次画展。之后，作为一个艺术团体的"申社"于无形中结束了。"但却具有重要的历史意义，至少在云南，它极大地冲击了文化专制主义潜在的影响，一扫陈规陋习，突破了旧有的美术模式，在艺术实践上吸取了近现代西方美术的若干成果，使人们能面对、探究这一长期被封闭的禁区。对今后美术事业的发展具有重要意义。"[6]

文学界也很关注这个展览，著名作家彭荆风和著名诗人周良沛等都热烈地参与讨论，给了很大的支持。时隔几月，周良沛仍意犹未尽，又热情地写了一篇文章《画笔下的哲学——看昆明"申社"画展》，发表在《美术研究》1981年第1期上，阐述自己的主要观点。周良沛这位对文学和艺术都很有研究的诗人在文章一开篇，便首先肯定了画家们对艺术真实的探索和追求，肯定了这些画作的艺术魅力："去年秋天，在昆明'申社'的画展上展出了描绘我们真实多彩的生活的作品，画家们用构图、素描、色彩、光线，向每个走进展厅的人张口——不是说话，而是歌唱。这些画，对我们产生的艺术魅力，正是过去对那些躲进避弹室的人产生的威力——艺术的真！画家们对可视世界在探索、尝试。"

周良沛更看到了这批画家们对时代的思考，看到了画家们解放思想、艺术创新的目的。接下来，周良沛列举了一些画借以说明他的一些想法。在说

---

[5] 姚钟华：《风雨丹青六十春》，《创造》2010-6-15。

[6] 姚钟华：《风雨丹青六十春》，《创造》2010-6-15。

与李秀（中）、姚钟华（右）在一起

到王晋元的中国画时，周良沛认为，"他的花鸟、山水，在写意之中也能看到画家写实的功底，虚中见实的实感就较强。他也讲究笔、墨，却没有拘泥于师承某派的艺术，而使某些笔下得有时既有神来之感，有时也颇为怪诞，构图上也融进了西画之长"。这个评价是很有见地的。

2. "云南十人画展"——云南美术事业的一个里程碑

"申社首届画展"在国内外引起了广泛关注，甚至可以说是产生了震撼力。中国美协副主席华君武提出让申社画展赴北京展出，云南方面马上做出响应，积极开始筹备画展。只是参展画家数量有所调整，将参展画家人数减为了十人。姚钟华说，"81年初我从北京举办个展回来，才知将赴京展出的'申社画展'已由有关领导改为'十人画展'了，申社成员有蒋铁峰、王晋元、何能、刘绍荟、贾国中和我参加，另四人刘自鸣、夭永茂、张建中、李忠翔"。

1972 年与丁绍光（左一）、刘秉江（左二）在昆明

在选定参展的十位画家中，画中国画的有王晋元，刘自鸣、姚钟华、夭永茂、张建中是搞油画的，李忠翔和贾国中是搞版画的，蒋铁峰、何能和刘绍荟是"非油非墨非版，画的是一种后来称之为现代重彩，即在高丽纸上用富于装饰性的线和浓重的色彩交织一起、形式感极强的一种绘画新样式"。

这十位画家被选定参展后，便积极认真地准备作品。参加过申社画展的画家，除精选了部分原申社画展的作品外，又为参加此次"十人画展"创作新作。未参加过申社画展的画家，除精选自己原有的满意作品外，也是又热情地创作新作品。如李忠翔参展的 12 幅作品中有 9 幅是 1981 年创作的，刘绍荟的 12 幅作品中就有 7 幅是 1981 年创作的，刘自鸣参展的 15 幅作品中有 4 幅是 1981 年创作的，王晋元的 12 幅作品中有 4 幅是 1981 年创作的。此次参展的每一位画家都把参加云南"十人画展"看作自己的荣誉，更看作云南美术界的成绩。大家都为此感到自豪，都做到了全心全意地投入。

画家们为参加这次"十人画展"准备了差不多一年的时间，他们所做的努力和付出，对自身的提高也是有帮助的。

在参展的十位画家共同的辛苦努力和各有关方面的重视之下，经过认真筹备，作为"申社首届画展"的延续，"云南十人画展"于 1981 年 8 月 29 日在北京的中国美术馆拉开了序幕，请柬上注明由"中国美术家协会、云南省文化局、中国美协云南分会举办"。

十人画展共展出 120 余幅作品，在美术界和北京喜爱美术的社会人士中引起了强烈的反响，产生的反应比"申社首届画展"更为强烈。可以说，"云南十人画展""继续发扬了申社画展的多元面貌，地域特点浓郁，个性张扬，但在表现技巧上更为成熟，风格更加突出。"[7]

美术界对边陲云南的美术成就另眼相看，对展览给出了一个重要的评价："无论从内容和形式都有许多突破，是当时中国美术界最具开放性、革命性、前沿性的美术展览。"

中国美协主办的专业核心刊物《美术》杂志用很大篇幅对画展作了介绍，在报道中说："画展作品之美吸引了人们，云南画家给当时的美术界提供了新的感受。"各大媒体也对画展作了报道，英文版《中国文学》还向海外介绍了画展中的部分作品。展览结束后，部分展览作品被中国美术馆及瑞士、美国等国家的收藏家收藏。

中央工艺美术学院的张仃老院长在刘绍荟的两幅大白描前，感叹地说，"这是只有四十岁的人才能画得出来的画！"

著名工艺美术家、工艺美术教育家，曾任中央工艺美术学院教授和第一副院长的庞薰琹先生本来卧病在床，刘绍荟去探望他时，告知了"云南十人

---

[7] 刘绍荟：《七十自述》，《刘绍荟---现代重彩艺术》，广西美术出版社，2010。

《幽谷传声》 1981年 177.5cm×129cm 中国美术馆藏

画展"开展的消息，庞老硬是撑着病体来参观画展，让刘绍荟等云南画家非常感动。

黄永玉先生在开幕式当晚，邀请参展的十位云南画家到他家做客，对画展赞赏有加。

"云南十人画展"在美术工作者中间引起比较强烈的反响。展览结束前，《美术》编辑部邀请在京的二十余位美术家、美术理论家召开了座谈会。会上，祝大年、常又明、吴冠中、曹达立、伍必端、高焰、刘秉江、陈丹青、郭怡琮、何溶等与会人士作了热情洋溢的发言，充分肯定了这次画展的创新面貌。尤其是吴冠中先生作了长篇发言，提出了"美术立国之本在于美"的著名论断。他说，云南画家是以美的形式来教育人，它的核心就是以唯美形式来对抗当时那种僵死样式，应该说它一出来就带有反叛性。

发言的各位美术家、美术理论家各抒己见，态度真诚。

这些评价和意见，让云南的画家们和文化部门的领导都深受鼓舞，感到是一个很有力的鞭策，从中受到很大的启发。

研讨会上，甚至还有一些"火药"味。虽然展出的"重彩画"数量不少，在让人感到新鲜之余，并没有得到画界及专家们的肯定。但总体上对画展的评价是很高的。毋庸置疑，此次画展充分显示出，云南中青年一代的美术群体，已经给中国美术界留下了深刻印象，也成为了云南美术事业发展的一个里程碑。

这次"云南十人画展"中，王晋元参展的是12幅中国画：《细雨蒙蒙》《新秀》《微风》《雨后》《密林深处》《野趣图》《一夜春风》《幽谷传声》《涧》《林间三月》《在西双版纳密林中》《天涯芳草》。其中创作于1981年的有4幅：《一夜春风》《幽谷传声》《涧》《天涯芳草》，其余8幅创作于1980年。

展览结束后，《美术》分两期发表了"云南十人画展"中部分画家的部分作品。1981年第11期选登了刘绍荟、王晋元、蒋铁峰、何能的作品，第12期选登了张建中、姚钟华、刘自鸣、李忠翔的作品。

第11期的《美术》还选用了王晋元的画作《幽谷传声》作为封面，这

《密林深处》 1980 年 180.5cm×69cm

显示了美术界对王晋元绘画艺术成就的肯定。

"申社"的成立及"云南十人画展"在北京的成功展出，是云南美术史上的一件大事，对云南美术界是非常有意义的。对于王晋元个人而言，更坚定了他"能做一个中国的好画家"的信念，对激励他在自己选定的这条道路上继续探索是有重要意义的。由此开始，王晋元花鸟画艺术发展的新阶段的序幕揭开了，王晋元踏上了一条成功之路。

而王晋元的成功，是离不开云南美术界这个群体的感染和影响的。

70年代末、80年代初，"申社"内外的这些云南画家们，都怀着为艺术而开拓的勇气和毅力，在勤奋地作着艰辛的努力。大家都深感"是到了奋发有为拿出一些像样的作品的时候了"（丁绍光语），各自发奋追求着不同的风格与艺术趣味。

这些画家们长期生活在云南，对云南很有感情。各民族群众纯朴、勤劳、善良、坚强的品格感动着他们，云南别具诗情画意的自然风光深深吸引着他们。他们重视艺术规律，经常深入生活，带着极大的热情去认识生活和表现生活，努力探求新的绘画语言，去表现自己对生活的独特感受，并试图作新的探索与尝试。

更难得的是，云南的这些画家们，常在一起切磋画艺，交流创作心得，互相砥砺，相互鞭策，形成了一个美术群体，营造出了一种很好的艺术氛围。画家在这个群体中，都深受这种艺术氛围的感染和影响，取长补短，共同提高。大家以严肃认真的艺术创造创作出不少有自己面貌的、有强烈艺术个性的很有分量的作品。经过多位画家长期的奋发努力，在工笔重彩、国画、油画、版画、装饰绘画等方面都取得了突破，云南美术呈现出一片全面发展的好势头，在全国都产生了重大反响。丁绍光、蒋铁峰等几位画家走出了国门，在美国刮起了一阵"云南画派"旋风，一度产生了很大影响。

正是云南美术全面发展的这个好氛围，以及云南的这个勇于进取、富于创造的美术群体，成为了王晋元成功的肥沃土壤。王晋元从这片土壤中脱颖而出了！

六、渐入花鸟画创作的佳境

1. 走遍云南坚信深入生活才能出好作品

王晋元经过反复思考，在心里形成了一个清楚的认识：要想成为一个好的中国画家，首先要走"师造化"的道路，"必须作出各种的努力。首先是要有生活，熟悉生活，熟悉云南，了解云南，才能更好地表现这块美丽、富饶的土地"。

"外师造化，中得心源"是唐代画家张璪提出来艺术创作理论，已成为历代艺术创作中的精辟名言。在一定程度上说，它是中国艺术理论的重要命题，历代成功的画家都把它作为座右铭。这句名言精辟地阐述了在艺术创作中，大自然和画家的思想感情之间的辩证关系。对于山水、花鸟画家来说，"造化"指大自然，"心源"即作者内心的感悟。"师造化"，即指的是向自然学习，对自然进行研究。这是创作的基础。"得心源"，即指的得到来自心灵的共鸣与感悟。这是在强调人的主观感受。早在中央美院求学阶段，王晋元的老师们便一再对他们强调"外师造化,中得心源"的辩证关系，并对他们强化"师造化"的训练，而且率先垂范，给学生做出写生示范。

《写生》 1974年

此时，置身于云南这块美丽、富饶的土地上，王晋元更理解了"师造化"的重要性，更进一步体悟到在美院时老师们对他们严格要求的良苦用心。

思想上认识清楚了，王晋元心里的目标就清晰了，行动就有了明确的方向。他决定利用各种机会到云南的各地、州、县去，到边疆去，到高山老林去，到深谷河涧去。只要一有出差机会，他就不辞辛苦地出差，有时甚至是毛遂自荐、自告奋勇地要求去出差，哪怕是去条件很艰苦的地方。他一而再、再而三地深入生活，去专心写生，去收集创作素材，目的就是要"熟悉生活，熟悉云南，了解云南"。他说："第一次下去，不满足，就反复下去。我很怕蛇，但兴趣挡不住，还是一次又一次地去了。"

而事实上，在写生的时候，他不仅受到过蛇的威胁，甚至还感觉到了豹子的威胁。70年代，他大学的一位女同学朱理存从四川到云南出差见到王晋元。老同学叙旧时，王晋元告诉她说，他有一次在下面写生时，坐在一块大石头上，聚精会神地画了好一会儿，可能是太专心了，没有怎么太注意周围的动静。等他起身要离开时，才发现离他坐着的不远处，竟然有豹子的几个脚印，而且还是新鲜的。把他吓得呆站了一会儿，才猛然醒悟过来是怎么一回事，赶紧离开了那个地方。他边走还边警惕地盯着小路两边看有没有什么动静，真庆幸，还好没有出事。这次与危险擦肩而过，让王晋元事后有些后怕。但后来，他仍然"还是一次又一次地去了"。他先后到了云南的大理、丽江、迪庆、红河、德宏、东川、西双版纳、佤族地区、保山、曲靖等少数民族地区和深山、大涧之中，差不多跑了大半个云南，收集了大量的人物、山川、植物、花卉、飞泉流动的创作素材。几十年跑下来，整个云南那么多个县里，最后就只有临沧的几个边境县没有去过了。对这几个边境县，他到了生命的最后的日子里，都还一直念念不忘，还跟去医院看他的同事说："等我病好了我们去一次临沧的几个边境县，一直想去都未去成。"

王晋元在多年写生的历程中，体会了许多酸甜苦辣。

1974年3月上旬，王晋元第一次踏上西双版纳这块神奇、美丽的土地。他和省美影室的中年同事万强麟到西双版纳采风，走了三个点。第一站是勐仑的热带植物园，第二站是橄榄坝，第三站是六乡爱尼山。

第三站是最艰苦的。王晋元和万强麟从橄榄坝搭上建设兵团的汽车到了爱尼山下，就是长时间的徒步爬山了。从山脚爬到山顶，弯来拐去的四十多里的山路，他们用了整整5个钟头。比王晋元大六七岁的老万身体不好，王晋元除自己的行李包外，还帮老万挑着行李包。王晋元以前没走过这么长的路，上坡时气都喘不过来，双肩又酸又痛，还没等爬到山顶就已汗流浃背了。但他最后还是闯过来了，而且心情愉快——"因为我们的情绪，全没在这累字上，而全在大自然上。看着那滔滔的澜沧江水，听着那山泉飞瀑的咆哮，真是乐在其中，别是一番滋味在心头了。我们还老想碰着点什么麂子、山禽什么的。"

他俩在山上待了将近十天，做了很多事情，初步了解了爱尼人。王晋元说："这个地方给我留下了深刻的印象。"

要离开的头一天，王晋元和老万下到山底，去爱尼人群众劳动的地方画速写。夕阳斜照的时候，他俩从山底返回山上的寨子。当爬到了最高的那个山冈时，山底下响起了一片喊声。他俩停下脚步往山下望去，看到有个青年举着一个小本在向他们摇晃。王晋元发现原来是他把速写本落下了，赶快折身下山去取。他看着那很深的谷底，那崎岖陡峭的要走半个多小时的山路，心里直发怵，但还是硬着头皮向下走。可等他往下走了几分钟，一个爱尼小伙子已从山下跑到了他面前，满头满脸的汗，口中不住地喘着气，憨厚地笑着把速写本交还给他。

王晋元接过本子不知道说什么好，久久地握着小伙子的手不放。他觉得如果只说声"谢谢"那未免太简单了。小伙子擦了擦汗，憨厚地笑着说："你们快赶路吧，太晚了。"他说完这句话就往山下跑去了。王晋元站在山冈上，久久没动，目送着他跑下山去，直到他的身影消失在山下看不见。

王晋元感动极了，心情一直平静不下来，第二天就把心中这份感动写信告诉女友蔡仲明："这时他的身影却在我脑子中高大起来，一个可爱的爱尼青年啊！我又登上了一个高冈，不时地望他，不是他爬山爬得快，而我想的

《植物写生》

是他的精神,一种真挚的精神和感情。而这种感情到现在使我不能平静。你说怎么能平静呢?在这样的山区,在这茫茫的林海之中,住着这样的一群可爱的人。这只是一件小事,一种情感,而那里生活接触的还多,认识的还多,一时是告诉你不完的。你只要想到我现在是在这样的生活,有意思的生活,就会高兴的,你想想那山中的澜沧江,我走过的山间小路,就会觉着我是在一种叫人向往的地方生活。"[1]

王晋元和老万从爱尼山返回橄榄坝的回程就没有汽车可搭了,全程都是走路。他俩沿着澜沧江整整走了一天,才回到橄榄坝。从爱尼山启程时,听山上的小学老师讲,这条路上有一条大蟒,也亲自碰见过。于是,一路上,王晋元没有一点害怕,反而是怀着一种莫名其妙的好奇心,老想也碰上看一看。可是走了一路却什么也没碰上,王晋元心里反而还觉得有点扫兴。

下到山脚时已是骄阳似火,他俩又渴又饿又累,正好穿过一片芭蕉林,

---

[1] 王晋元 1974 年 3 月写给蔡仲明的信。

他们就买芭蕉吃。此时，王晋元觉得芭蕉又甜又香又好吃，好像世界上最好吃的东西似的。当太阳落山时，他俩终于到了橄榄坝，人已累得疲惫不堪。此时，王晋元心中生出了这样的一番感慨——

  这只是一点艰难，但是一想到了爱尼人就没什么了，他们祖祖辈辈在山上，真是"爹把儿子背成人，儿子把爹背下地"，过着这山里的生活，爷走这条路，爹走这条路，儿子、孙子走这条路，一个足迹落一个足迹，出门碰着山，睡觉靠着山，山是他们的生命，他们的童年是在山里度过的，在他们人生的字典上第一课就是山，就是路，他们听到的是火药枪和猎兽，他们想到的是林莽。林莽中的獐子、麂子、野猪和野牛。他们是单纯的，感情是真挚的。好像他们只有给予别人什么，而从来没有想到要得到你什么。他们是欢乐的，尤其当我们在那里，他们像接待贵客那样地欢笑，老人笑，猎手们笑，孩子们笑。而我们给予他们的什么呢？我们只能淹没在他们的欢笑中，而当我们给他们讲讲外边，他们是那样的好奇，那一双双的眼睛好像都在说"我们多想那样呢"！我从心中喜欢他们，但我们不是圣人，不是救世主，我们只能从他们的感情中，来激发我们的感情。只能以他们的真挚，递回我们的真挚。[2]

  1975 年夏天，王晋元第一次到了滇西北的迪庆州。

  好友姚钟华与他同行。他们到达迪庆州府所在地中甸县的时间是 6 月 21 日，之后就在中甸县和德钦县各地行走了近 3 个月，到过农村公社、公路道班、部队的前哨连，画了很多写生，搜集了不少素材，直到 9 月中旬才返回昆明。

  中甸（后更名为香格里拉）就是夏天这个季节来最好，草原一片碧绿，山上林海莽莽，一路上山涧、瀑布、雪山、峡谷，很吸引人。王晋元走进中甸后，竟然发出了如此强烈的感慨——"如果让全中国人都看到这种景色，那不知要增加多少爱国心。"从这一句话便足以见出中甸在王晋元心中的魅

---

[2] 王晋元 1974 年 3 月写给蔡仲明的信。

力了。

　　中甸的同志很热情地接待他们，打了最好的酥油茶请他们吃。那些彪悍的藏民，以最淳朴的感情欢迎他们。无论是从自然风光，还是从风土民情来说，王晋元觉得中甸地区真是一个好地方。

　　中甸是一个藏族聚居地，和其他地方有很多不同。在中甸待的时间越长，王晋元的感受越深。

　　他们先在中甸县城用了一两天时间帮县里的宣传部门画了几张宣传画，然后于6月29号启程去碧塔海牧场写生。碧塔海位于中甸县城东边二十几公里的高山峻岭中，是深山中的一个高原湖，呈海螺形状，湖水碧蓝，由雪山溪流汇聚而成。湖面海拔3500多米，是云南省海拔最高的湖泊。四周群山环抱，全是原始森林，林木苍翠，雪峰连绵。雪山树影倒映湖中，清丽醉人，湖中有岛，生长着云杉、高山松、高山栎、白桦、柳等。

　　在中甸众多的湖泊之中，最美的就数这碧塔海了。王晋元曾听到过这里的人都说这是仙境，以为这是一个人较多的地方。但当马帮引着他们上路以后，他发现走的是崎岖的山路和密林，密林中开满了黄的、红的、紫的花。他们一会儿脱鞋蹚水过河，一会儿走上山峰，一会儿穿过那些水渍渍的草地，饿了就吃酥油和青稞面。到了碧塔海后，王晋元发现，这是一个人烟罕至的高山湖，风景美丽，湖面平如镜。两岸长满了几百年才能生长起来的大杉树，两头是几块不大的草地，绿的如同地毯，但真正走在上面，脚也不时地要浸在水里。

　　湖边有两个用木头绑的木筏，是打鱼用的，形状很好玩。这里的鱼和别处的鱼也不一样，鳞很细，是紫色的，长形，肉很细。在离湖边不远的地方，有一间打鱼人住的木房。

　　王晋元他们几个画家加上马帮的几个人，还有两个打鱼的藏民，一共八个人，木房中根本睡不下。于是，大家就开始了野营生活，在大杉树下点起了篝火，煮饭，煮鱼，打酥油茶、糌粑，美美地吃了一顿鱼。当夜幕降临后，王晋元和姚钟华选了一块地方，在三棵大杉树下，用蚊帐当帐篷，开始露营

《写生》 1974年

睡觉。篝火烧得很旺，他们听着干树枝燃烧的"噼噼啪啪"声就睡着了。

第二天，他们抓紧时间开始画画。王晋元的自我感觉居然是"越画越觉着好看"，这种感觉也许与置身于如此醉人的自然美景大有关系。有一次，他们到对岸密林中去画画。密林太深了，太静了，只有鸟声、虫声和湖水拍岸声。画了一会儿，这种过分的寂静让他们几个人忽然害怕起来，赶紧画完往回返，走在半路上就发现了一个大豹子脚印，心中又是一惊。

几天后，他们开拔去属都果牧场，这是在碧塔海和属都湖之间的一个开阔的牧场。属都湖呈长椭圆形，湖水清澈透亮，湖上栖息着大量的野鸭、黄鸭等飞禽。湖畔草场宽阔，水草丰茂，是中甸有名的牧场。属都湖四周青山连绵，原始森林遮天蔽日，有直指云霄的云杉、冷杉。王晋元他们一路走在高山密林中的小路上，到处鲜花盛开，叫人不能忘怀。

牧场草地上放着大群的牦牛和马匹，不时有悠扬的牧笛声传来。当王晋元他们走到一个白色的帐篷前时，没想到几只大藏狗竟奔他们咬来。不过，还算好，一位藏族老人紧跟着从帐篷出来把狗吼回去了，还请他们进帐篷休息，很热情地与他们聊起天来。王晋元给他照了相，他很高兴。休息了一会儿，王晋元他们要走了，那位藏族老人要把一只狗送给他们，对他们说："你们从昆明来，我没什么待你们，听说汉人爱吃狗肉，我送给你们吃。"说着就找绳子要捆狗，王晋元他们赶忙谢绝了老人的这番好意。最后，老人向他们招手告别，一直站在帐篷门口看着他们远去。

当天晚上，他们就住在这个草原上另一个牧民班的小木房里。这个班里全是小伙子，对他们更热情。小木房中始终洋溢着欢乐的气息。晚上，他们坐在火塘边，小伙子们一定要他们尝尝各种食物。一会儿是酥油糌粑，一会儿是酸牛奶，一会儿是鲜果子，一会又递过一块酸奶渣，什么都要他们尝到。真是火一样的热情，火一样的气氛！夜深了，他们与小伙子们一同围睡在火塘边。一个小伙子还大方地告诉王晋元："我们一年有七八个月生活在牧场上，我还没找到姑娘。我们这群人随便得很，也热情得很，你们不要见怪。"

早晨天还没亮，小伙子们就起床了，开始一天的工作。首先是挤牛奶，牛全部集中在木房外边，等待着被挤牛奶。很有意思的是，牛被挤完奶后就会自己离开，向远处的草原走去。

然后，小伙子们又开始了最重的工作——打酥油。几十个小伙子站在奶筒前劳作，汗顺着脸庞向下淌。他们一边打酥油，一边哼着调子。虽然调子简单，旋律重复，但在王晋元听来，却是那样和谐、那样动听。小伙子们一边唱着一边爽朗地笑着，还不时地互相打趣。王晋元感到："这里有的是朴实、憨厚、热情、深沉和力量，充满着一种生活特有的气息，再看看这茫茫的大草原，那披着绿装的群山，你就更有一种静穆之感"。[3]

当王晋元他们要离开的时候，小伙子们一窝蜂似地聚上来，帮着拿行李，装马垛子，一直目送他们向大草原的尽头走去。走出好远了，王晋元回身望去，小伙子们还在向他们招手。

下午4点钟左右，王晋元一行到了属都果牧场，在山脚下一个暂时无人住的牧工房住下来。这个牧工房的牧民刚搬走几天，住在这里，一切都要王晋元他们自己动手了。他们去周边找来些干木柴，还找了草原上随意长着的野葱、野韭菜，在火塘里升起了火，开始煮饭。这几天他们很少吃到蔬菜，虽然也习惯了吃酥油，吃糌粑，但毕竟还是想吃一点蔬菜。能吃到野菜，他们觉得味道相当好！接连两天，他们都抓紧找这些野葱、野韭菜吃，吃了好几次，几乎吃上瘾。王晋元觉得这种生活真不错。

第二天，他们就到外面写生。可惜的是刚画了一天就下起了大雨，他们只好待在牧工房里，升起了火塘，围坐着看看书。次日，他们返回到中甸，结束了这第一段的写生生活。王晋元对这样苦中有乐的生活还蛮留恋的，他在写给蔡仲明的信中说："生活就是这样，苦不苦？苦！但是有乐趣的。我们还能过多少这样的生活呢？谁知道……"

在中甸停留了几天后，他们又到了德钦，去到海拔4300多米的雪山道班。还好，虽然海拔这么高，他们都没有什么高山反应。初到的头几天一直下雨，后来竟下起雪来了。山上是一片茫茫白雪，山脚下却是林莽起伏的一片绿色

[3] 王晋元1974年5月写给蔡仲明的信。

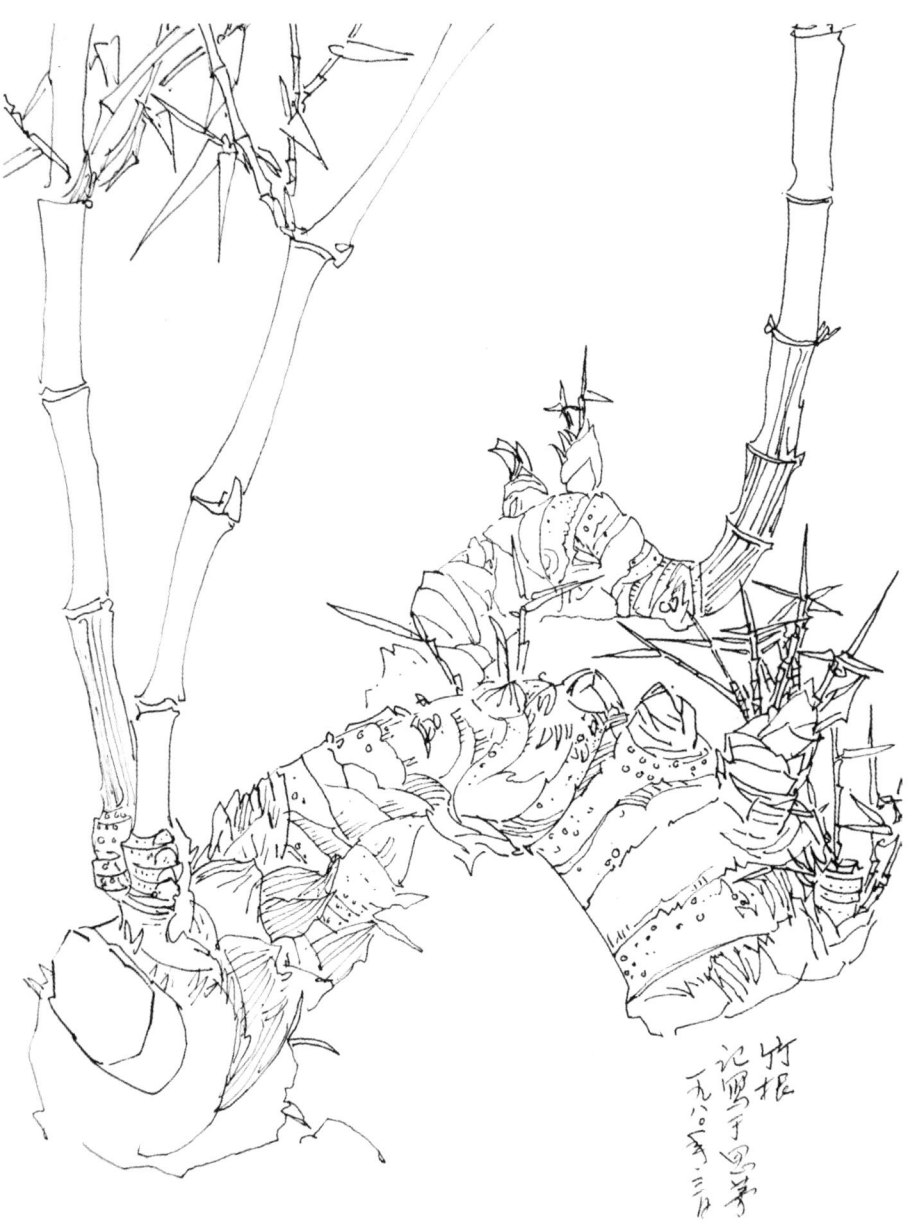

《竹根》 1980 年

的海。道班工人对他们很热情，食宿都照顾得很好。他们每天画雪山，画工人。住了六七天后，他们翻过了白茫雪山，下到德钦城，接着去到离县城五十余公里的红山公社。

红山公社是一个和西藏相接的地方，到处是大山，交通很不方便，人们的服装和风俗完全和西藏一样。这里的好多人经常赶马到西藏拉萨去。在过去的平叛事件中，这里还打过好多次仗。这里的民兵工作抓得比较好，成绩突出。

公社的办公处设在山上海拔1000多米的地方，这里算得上是这座高山上的一块绿洲了。周围是一层一层的梯田，后山上是一片原始森林，有山泉，有瀑布，还建有一个小发电站。这里驻有部队的一个前哨排，因为翻过雪山就是印度了。王晋元他们住进前哨排的营房里，得到干部、战士的关照，吃住条件都比较好。

在公社对面，就是海拔7000多米的太子雪山，景色秀美壮观。陡峭的山峰上长年积雪，冰川河谷欲奔眼底。河谷中就是奔腾的澜沧江，江水湍急，怪石嶙峋。

王晋元他们在红山公社待了二十来天，主要是画人物写生，每天都忙忙碌碌地画各种各样的人，包括藏族青壮年、老人、妇女、部队战士、公社干部等。大家都愿意让画，被画的人都显得很兴奋。

"八一节"到了，公社开了庆祝会、座谈会，又搞了军民联欢活动。座谈会上，公社领导还特别表示了对从省城来的几位画家的欢迎。大家吃着去年的苹果，喝着青稞酒，说着饱含革命友谊的话。晚上的联欢活动很精彩，月光皎洁，男女老少穿着民族盛装在广场上跳起藏族舞蹈，大家在灯光下围成个圆圈，唱啊，跳啊，藏族舞曲换了一支又一支，气氛热烈极了。远处是太子雪山的夜景，景色壮观。好多姑娘、小伙子跳舞的劲头十足，一直不愿散去，大有要跳通宵的架势。王晋元和姚钟华实在熬不过他们，就先回前哨排去睡觉了。

这种藏族跳舞联欢的盛况，王晋元是第一次见到。如果他不到云南，不深入这些边远地区，那真是不容易见到的。

有一天，王晋元他们还和公社的干部、社员一起抬了一次电机。电机重1400多公斤，要从江边抬到山上1000多米高的那座小水电站。路是羊肠小路，相当陡峭，有的地方就是悬崖绝壁，倾斜度几乎是80多度，下边是奔腾的江水。王晋元看着这险峻的绝壁和陡峭的小路，望着这奔腾的江水，很难想象得出怎么把电机抬到山上去。

可是，藏族群众就是以惊人的精力和毅力，用了两天的时间，硬是把它抬到了山上！抬进了水电站！公社动员了所在地的男女劳力、学生和干部，可以说是全体出动了。王晋元和姚钟华也捋捋袖子，热情地加入抬电机的队伍里。可是，他们那身力气是做不到抬着那么重的东西爬陡坡的，他们只能在前边帮着拉拉绳子。才干了一天，他们就觉得实在太累了，第二天就没再去，此后连着几天都感到浑身疼。

虽然他们只去了一天，可是藏族群众见了他们就亲了、近了。王晋元说："想来也很有意义。"他还说："如果在这个山上住的都是我们这样的人，那只好点蜡烛了，简直想都不敢想。"

在红山的二十来天时间很快就过去了，王晋元和姚钟华离开红山公社到了阿东又画了几天的写生。阿东在红山公社和德钦县城之间，离县城只有半天路。然后他们回到德钦县城待了些天，再返回中甸，画藏民收青稞的场面，搜集藏民劳动的素材。直到9月中旬，他们才结束了这段丰富的写生生活，回到了昆明。

这一趟三个多月的滇西北迪庆州之行，王晋元和姚钟华的收获都不小，带回了厚厚的一大摞作品，有速写、素描、油画、水粉画，内容有人物、风景、小品等，王晋元的速写本都用了五六本。在中甸和德钦的这段时光里，几乎时时处处都在爬山，有时他们也确实感到疲劳，"但每当看见这山川河流，疲劳也就无所谓了。"——王晋元在给蔡仲明的信中，如此吐露了自己的心声。

1979年，王晋元与姚钟华、丁绍光一道，又去了一次德钦。当时云南省有关部门安排姚钟华为人民大会堂云南厅创作一幅《玉龙金川》的大幅油画。

《竹根》写生

这在当时是一项政治任务，省政府专门派给了一辆小车，供前往德钦、丽江等地收集素材使用。虽然派给的是一部老式北京吉普，但在那时能有这样一部专车，对于画家来说，已经是相当高的待遇了。

王晋元、丁绍光与姚钟华同行，第一站到了德钦县，画梅里雪山。可是，性格特立独行的丁绍光才画了一天，就不想再待在这里了，说了一句"这里不适合我"，便一人搭乘长途客车到西双版纳去了。

姚钟华和王晋元约上了在德钦县文化馆工作的纳西族青年画家木基新，一路往丽江走一路写生。这一路上，王晋元很兴奋，情绪好极了，总是不停地在唱歌、哼戏。他先是唱《花儿为什么这样红》，还是用颤抖的抒情男高音唱的。然后又是唱全本《沙家浜》，不断地变换着嗓音，一会儿唱阿庆嫂，一会儿唱刁德一，一会儿胡传魁。他兴致那么高，一路上唱个不停，姚钟华终于开着玩笑地求他不要再唱了："请你停一停了！我都高原反应了……"那个朴实的纳西族青年画家小木听到姚老师这样一说，在一旁抿着嘴笑。王晋元连忙答应着，笑着说："好，好，不唱了，不唱了。我也有点唱累了。"

他们三人从桥头雇了马帮，驮上行李、画具，沿着奔腾的金沙江走了十多公里。中间有一段塌方过的路很险很难走，一头骡子的脚还受了伤。他们走到桃源大队住了下来。虎跳峡雄险无比，分为上虎跳、中虎跳、下虎跳。峡谷两岸，高山耸峙。东有玉龙山，西有哈巴雪山。玉龙山峰东侧是"黑白水"。

从桥头到中虎跳，正好看到的是玉龙山群峰的背面，下边便是气势磅礴、水流湍急的金沙江。他们先在中虎跳一带写生，姚钟华一般都画对开大的油画和水粉，王晋元和小木画速写，有时也画水墨的。

在这里画画的条件相当艰苦，王晋元要画整四尺的水墨写生，只能在路边找稍平一点的地方铺上毡子，用几块石头压着纸，顶着江边那灼热的烈日，吹着河谷的干风，用半蹲半坐的姿势画。画一小会儿就很累了。小木是一位沉默寡言但非常用功的人，喜欢画山水画。他总是一言不发地蹲在一旁看王晋元画画。尽管画起来这么劳累，王晋元还是坚持着，画了多幅整四尺的水墨写生。姚钟华也画了多幅油画、水粉画。

在中虎跳一带活动了一周之后,他们乘车绕了一个大圈,避开马帮都不敢走的险路,转到了金沙江下虎跳的山顶上,俯瞰下边,滚滚江水在奔腾咆哮。他们没再下山去,就在山顶上画写生。

这次德钦、丽江之行,王晋元和姚钟华都收获不小。王晋元为他日后的山水画创作积累了丰富的素材。

要说起遭遇误会的写生活动,那是在1972年的春天,王晋元与朱维明、李忠翔就经历过一次。

这一年的5月23日是《在延安文艺座谈会上的讲话》发表三十周年,北京要举办全国美术展览以表纪念。于是,为了搜集素材准备创作,参加展览的作品。1月下旬,他与朱维明、李忠翔相约着去滇东北的乌蒙山写生。刚过了而立之年的这三个年轻人,雄心勃勃地计划用一个多月的时间沿着红军长征走过的道路,一边深入生活一边写生。他们要沿着当年红军1935年过云南的其中一条行军路线走,途经寻甸、东川、大金江、三江口等地。

王晋元他们三人对写生的热情都很高。钟情于写生的李忠翔在1960年便第一次去过西双版纳。王晋元是1965年有机会下乡到了德宏,中间见缝插针地画过一些写生。朱维明是自1964年分配到云南工作以来第一次正式下乡写生,热情更高,兴趣更浓。

他们出发之前了解到这个时候滇东北的天气很冷,出发时都穿上了厚厚的衣服。王晋元和朱维明穿的都是棉长大衣,李忠翔穿了一件质地很好的厚厚的美式夹克。可谁也没有想到,就是李忠翔的这件美式夹克竟然会"惹了事"。当他们走到会泽县境内时,居然被警惕性高的民兵当作"空降特务"关押了起来。

他们走到以礼河电站附近停下来,对着对面的山画起了写生。王晋元他们写生的附近有部队驻地,对面远远的山肚里有发电设施。附近的清水海大坝修好了还未使用。

王晋元他们三人支起画箱,打开大画夹,对着山一笔一画地勾描起来。在那阶级斗争盛行的年代里,民兵们的革命警惕性很高。有几个工人民兵注

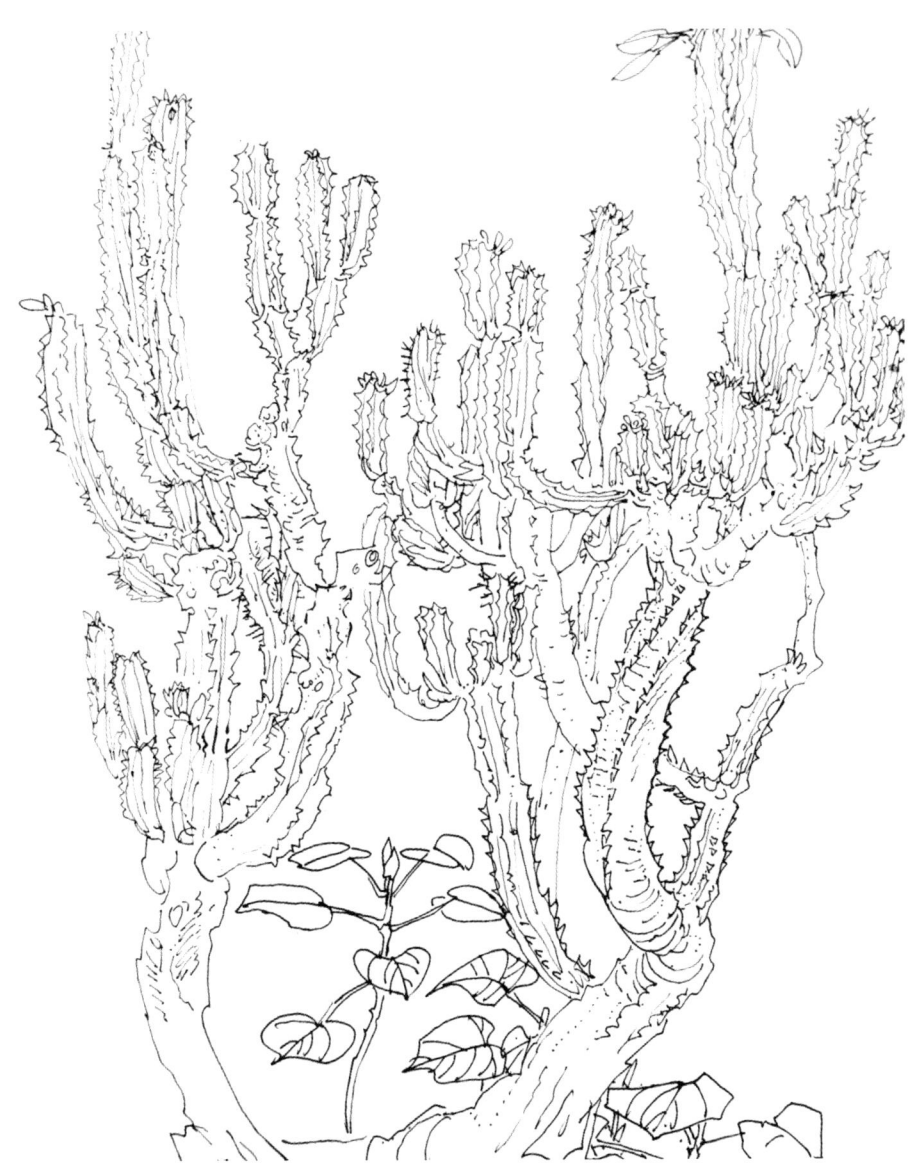

《写生》

意到他们这种"不正常"的行为，不知道这是在画写生。看到李忠翔穿的那件美式夹克，民兵联想起看过的电影中这种美式夹克是美蒋特务穿的，于是他们马上警惕地想到：这几个人是不是美蒋特务？是不是在侦察电站情报？是不是要准备破坏？

发现情况的工人民兵马上回厂报告了领导。一会儿，王晋元他们就远远地听见工厂广播里面在喊："全体民兵集合！全体民兵集合啦！"又过了一会儿，工厂保卫科的科长带着一队民兵赶过来，把他们三个人拿下了。不管他们三人怎么解释，民兵们还是把他们带走了。然后由几个背枪的民兵用工厂的一辆卡车把他们"押送"到娜古镇公安局。娜古是巧家、金沙江交界口的一个小镇。他们关在公安局的一间审讯室里，看到审讯室的墙上贴着一副对联，上联是"梅花欢喜漫天雪"，下联是"冻死苍蝇未足奇"，横批是"横扫一切牛鬼蛇神"。几个人只能相对苦笑一下。

在公安局里，王晋元他们一再做解释，拿出了所有的身份证明材料请他们查证。公安局的人员又几方打电话联系，最后终于落实清楚，确认了他们是画家，是来画画写生的，并不是什么美蒋特务。后来，在干沟的电力管理局的一位"革委会"的老干部来了，把他们三人接回电力局的招待所，一再说，"误会了，误会了。"然后又请他们吃饭。这一天刚好是大年三十。第二天，那位老干部安排了一辆北京吉普把王晋元他们送走。

经过了这么一番挫折，王晋元他们三人也无心再逗留写生，更无心再按原计划的路线往前走了，隔天就返回了昆明。

不过，这种遭遇误会的写生活动不多，也就是这么一次了。

要说生活条件较艰苦的一次下乡绘画活动，大概要算去沙溪临摹明代壁画的这一次。

那是1981年，为抢救古代的绘画遗产，经一些画家一再提议之后促成了临摹沙溪的明代壁画一事。省里有关部门正式确定下来予以实施，组织了省内一些人员开展这项工作。

由李忠翔和王晋元、张建中带队，领着二十多人去到了沙溪。当时的那个地方的卫生条件很差，吃饭的时候，端出来的是白米饭，可是时间不长，白米饭马上就变成黑的，表面上全是黑黑的一层，原来全是苍蝇爬在饭上。吃，还是不吃？有些纠结。可最后，没办法，人总得吃饭，把苍蝇轰开之后，还是得吃。一开始几天，几个人都拉肚子。到了后来，才慢慢地有点适应，不怎么拉肚子了。

王晋元他们这次在沙溪的时间比较长，画了两个多月，每天的工作时间也很长，还要爬上很高的架子去画。最后，总共临摹了三套明代壁画，给大理州一套，县里一套，他们自己留一套带回昆明。王晋元画的是中间最大的那一张，李忠翔画的是左右边的护法神。

王晋元、李忠翔、张建中三人在 1990 年的 6 月又第二次去了沙溪。这次的主要任务是去写生。这里的卫生条件已经比他们上次来的时候好了些。他们住了十来天，尽量多地收集素材。先上了石宝山，从石宝山下来后，进到一个叫作花甸坝的地方。这时正是杜鹃花怒放的季节，满山都是颜色鲜艳的杜鹃，一大片一大片的，美不胜收。看着这么美的杜鹃，王晋元的心情特别愉快。他走走停停，画完一张速写，又往前走一段，再画一张速写。看得出来，他真的是发自心底地喜欢杜鹃。过了花甸坝，他们就沿着苍山的后面爬山了。山路有点险，他们爬得很艰苦，路也不熟，天都快黑了，他们还在山腰间。幸好前面不远有个做草药的简单小药坊，有一个工人与妻子住在药坊里。工人夫妇热情地煮饭给他们吃，还设法安顿他们住下来。第二天早上，又煮饭让他们吃饱了好爬山。李忠翔一看，人家把米缸里的米都全部煮完了，真是省嘴待客。工人说，本来是这两天就要打算下山去背米的。王晋元他们三人一再谢过工人夫妇后，又向着苍山的主峰出发了。翻过主峰，他们从苍山的正面下了山，后来又去了宾川的鸡足山。一路上都画了不少写生。

王晋元下乡写生的日子中，有辛苦，有劳累，也有喜有乐。下面这次在边防前哨连的写生活动，可以算是小有乐趣的一次。

1983 年，王晋元再次来到了中缅边境的西盟县。这距他 1970 年第一次到这里已经间隔 13 年了。

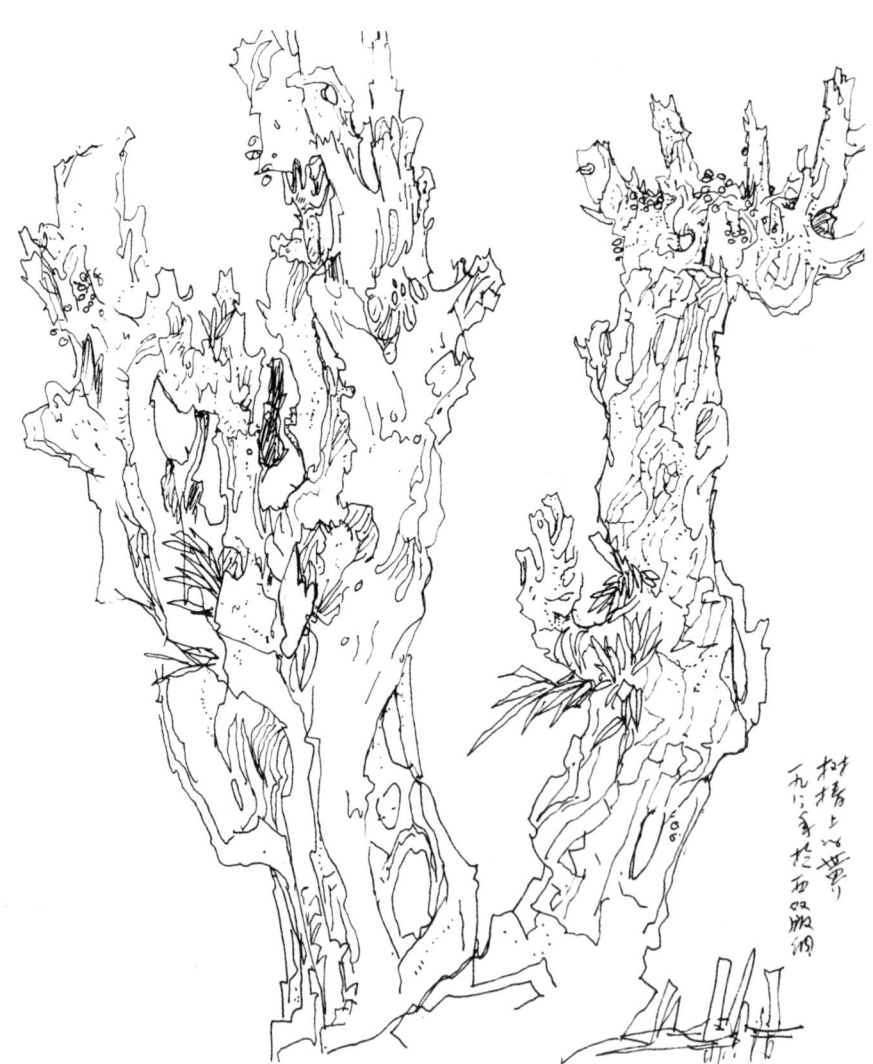

《树桩上的梦》 1980 年

  这次他和省美摄影工作室的几个同事下乡写生,没有再去小新寨,而是去了一个驻扎在岳宋大寨的边防前哨连。

  去这个前哨连,是他们美影工作室的一位年轻女同事毛白鸽自告奋勇地安排好的,因为这是她的"老据点"。她十多年前在河北新城县插队,后随着在总政任职的父亲调到思茅军分区而来到思茅,被招工进了思茅地区电信局当了报务员。1972年又从思茅电信局调到思茅地委宣传部新闻科,几年后又调入了省美摄影工作室搞摄影。她在思茅地委宣传部工作时常下乡,跟这个连队处得很熟。这次她提前联系好了前哨连,安排好了吃住问题,并熟门熟路地带着他们到了这个边防连。

  他们一行四人,毛白鸽和画家姚钟华、王晋元和刘南。用毛白鸽的话来说——"姚钟华是油画家,中央美术学院毕业,师从著名油画《开国大典》的作者董希文先生,并且还是我们的顶头上司——美影办的副主任;王晋元是国画家,也是中央美院毕业,他的老师是国画大家郭味蕖老先生,他专攻花鸟画,尤其是南国花卉在国画界十分有名;刘南是水粉画家,虽然不是科

《写生》

《写生》

班出身,但自学成才,创作的《彝寨火车女司机》还在全国美展上获奖。这三个人可谓是云南画界的精英了"。[4] 前哨连有两排长长的营房,是砖瓦房。三个画家住在第一排的连部接待室,毛白鸽这唯一的一个女同志住在卫生员为她腾出来的连部卫生室,在第二排最靠西边的一间。连队没有女厕所,要想方便,她只有叫上老实巴交的刘南替她站岗放哨。王晋元和她开起了玩笑:"啃,连咱们美影办的主任都住不上单间,还有警卫员给你看着上厕所,怪不得要来岳宋呢!"没想到当天下午毛白鸽的隔壁房间抬进来几个缅共人民军的重伤员,是准备次日送到澜沧的部队医院,而在此暂住一晚的。深夜里,这几个重伤员因疼痛发出的惨叫声把毛白鸽从熟睡中惊醒,吓得她一夜不敢再睡。第二天一大早,她眼圈发黑,垂头丧气来到姚钟华他们住的连部接待室。

"咋了?不舒服?"姚钟华看到她这个样子,忙关心地问道。

---

[4] 见毛白鸽的博文:《前哨连的画展》。

"没有，就是没睡好。你们听见昨天夜里缅共伤员的惨叫了吗？"毛白鸽说。

"好像隐隐约约听到几声，不过没影响睡觉。"画家们说。

"我可惨了，一宿愣没合眼。"毛白鸽神情沮丧地说。

"哈，你不说你住的那是和外宾一个待遇吗？"王晋元笑着"幽"了她一"默"。姚钟华和刘南都跟着笑了起来。

从前哨连到周边的几个佤族寨子都不远，用不了半小时就能走到寨子。每天，他们几人吃完早餐就出发到寨子去写生。中午太阳大，天气热，他们就回连里睡个午觉后再出去，天黑之前返回。隔一两天又换着去另一个寨子。

他们四个人无形中分为两组，背着两台相机的毛白鸽和夹着一个速写本的王晋元的动作都比较快，自然地成了一组。毛白鸽用照相机拍，一按快门就行，多按几次快门就拍得差不多了。她到哪儿觉得拍够了，就嚷着要换个地方。王晋元是站着用钢笔勾画白描和速写，完成得也快。有时他也开玩笑似地"发难"，说他是画花鸟的，这里有什么可画？而搞油画的姚钟华和画水粉画的刘南动作较慢，自然地成了一组。他俩的"装备"也多，要肩背画箱，手拎小马扎，还要夹个速写本。到了哪里，要先选好景，然后放好马扎，支开画箱，铺开画纸，才开始用水粉或油画颜料作画，有时还要好说歹说找个佤族老乡做模特。这样一来，往往是姚钟华和刘南刚摆开阵势，毛白鸽的拍照和王晋元的白描、速写便已完成了。接下来呢，精彩的小戏就开场了——或者是毛白鸽一而再、再而三地故意催促，或者是王晋元故意嚷嚷："走！换换地方！我去画花鸟去！"姚钟华也会针对王晋元的"发难"，开玩笑地指着满山遍野正在开花的白花花一片飞机草对他说："你看多美，这不是花鸟吗？"

毛白鸽和王晋元这种近乎恶作剧似的催促，把姚钟华和刘南催得静不下心来画画。"去去去！你们俩爱干嘛干嘛去，别在这儿瞎搅和！"姚钟华想多画点人物、村寨，被催得有点烦了，说话的声音都大了起来。

于是，毛白鸽和王晋元一脸得意的神情走开了。等他俩去转了一圈回来，

第六章 | 渐入花鸟画创作的佳境

195

野生大青树

《写生》

姚钟华和刘南还没画完。这时,性格活泼的毛白鸽又故意小小地捣乱一下,围着他俩转来转去地看,把他俩弄得还不好生气,王晋元呢,就站在一边幸灾乐祸地"坏笑"。当然,玩笑归玩笑,几个人都是尽心尽力地投入创作和采风中,几天下来都有不小的收获。毛白鸽抓拍了不少佤族生活场景的照片,王晋元的速写本上画满了佤族村寨、老藤、芭蕉、野花、野草的白描,姚钟华画了厚厚的一叠子的油画和水粉写生,刘南也画了一些水粉写生。画家们采访写生中的这些趣事还是蛮有意思的。

总的来看,王晋元他们下乡写生的条件多年来一直都是比较艰苦的。画院成立之后,定了制度,规定创作人员每年要下乡深入生活一个月,收集创作素材。但是画院没有一辆公车,要下乡时,不是借其他单位的车,就是租车。已经当了院长的王晋元坐在驾驶员旁边,还要经常给驾驶员递烟。画院没有一辆自己的公车还真是不方便去艰苦边远的地方。

这种情况直到80年代末才有所改变，省文化厅终于批给了画院一辆切诺基吉普车。副院长杨成忠有驾驶证，可以自己开车。于是，"王晋元和画院的几位'铁杆'下乡画家，几乎每年都分别到滇西、滇南各地，跋山涉水，到边疆民族地区收集大量资料，为画家的创作积累了十分宝贵的素材。当时画院没有专职驾驶员，我有驾驶证，因为是自己人开车，下乡时我们的车可以随意停靠，收集到许多有价值的资料。云南的雪山草地、密林深处、山涧竹楼都留下了我们的足迹。经常是从夕阳西下一直忙到明月初升才回到住宿地。"——杨成忠后来这样回忆道。[5]

一次，王晋元和杨成忠几人去德宏的几个县收集大青树的素材。大青树是王晋元画花鸟画常用作背景的素材。

到了德宏芒市，王晋元一见到德宏报社的画家李开明，就兴冲冲地问道："你们这里最好的大青树在哪里？"李开明自信地说："这里的每一棵大青树我都熟悉。"第二天，李开明带着王晋元他们上山去寻找大青树。他们几乎是一座山一座山地观察每一棵大青树。多亏有了李开明的指引，王晋元这次收获很大，收集了相当多的大青树素材，画了不少速写，还拍摄了几十个胶卷。他们离开芒市后又到了瑞丽，当地画家杨晓华给他们当向导去找大青树。可是由于过度开发和缺乏规划，瑞丽已经很难见到长得天然野性的大青树了。这让王晋元和杨成忠几人都感到很遗憾。

第二年，王晋元和杨成忠几人在西双版纳、孟连等地又搜集了不少大青树的素材。王晋元对大青树情有独钟，他拍的大青树的素材照片有数千张，装了几十本相册。他认为，"西双版纳的大青树和热带雨林保存完好，线的韵味、力度、变化都是德宏不能相比的"。

还有一年，王晋元和杨成忠他们几人到了孟连，主要是收集石斛花的素材。王晋元除了钟爱杜鹃，还很钟爱石斛花，画了大量的石斛花题材的作品。孟连的石斛很多，在村头院落和傣家房前屋后都随处可见灿烂的金黄石斛，特别是在春末夏初开得最好。

[5] 杨成忠：《晋元下乡二三事》，《云南文史》2012年第1期（内刊）。

王晋元和杨成忠他们没有想到，在孟连无意中还见到了一棵巨大的大青树。

　　那天在县文化馆里，王晋元问当地画家小李，"哪里有你认为特别好的大青树？"小李说，"有，在一座山顶上。"第二天，小李开一辆车带路，王晋元和杨成忠他们的车紧随着走了十多公里的山路后，沿着一条农耕小路上到山顶。没想到这座山顶是平的，面积有几个篮球场大，中央一棵巨大的大青树把整个山顶覆盖起来，四周都有气根支撑。"哇！真不得了！"王晋元和杨成忠他们几人都惊呼起来。

　　杨成忠说："当大家都在屏气凝神围着这棵大青树从各个角度拍照时，发现有一组气根上缠绕着古老的巨藤，昆明人称扁担藤，气势非凡，该藤条大起大落，随意游走，完全是一幅大写意的狂草。王晋元在这株古藤前十分激动，停留多时，拍摄了不少胶片，画了几张速写。他说想不到这座山上有这么好的东西。下山时，大家都流连忘返地看着这片面积不大的原始森林，夕阳下望着树的白色枝干从密林中伸向高处，大家又尽兴地拍了不少照片，都说经常是歪打正着，无意中经常会有意想不到的收获。回到画室不久，我看到王晋元的画墙上《龙蛇升腾》的画作已经成型。"[6]

　　王晋元搜集的这些大青树、石斛花，都成了他的《舞龙蛇》《龙蛇升腾》等一批花鸟画力作的素材来源。杨成忠说："王晋元的这批作品在全国大展中获奖，并得到广泛赞誉。画面极具震撼力，画面中心的物象是老藤在大青树四周缠绕，有如中国书法狂草的飞舞。大家认为他这个时期的一批作品对中国花鸟画的传承和创新都达到了很高的水准。"

　　杨成忠与王晋元一路去写生的印象深刻的还有一件事。那是90年代初，他们几个人去到那时候还未开发的丽江老君山收集高山杜鹃的素材。杨成忠说："山上植被十分原始、壮美，到处是苔藓和自然枯死的老树，成片成林的大树杜鹃自生自灭，令人十分震惊。在下山的路上，经过一片丘陵沟壑，这里因为常年受冰雪冷冻风化，每一块石面上都刻下惊人的岁月痕迹，这些

---

[6] 杨成忠：《晋元下乡二三事》，《云南文史》2012年第1期（内刊）。

《龙蛇升腾》 20世纪90年代 209.5cm×149cm

痕迹和苔鲜、裂纹五颜六色，相互构成一幅幅既抽象又具象的画面，是人们无论如何也想象不出的。此时大家都十分激动地拍摄了大量照片。回到画室后，我惊奇地看到王晋元新近的画作中岩石的肌理掺杂着老君山的感受。虽然这种画法大家还看法不一，但是我认为一个真诚的艺术家，用自己的作品传达自己对生活的感悟是十分可贵的。"[7]

与王晋元一道多次出去写生的李忠翔说:"在过去二十多年的岁月里,我们常结伴而行,先后去版纳密林、瑞丽江畔、横断峡谷、苍山洱海、云龙天池、玉龙雪峰以及雪域西藏等地。所到之处绝非一般众所周知的旅游风光景点,其深入的程度往往带有发现性的探险。我们都特别喜欢去到罕见人迹之地。在那密林沟壑之中、冰川瀑布之下、雪原大漠之间,流连忘返。抚摸着幽谷树石上的彩色苔藓,呼吸着经年累月积淀的枯枝败叶的气息,沿着时隐时现的秋林间的清流穿来穿去,叹视着光色幻化的杜鹃幽林的鲜丽,攀缘着雨林中数不尽的无名野花藤蔓,仰视着无垠的大漠云天和那太古不化的绿雪……聆听着大自然博大恢宏的生命交响乐章,心旷神怡之极,幻觉与灵感油然而生。正像王晋元所说:西双版纳的密林景色,滇西北的雪山大野中的花卉、河谷中的群鸟、岩石上青苔,给我不少启迪,那种'杂花生树,群莺乱飞'的壮观,给我以阳刚之美,我极力想充分表现这种感觉。"[8]

多年来关注云南美术事业的发展,与王晋元同是云南省文联副主席的省作协主席晓雪,很了解王晋元走遍云南的追求,他说:"三十多年来,他(王晋元)走遍云南的山山水水,面对云南的花鸟树藤,不断地写生,不断地创作,不断地观察、感觉、思考、开拓。作为一个主要从事花鸟画创作的中国画家,他在云南的大自然中找到了取之不尽、用之不竭的题材和灵感,他发现了云南这百花争艳、百鸟欢唱的绿色世界里独特的无穷无尽、千姿百态的美,并创造了自己表达这种充满虎虎生气和勃勃生机的野、奇、繁、艳的美的艺术方式与独特风格。'外师造化,中得心源'。他感到传统写意花鸟画那种以疏简浅淡为主要特征的手法,不足以抒发他对云南自然风光的强烈感受,便大胆采用很难掌握的'繁''满'的构图,以一种新的艺术形式和绘画语言,来表达他心中云南独有的美和他胸中蕴含已久的意象。"[9]

---

[7] 杨成忠:《晋元下乡二三事》,《云南文史》2012年第1期(内刊)。
[8] 李忠翔:《寻找一片净土—王晋元花鸟画艺术初探》,《美苑》1993年Z1期。
[9] 晓雪:《美术界的重大损失——沉痛悼念王晋元同志》,《边疆文学》2002年03期。

著名的美术评论家李松非常理解王晋元在云南多年行走、深入写生的历程，他在《王晋元花鸟画二题》一文中这样说："'花鸟画创作更难'，只有致力于创造，懂得个中甘苦的过来人才能讲出这样的话！而如何才能发现生活中独特的美，在创作中能够有自己？王晋元认定必须是从写生入手。他在三十多年中反复地下去，写生、速写，努力熟悉物象的自然规律，他说每次下去都感到有新的收获，在熟悉和不断发现'生活中独特的美'之过程中，做着各种探索与试验。这不仅仅是技法上的开拓、创新，从根本上说，是对传统花鸟画创作观念的冲击与拓展。"[10]

著名画家、挚友郭怡孮通过自己到云南写生的亲身体验，对王晋元多年艰辛的勤奋写生和花鸟画创作，有着充分地理解："记得我第一次去西双版纳，画了一大批速写，记录了不少花卉形象，当路过昆明看到了王晋元的速写后，我感到沮丧，似乎生活作弄了我，很多情趣和意境我没有发现。两者相比，我画得单调、呆板、徒有其形，而王晋元的速写很有真情，那跃动的线条如当时心情波动的轨迹，那是活跃生命的传达。这次写生后我做过一次深深的反省。面对崭新的生活我也并非不激动，为什么生活的洪流冲刷我的心扉，而洪水过后只剩下一点干巴巴的泥沙呢？后来我才意识到，对待生活不仅要看你对待自然生活认识的深广和表现的能力，更包括着作者的主体意识——对于整个人生社会的思考。当我写这篇文章的时候，是第四次从云南密林中写生归来，双手被毒蚊咬伤，还裹着厚厚的纱布，我有着林中日夜写、坐透苔几层的生活体验，对云南的人物风情也深有所感，我才更能理解王晋元画后面所包含的东西。"[11]

王晋元在云南的几十年间，都是这样勤于深入生活，勤于写生，月复一月，年复一年地长期坚持深入生活，走遍了云南。

"种瓜得瓜，种豆得豆"。王晋元勤于深入生活的实践，取得了可喜的

---

[10] 李松：《王晋元花鸟画二题》，《美术》，1999.4。

[11] 郭怡孮：《从密林中拓开新路—王晋元的花鸟画创作》，《王晋元画集》，北京工艺美术出版社，1994。

成效。通过多年的艰苦写生，慢慢摸索到一些东西。他说："云南这地方，气候垂直变化大，气象万千。我热爱热带雨林的自然景观，也为滇西北高山幽谷的奇花所吸引。热带雨林没有明显的季节差异，植物王国自生自灭，遵守着大自然的规律。同一棵树上既有落叶纷飞，又有新芽苗长；上百种寄生、互生的植物或接息于一株。青苔长到半尺来高，藤葛飞绕，野卉飘香，人走进去，像入了迷宫。我被这没有开垦过的'野自然'所深深感动着。"[12] 他还说，深入生活的实践"充实了我的不足，激发了创作热情"。

王晋元坚信深入生活才能出好作品，坚信长期深入生活是花鸟画画家要成为优秀画家的必由之路。

2. 首度走出国门看世界

1983年10月至11月间，王晋元第一次有了出国访问的机会。

根据国家文化协定，由中国美协组成中国美术家代表团，去匈牙利、比利时，进行文化交流与考察，并在法国巴黎参观各大画廊和博物馆。代表团一行四人，团长艾中信，团员阚凤岗、田金铎、王晋元。艾中信是杰出油画家、中央美术学院副院长，阚凤岗是中国美协书记处书记，擅长展览编辑、美术评论，田金铎是资深雕塑家、鲁迅美术学院雕塑系主任及教授，王晋元此时仅是云南省美术摄影工作室的一个普通的美术工作者。

远在边疆省份工作的王晋元能够被选派参加中国美术家代表团出访，应该是跟他那几年在花鸟画创作上崭露头角、取得了可喜的成绩有很大关系。先是"云南十人画展"在北京结束之后，整个展览先后到山东、贵州等省巡回展出。王晋元参展的作品中，《版纳密林》与《雨后》两幅作品被中国美术馆收藏。另有10幅参展作品，相继陆续在《美术》杂志、《人民日报》、《人民中国》、《中国青年》、《中国文学》、《迎春花》、《中国画》季刊和多地报纸上发表，或作消息报道，或发表评论，或作专题介绍。

---

[12] 李忠翔：《寻找一片净土——王晋元花鸟画艺术初探》，《美苑》1993年21期。

1981年，由文化部和全国美协、团中央主办的"第二届青年美展"在北京展出结束后，王晋元被邀请作为评奖委员会委员，参与了评奖工作。他在参加评奖工作期间，同时还接受了人民大会堂云南厅的布置工作，为云南厅绘制了大幅花鸟画《版纳景色》，得到人大会堂管理局及云南省委的好评。

1982年3月，由《人民日报》和"中日艺术展委员会"主办的"日中艺术展"在东京开幕，王晋元的作品《密林深处》参加了这一高层次的展览，"中日艺术展委员会"日方成员是由日本著名人士组成，包括著名画家平山郁夫。该展览在东京展出后又到日本各地展出。展览结束后，《人民日报》出版了《现代中国画集》，王晋元的作品《密林深处》入选。同月，香港《文汇报》专题介绍了王晋元的《密林深处》等三幅画作，赞扬王晋元的作品"构图饱满，用笔纯熟，造型生动，着色浓丽，充满了热带雨林的生活气息"。

1983年2月，中国展览公司去印度、圭亚那进行艺术展览，王晋元的作品《山野幽谷》应邀参加展出。5月间，王晋元的作品《秋月秋色》由中国展览公司送西德波恩参加艺术作品展，并收录在画册中。秋天，应民革中央之邀，王晋元的作品《拒霜枝柯》参加在北京举办的"纪念辛亥革命70周年书画展"。展览结束后，该作品收在文物出版社出版的画集中。在这一年中，昆明市组织云南画家的作品到日本藤泽市展出，王晋元有六幅作品参展。

人民美术出版社于1983年初正式决定出版《王晋元画选》。这样，王晋元在1983年一年之间将主要精力用于为该画集作画。画集于次年问世，共收入王晋元那几年的作品34幅，并专门配以介绍文章。

王晋元以云南地方特色为基础的、具有鲜明个性的画风，那几年间已引起了美术界内外较多的关注和强烈反响，并赢得了广泛的好评。于是，中国美协经过遴选，将王晋元列为了出国访问的代表团成员之一。这一年，王晋元44岁，正当创作的大好年华。80年代初期，能够出国的人是很少的。特别是像这样能参加国家级层次的代表团出国访问的人，更是凤毛麟角。能够成为中国美术代表团成员出国访问，是一种很高的荣誉。王晋元非常清楚这一点。他很珍惜这次出国访问的机会，特别希望通过参观访问，了解国外美

《春声》　1982 年 138.5cm×70cm　中国美术馆藏

术发展状况，亲睹世界艺术珍品，对自己今后的艺术发展有启发、有借鉴。

代表团出访的第一站是东欧的匈牙利。进入匈牙利的领空后，从飞机上往下看去，匈牙利的山川大地是一派繁荣景象，此时的匈牙利正是金色的秋天，飞行高度渐渐在降低，已经看得见大片的土地上农业机械在收割谷物、翻耕土地，看来这是一个农业大丰收的年份。飞机缓缓地降落在匈牙利的首都布达佩斯，匈牙利美协常务书记鲁特考伊·费伦茨前来迎接，并热情地陪同他们驱车前往下榻的皇家旅馆。

王晋元他们这个代表团是1966年以来访问匈牙利的第一个中国美术家代表团。

代表团的日程安排得很充实，除参观了全国各地的现代美术展览馆、美术学院以及大小不等的多个博物馆外，还拜访了由匈牙利美协安排的四位有成就的、风格各异的美术家：艺术功力深厚的、约六十岁的现实主义雕塑家萨波·伊万，画风古朴浑厚的、以传统的蛋清画法和运用民族的艺术形式来表现革命内容的老壁画家库鲁茨·D·伊斯特万，山丹丹市的中年女雕塑家利盖蒂·埃丽考和三十多岁的装饰画家豪伊杜·拉斯洛。

山丹丹市的风景很美，匈牙利政府在山林间为美术家们建造了一片有工作室的漂亮住宅。王晋元一行访问的两位美术家就住在这样优美的环境里进行创作。女雕塑家利盖蒂·埃丽考是地区美协主席，她的艺术风格很近似中国的水墨画，寥寥数笔，情趣横生。她非常喜欢中国民间艺术，也很重视同中国美术家的友谊。

匈牙利美协的负责同志一路给代表团介绍了匈牙利美协的情况：全国美协分许多部，匈牙利的美术家除任职美术院校教师以外，大都是职业雕塑家、画家和工艺美术家。有成就的才被接受为美术家协会会员，只有会员才能参加美协组织的展览，接受分配或征稿的国家创作任务。匈牙利美协的主席、艺术委员会是层层选举产生的，只有党委书记是由组织选派。美协的任务是要扩大社会主义的文艺力量，因为不是每个流派都是健康的。美协除组织会员的创作，关照会员生活福利以外，也协助文化部门对各地美术博物馆、个人博物馆的建立。

王晋元一行在依山傍水、地处多瑙河湾的人口仅有1.7万人的山丹丹市，就看到有十个类型不同的博物馆，其中三个已故画家的博物馆是就利用画家的旧居扩建而成。山丹丹地区美术博物馆、美术展览馆的展览条件都不错。有一个展览馆就在美术家经常聚会的餐馆上面的几个面积不大的房间里，很方便、实用。山丹丹市每年都吸引了许多国外美术家前来访问、写生。匈牙利美协和国外美术家的交流活动很多，仅1983年接待国外的美术家就有四百多名。

匈牙利文学艺术方面实行"三T"方针，是指文艺政策中的"提倡""容忍""取缔"。因这三个词的字头都是T，而得此简称。大意是"提倡社会主义、现实主义和人道主义的文艺创作，以扩大社会主义的文艺阵地；取缔以反对社会主义为内容的作品；容忍各种艺术流派的存在"。匈牙利美协的负责同志在与中国客人坦率的交谈中，一再强调要在贯彻"三T方针"中扩大社会主义文化阵地，任务是艰巨的。王晋元他们看到各个美术博物馆陈列的作品充分反映出对这一文艺方针的实践情况，多数是反映现实的作品，也有一定数量是属于"容忍"范围的抽象派作品。有的虽然以反映现实为主题，但也多用形式主义的表现手法。

在参观著名的爱斯耳格姆大教堂时，只见教堂旁边的草坪上放着一些奇形怪状的石雕柱子，艾中信团长问匈牙利美协负责人鲁特考伊·费伦茨，"这是什么？"费伦茨耸了耸肩，风趣地说，你看它像什么就是什么。没想在一旁的司机轻蔑地说："我看像一堆骨头。这样的骨头狗都不要啃它。"大家都哄笑起来。可见匈牙利的普通人对抽象派也是不感兴趣的。王晋元后来说，"这位司机代表了那个国家里人民的好恶。在访问过程中，同我们接受过的大多数艺术家都是严肃的，他们都认为过分怪异的抽象和创作思想的颓废是艺术的死路。"

匈牙利是一个具有丰富文化传统的国家，尤其是雕塑艺术，历代都留下宝贵的纪念性雕刻。

王晋元一行不仅看到布达佩斯的主要街道及沿河两岸几乎摆满了各个时

期的雕塑作品，在其它地区也看到了一些近年来建立的城市雕塑，有的就放在旅游区路边的山野里，题材多是装饰性和趣味性作品，规模也较小，就连小城市白城的博物馆后园草坪上，也陈列着十多件本地区现代雕塑家的作品。

结束了在匈牙利的访问后，代表团从布达佩斯直飞三小时到达了比利时首都布鲁塞尔。在欧洲不算大国的比利时在欧洲美术史上却占有重要地位，从文艺复兴以来出现过许多伟大的画家、雕塑家。很多的美术大师也曾来比利时进行美术创作，留下了大量的艺术珍品。在安德维普就有德国艺术大师、著名油画家鲁本斯故居博物馆，在蒙斯有凡·高纪念馆，等等。

布鲁塞尔是一个具有悠久文化历史的城市，有文艺复兴时期的多幢建筑，有高大的教堂，也不乏现代高层建筑，许多西方国际组织的总部都设立在这里。中国美术家代表团受到比利时国际文化合作总部的热情接待，访问的前五天由弗拉蒙语区负责陪同参观根特、布鲁日、安德维普和首都一些主要美术馆、博物馆，后五天由法语区安排在布鲁塞尔参观访问各具特点的五所重点美术院校。

比利时还有着优秀的教育传统，美术教育也很发达。代表团一行访问的这五所重点院校里，都有许多来自世界各地的留学生、研究生。在皇家美术学院，王晋元、田金铎他们还查到了吴作人先生这里留学时的注册档案和出版的照片资料。学院有关人士也向他们介绍了我国老雕塑家张充仁先生在该院学习和近年重访该院的情况。

通过对多所美术学院较为广泛的访问交流，代表团一行对比利时现代美术教育也有了初步的了解。比利时美术学院很多，有国立的、市立的和宗教、个人资助的几种办学形式。国立的全国只有三个。各个城市几乎都有市立美术学院，著名的布鲁塞尔市皇家美术学院就是市立的。一些有宗教背景和私人资助的美术学院，由于教学质量和毕业生水平优异，在社会上也享有较高的声誉。陪同的法语区教育部学监告诉中国客人说，政府和社会对学校没有什么要求，只要那个学校有办法培养能创作出新奇东西的学生，教育部就给他们增加经费。

各美术学院的科系设立、教育方法、学制年限和考试方法几乎都各不相同。但总的原则是根据社会需要和自己的特点来设立更多的科系、专业以适应学生的就业能力。而且，社会的文艺思潮和社会对专业的需要，都会影响各个专业的教学内容和基础训练。

如康卜尔美术学院就有19个工作室在进行不同专业的教学。该院的办学方针和教学要求很明确，就是要把学生"培养成社会所需要的人"，在学术上"这里有创作自由，但必须是创作"。

代表团的几位成员参观了多所美术学院后，得到的一个突出印象是，比利时的雕塑教学是水平较高的一个专业，很重视基础训练。

在布鲁塞尔，代表团一行还认真地参观了表现劳动人民的艺术家麦尼埃原来的工作室——后改建成麦尼埃博物馆。这里保存着麦尼埃大量的没有发表过的习作、素材与作品。

安德维普是比利时较大的城市，有建筑宏伟、藏品丰富的美术博物馆、鲁本斯故居博物馆和有名望的安德维普美术学院。最著名的雕塑公园座落在离城约十公里的一片森林里，近千件各国名家的雕塑作品沿着林边、路旁依次排开。从近代的雕塑大师罗丹到现代的曼苏、亨利·摩尔，以及世界著名雕塑家，都有一两件代表作陈列在这里。王晋元他们赞叹说，游人和参观者在这林间幽径欣赏和研究这些价值不菲的雕塑，真是令人心旷神怡的事。代表团一行到安德维普美术馆时正赶上安赛尔专题画展，大家都认真地参观了画展，评价都相当不错。

圆满访问了比利时后，代表团从布鲁塞尔飞往巴黎，航程近一个小时。这时离回国只有三天时间了，到达的当天下午，代表团就开始了参观活动。这三天里，在此学习的张俊、叶浩同志陪同他们参观了十处博物馆、展览馆和一些旅游地。巴黎蓬皮杜艺术中心几年前的陈列作品已全部更新，唯一留了一个复制的"商亭"是田金铎在1979年来访问时看到过的艺术品，上面写有一些不连贯的句子，说不准这是诗句还是标语。这个"商亭"可以说是现代派作品中展览寿命较长的作品了，大家听了王晋元翻译的这些哲理性强的句子后，觉得对了解现代派的创作意图、艺术观点有些帮助。

巴黎每年春秋两季都要分别进行一次大型美术展览会，代表团到巴黎时正值1983年秋季沙龙在展出。据介绍，秋季沙龙的作品评选要比春季沙龙更具普遍性。有的作品落选，如果作者欲展心切，可以花点钱买个位置参加展出。在大培提（宫）高大的玻璃屋顶下，分隔成一排排许多大小相等的小展室，使人数众多的参观者能集中精力互不干扰地去欣赏。这个展览有一些先锋派的作品，也有一些是具象的现实主义的风景画、人物画。它们不同程度地反映了西方社会的生活情趣和思想感情，艺术形式也具有明显的时代感。尤其是雕塑作品，除了一部分是雕塑家创作的"艺术品"，大多数雕塑家仍是以人体作为主要表现对象。从中可以看出，西方美术并非是抽象派、先锋派的一统天下，把传统观念以外的其他的艺术方式都看成是没落的、过时的或荒诞的，这种看法是不全面的。

回国的前一天，代表团一行到彭万探先生家里拜访，正赶上为吕露光先生要在巴黎购置画室捐赠给中国美协一事，彭万探夫妇、熊秉明先生和香港著名电影导演李翰祥先生正在商谈，要请李导演帮助办理一些具体事宜。吕露光先生是徐悲鸿先生的同学，早年留法学习美术，后留在国外进行艺术创作和经营古董店。那时，法国一企业家建造了一幢大楼，专供各国购买后轮流派画家来巴黎进行艺术创作与交流。于是，要把早年收藏的齐白石的一些珍品为资，在这幢大楼里购置一套带有生活设施的画室，捐赠给中国美协，为祖国的美术事业做一点贡献。王晋元几人都为海外侨胞繁荣祖国艺术的赤子之心而深深感动。

熊秉明先生是著名数学家、前云南大学校长熊庆来的次子，40年代从西南联大毕业后考取公费留学法国，此时是巴黎第十八大学东方文学系主任、著名雕塑家、书法家、哲学家。听说王晋元是来自家乡云南的花鸟画家，特别跟他讲了许多热情的话。王晋元从中感到了熊先生为人的真诚和对家乡的挚爱之情。

在法国巴黎参观了各大画廊和博物馆、沙龙展览，以及巴黎蒙特玛高地绘画广场等之后，王晋元对当代美术文艺思潮的感受很深，他后来说："即便是在号称'艺术绝对自由'的法国巴黎，荒诞的'现代派'也日趋萧条，而写实的艺术却备受欢迎。我们参观了具有世界规模的巴黎秋季沙龙展览，展品中，写实的作品就占了三分之二以上。在著名的巴黎蒙特玛高地绘画广场上，也是传统的素描作品最吃香。可见，曾经是'现代派'发祥地之一法国，那些狂乱、颓废的'现代派'作品，也正走向没落……"[13]

王晋元这次旅欧归来后，《云南日报》记者特别对他作了专访，并写了一篇报道《旅欧归来话丹青——访王晋元》（署名阿达）在《云南日报》上发表，向读者介绍了王晋元被选派参团出访匈牙利和比利时，并在法国巴黎参观的简要情况和他的出访感想。

"在外国人的眼里，特别是在那些有见识、有造诣、有影响的艺术家的眼里，中国画，是神秘而又丰富，简单却富有魅力的真正精美的艺术。有的朋友甚至认为，中国画艺术可以达到尽善尽美的境地。他们都希望了解中国，了解以中国为代表的古老而又新鲜的东方文化。置身于这样的友情和赞扬声中，真是感奋而又自豪……"面对记者采访，王晋元激情洋溢地脱口而出。

在谈到当时国内美术界所争论的关于传统手法与所谓"现代派"，抽象与具象，形式与内容等问题时，王晋元饶有兴味地讲述了他的见闻：

"匈牙利也是一个具有悠久文化传统的国家，他们对自己的民族文化非常重视，国家民族绘画馆就设在当年皇宫里，藏画馆、展览厅，以及当代画家的工作室都十分富丽堂皇。那里珍藏着他们本国以及欧洲的许多古典艺术珍品。现在正创作的，也都是表现他们民族民间习俗，表现现实生活斗争的现实主义作品。他们的政府和国家艺术委员会都提倡和鼓励艺术家们创作纪念碑式的雕塑，表现革命和生产建设题材的绘画。而那些荒诞、狂乱、颓废的'作品'，是为广大的人民群众所不能接受的。"

王晋元还特意提到那次参观教堂时，匈牙利司机说那些奇形怪状的石雕"像一堆骨头"的趣闻。王晋元说："这位司机代表了那个国家里人民的好恶。在访问过程中，同我们接受过的大多数艺术家都是严肃的，他们都认为过分怪异的抽象和创作思想的颓废是艺术的死路。"王晋元不带什么偏见地讲述

---

[13] 阿达：《旅欧归来话丹青——访王晋元》，《云南日报》。

《二月茶花》 20世纪80年代初 68.5cm×68.5cm 中国美术馆藏

了他耳闻目睹的欧洲艺术界现状,让记者联想到"而这些没有加工过的见闻,却很值得我们某些对西方'现代派'艺术盲目追求模仿,而对中华民族的传统艺术不屑一顾的同志认真地想一想。"

记者问了王晋元一个重要的问题:"你打算怎样继续你的艺术创作呢?"

"当然是坚持继承中国画的表现特色和传统技法,也要力求创新。就我来说,过去、现在乃至将来的目标,就是要在描绘云南高原的山水花鸟上下功夫,努力去表现大自然这充满情趣的一角。"王晋元不加犹豫地说。

这次旅欧归来,王晋元对自己的创作思想和创作道路更加充满信心。他对来采访的记者表示:"世界丰富而广阔。我们必须拿出真正能代表中华民族光辉的艺术精品,才能立足于世界艺术之林。在漫长的艺术生涯中,我的路还遥远,我还要努力!"[14]

日后,王晋元在《自述》中强调说:"此行收获很大,使我一睹世界艺术珍品,了解了国外美术状况,对我今后的艺术发展起了很大作用,更重要的是使我明确了,在当前世界艺术流派风靡的潮流中,更认识中国绘画艺术的珍贵。"

3. 走出了一条花鸟画创作的新路——《王晋元画选》出版

1984年,对于王晋元来说,是一个不平凡的年份。从这一年开始,王晋元迈进了艺术生命的新阶段。这一年间,王晋元遇到的大事特别多,喜事也特别多。

首先是他出版了个人画集,还有选入他的作品的几部集体画集也相继出版。

其次是云南画院成立,他被任命为首任院长。

再次是金秋时节,他的作品获得了第六届"全国美展"铜奖。

1984年刚一开年,《河北花鸟画集》由河北美术出版社出版了。这部画集选入了河北籍70余位老、中、青画家的作品。王晋元的两幅作品《仙乡》和《绿荫》选入其中,大多数画家都是只选入了一幅作品,选入两幅作品的

---

[14] 阿达:《旅欧归来话丹青——访王晋元》,《云南日报》。

画家非常少。编排目录没有按姓氏笔画排列，王晋元排在第二位。著名美术史评论家阎丽川，在序言中重点地简要提到几位画家的作品，其中包含王晋元。阎丽川对王晋元的作品强调说："更主要的是它意境不凡。"

春夏之交，精选34件云南名家国画代表作的《云南国画选》由云南人民出版社出版，王晋元的作品《仙乡》《松风》选入其中。

1984年3月，王晋元的第一部个人画集《王晋元画选》由人民美术出版社出版了。

从单件作品发表，到作品选入画集出版，再到个人画集的出版，这是美术家共同的成长之路，也是美术家向着成功的顶峰攀登的一个一个的台阶。王晋元正在像很多成功的美术家那样，一步一步地踏上一个一个台阶，努力地、艰辛地向着成功的顶峰攀登。能出版个人画集，对于每一个渴望成为优秀美术家的画家来说，都是一种美好的追求，都是一种值得赞美的理想。对于青年时代就相信"自己能成为一个好的中国画家"的王晋元来说，这也是他多年来的一种执着的追求，一个美好的理想。

"功夫不负苦心人。"而今，这个美好的理想实现了，王晋元心中自然是很激动的，也很兴奋的。后来，他自豪地说，"84年可以说是我作品丰富的一年，也是作品深度、广度迸发的一年"。

此时，王晋元从中央美院毕业刚好20年，他没有辜负老师们的期望，特别是没有辜负恩师郭味蕖的厚爱和栽培。现在他的个人画集处女作问世了，他读美院时的同学们都为他高兴。庄寿红激动地说："经过长期、刻苦的艺术实践，我们看到作为中年画家的王晋元同志，在创造性地表现云南花鸟自然美的方面，已经迈出了十分可喜的步伐。"并欣然写下了一篇序言——《"开我自之生面"——读晋元画后（代序）》[15]，满腔热情地赞美了王晋元的花鸟画：

"这些富有情趣的作品激发了人们对乡土、对生活的眷念之情。晋元在阿诗玛的家乡生活了将近二十年，足迹遍历了云南的山山水水和人迹罕至的原始森林。从这些清新、艳丽的画幅中，我们看到了他对云南的热爱。是苍山、

---

[15] 见《王晋元画选》，人民美术出版社，1984。

洱海和西双版纳的大地培育了晋元的艺术，而晋元又以他的画笔为云南谱写了一曲激越的赞歌。"

这篇序言实际上也是一篇很好的探讨花鸟画创作的富有学术性的文章。作为王晋元的中央美院的老同学，庄寿红非常了解王晋元。王晋元大学期间的勤奋和进取、成长和收获，庄寿红都是非常清楚的。序言的下面一部分写得很有见地，对同辈画家和青年画家都是很有启迪意义的——从行家的角度，精辟分析了王晋元画作的重要特点。

《王晋元画选》的出版，意味着王晋元已进入了全国知名画家的行列。1984年9月，中国文学艺术界联合会副主席、中国美术家协会代主席、中央美术学院名誉院长吴作人先生，向全国知名画家提出为中国残疾人福利基金会捐画的倡仪，中国美术家协会发函给王晋元，郑重转达吴先生这一倡议。王晋元立即响应，热情支持该活动，将作品《版纳景色》送给由美协主办的展览，然后将作品捐赠。此展览共有吴作人等67位著名画家捐赠，先后在北京、香港两地举行。然后，人民美术出版社出版捐赠画集，收录此画。

该捐赠展览由中国残疾人福利基金会联合香港复康联会和华润（集团）有限公司在港举办后，包玉刚、霍英东、李嘉诚等社会贤达对这一新生事物的态度积极，热情支持，慷慨解囊。中国残疾人福利基金会由此募得了第一笔可观的善款。王晋元与其他画家一道捐赠的画作，为中国的残疾人福利事业做出了自己力所能及的贡献。

4．担任云南画院首任院长

1984年3月，云南画院成立了，作为一个正处级美术事业单位，隶属于省文化局。当时全国其他很多省都有了画院。美术摄影工作室的高德林主任觉得云南也应该有一个画院，不能与其他省差距拉得太大了。成立起一个画院，对于云南美术事业的发展应该是会起到很大的推动作用的。出于这样的考虑，他一直在努力促成这件事，后来也得到了领导的支持。云南画院终于成立起来了。在这件事情上，高德林功不可没。李忠翔说：成立画院这件事，可以说是高德林一手促成的。

画院成立了，美术摄影工作室的原班人马就全部都转入了画院。从1974年成立的美术摄影工作室，到此时刚好走过了10年的历程。现在，它的历史使命完成了。

云南画院作为云南省从事美术创作和研究的唯一省级专业机构，其主要任务是：按照党的文艺方针，为云南省培养一批具有较高美术创作水平的人才；向社会提供较高水平的美术作品，为社会主义精神文明文艺建设服务；进行美术理论研究和探讨；搜集、整理云南民族民间美术资料；进行国内外美术作品交流；举办各种美术展览；办好云南美术馆。

很多人没有想到，上级任命了王晋元担任云南画院院长，就连王晋元自己事先也没有想到。原来美术摄影工作室有一位主任和两位副主任，王晋元在美术摄影工作室里既不是主任也不是副主任，仅只是一名普通的创作员，现在一下子就把他提拔上来了。

当然，大家都知道，王晋元这几年的创作势头很猛，优秀作品很多，获奖作品也不少，在全国的影响力越来越大，已经进入了国内知名画家的行列。要说从业务能力衡量，王晋元是合适的人选。最终，上级领导认为最合适的人选是王晋元，这主要是从政治条件和业务条件综合起来考虑的。在几个合适的人选中，只有王晋元是党员。他从大学时代开始，多年来都一直在追求进步，要求加入党组织。1982年，他的这个愿望终于实现了。而这个时候选拔干部的标准是"四化"——革命化、知识化、专业化、年轻化。要按这个标准来考虑选拔云南画院院长，那么，王晋元应该属于最合适的人选。

画院初建，人数也不多，党员很少，王晋元除担任院长外，同时还兼任了党支部书记，姚钟华、李忠翔、张建中、杨成忠担任副院长。

从那时开始，王晋元当"官"了。不过，好在这个"官"，是一个搞业务的"官"。所以王晋元也就服从了上级的这个安排。未想，他这个"官"一当就当了27年，直到他去世前一年。对当这个官，王晋元还是有信心当好的。

《舞龙蛇》 1984年 178cm×143cm

此前他虽然没有担任过领导工作，但他自信自己的工作能力还是强的，画院的人员也不多，编制25人，业务也单纯，他相信自己有能力带领这一批高水平的专业创作人员和精干的美术工作者，群策群力，把画院办好。

画院的办院宗旨是"出作品，出人才"。创建初始，要做的工作很多，王晋元也不急躁，这可能跟他稳重的性格也有关。他一步一步地在开展工作，逐渐建立一些职能部门，分管不同类型的工作。几年之后，云南画院的工作明显有了好气象。专业画家中，搞国画、油画、版画等各画种的画家都有，其中一些画家还在省内外产生了较大的影响。大家都把画院当作一个安身立命的地方，勤奋地创作，努力出好作品。画院的兴旺景象，也吸引了大家的眼光，很多画家希望能够调进云南画院来。

后来在王晋元的主张之下，画院实行了双年举办院展制度，硬性规定每位画家每一次院展都最少要有两幅作品参展。王晋元认为，画家就是要用作品说话，你的工作，你的成绩就是要从作品中体现出来。这个双年举办院展制度的坚持执行，对于推动画院画家出好作品、出精品，的确起到了很好的促进作用。从1995年起，画院开始编辑出版美术理论刊物《画谈》（不定期内刊），是云南唯一的学术性的美术专业刊物。画院还先后编辑出版了两本作品集，其中建院十五周年编辑出版的《云南画院作品集》得到广泛好评。这些举措，对推动省内美术理论研究和繁荣创作起了很好的作用。王晋元多年来一直坚持这个观点："画院是省文化厅领导下的美术创作专业单位，它的任务是贯彻中央和地方的文化政策，对于全省的美术创作起到积极的作用，画院创作的作品，必须是积极的向上的。"

在王晋元和院内同仁多年的共同努力之下，云南画院取得了不菲的成绩。在第六届至第九届的全国美展中，云南画院入选作品69件，其中获奖8件。此外，还获得了全国版画展、各类全国单项美展以及海外美术奖项20余件次，并有不少作品被国内外美术馆、博物馆和高等院校收藏。画院有的画家在搞好创作的同时，还努力钻研，进行学术研究，提高自己的学术修养。

多年间，云南画院还成功主办了全国性活动的中型美术展览十余次，与国内部分省、市及港、澳地区进行了艺术交流活动，通过出访和接待美国、意大利、日本、澳大利亚、德国等国家的艺术家和美术专业机构，多方位地促进了云南在国际和地域间的交往与合作，云南画院声名远播。先后有十多位画家分别应瑞士、匈牙利、比利时、澳大利亚、德国、法国、日本、美国、意大利、加拿大、荷兰、英国等国家，以及中国香港、澳门、台湾地区的邀请进行访问、讲学、举办个人作品展览等活动。

云南省文化厅副厅长李正荣1997年在云南画院美术创作研讨会上以《多出精品，繁荣云南美术创作》[16]为题的发言中，代表文化厅对云南画院的工作作了充分的肯定：

> 云南画院这几年，坚持一年搞院展、一年搞理论研讨，把理论研讨和创作实践有机的结合起来，形成一种制度，体现了我们画院把工作的重点，集中在繁荣创作上，是符合时代要求的。画院是直属省文化厅下的以专门从事美术创作和研究为主的事业单位，集中了一批我省优秀画家在这里，主要就是搞创作，这样的工作方针是对的。……
>
> 云南画院承担着我省美术创作主力军的作用，所创作的作品是起着导向和示范的作用。你们这几年的创作已经起到了这个作用，文化厅对画院的工作是满意的。首先是画院在创作导向上是正确的，出了一批在全国有一定影响的作品。另外画院起到了团结全省画家的作用，做了很多辅导工作，开辟了自己的阵地，办了《画谈》，着重抓了理论研究，这是很有成效的。

1999年，云南画院建院15周年时，编辑出版了《云南画院作品集》。中国艺术研究院美术研究所所长邓福星为该作品集写的序言《十五春秋异彩纷呈——读云南画院作品感言》中，称赞"云南画院的画家是一个富有实力的绘画群体"，并着重指出：

第一，这个画家群中不同年龄段对艺术的追求显示了差别，这种差别也

---

[16] 见《画谈》（云南画院院刊）总3期，1997。

《春暖》　20世纪80年代 78cm×78cm

含有艺术的时代倾向和发展嬗变的成分，它与中国美术思潮发展的基本脉络是一致的；第二，几乎每一位艺术家在不同时期都发生不同程度的变化，变化的结果是，艺术语言更为单纯，个性更加鲜明，作品中的主观成分不断加强。一部分画家能够在多种不同绘画领域驰骋，利用多种材质创作，不断寻求多种表现手法，因而能相互补益，左右逢源，同时，到达一定阶段后，宜于考虑建立自己较为稳定的艺术风格；第三，云南画院画家认识到所处的地域的特点，大都以表现云南自然景物与社会风情即周围现实生活为主。在表现相近内容或对象时，每一位画家都有自己独特的视角，观察方法和表现手段，因而形成各自的艺术风貌。

《美术报》上发表的《繁花似锦，万紫千红——云南美术60年》[17]一文中，对云南画院有这样客观的评价：

云南画院自成立以来，汇集了一批优秀的云南本土画家。他们中的大多数都毕业于20世纪60年代国内各美术院校，也有自学成才者。这些画家在云南美术创作园地辛勤耕耘了30余年，他们热爱云南的山山水水，植根于充满生机活力的红土地，倾注了全身心的爱，把自己的足迹叠印在云岭高原的江滨湖畔、雪山峡谷、山寨竹楼、密林草地；他们熟悉云南众多少数民族风俗民情，多年来和这里的各族人民结下了深情厚谊，这使他们的作品具有强烈乡土气息；他们从自身认识出发，拓宽眼界，艰苦探索，在苦练基本功基础上，广泛学习民间艺术传统，吸取外来有益技巧，形成自己风格和表现手法，创作出大批作品，为云南美术的百花园增添了光彩。在古今中外艺术交相辉映的当代画坛，云南画院的画家们致力于民族文化的传承、转化与创造，自觉地将个人艺术探索与民族文化发展战略联系起来，从不同的角度和层面为当代中国美术的繁荣和发展做出了各自的努力。他们的作品或兼融东西方艺术的各种因素，或并存传统与现代艺术的语言样式，呈现出丰富的艺术面貌和艺术个性。

---

[17] 作者李春华，《美术报》2009年9月14日。

5. 云南首位"全国美展"获铜奖的画家

1984年的金秋时节，由文化部和中国美术家协会共同主办的"第六届全国美术作品展览"，在改革的浪潮中，于国庆节期间分画种在全国九个城市同时举行，共展出作品3724件，九个城市的展出馆都发行了各自展出作品的图录。这些作品以空前的规模、清新的面目，展示了美术战线取得的丰硕成果。

王晋元为了迎接第六届全国美展，把自己的作品再推进一步，于1984年春天再一次深入西双版纳密林进行写生，此后又到了西盟佤族地区。他用了很长的时间在孟连、勐腊、景洪等地的密林中写生，搜集了大量素材。有多少辛劳，便有多少收获。长时间的辛苦写生，再次激发他产生了创作的灵感。回到昆明后，王晋元绘制了《舞龙蛇》《芳林情》《月夜》《在热带雨林中探索》等作品，先是参加省美展，获得"佳作奖"。这几幅作品中，他认为《舞龙蛇》是最好的。于是，他将自己最满意的《舞龙蛇》一画送北京参加第六届全国美展。

到年底，"第六届全国美术作品展览获奖作品展"于1984年12月10日至1985年1月8日在中国美术馆隆重举行，成为集中展示近五年来我国美术创作成果的盛会。展出结束，出版了画集《第六届全国美术作品展览获奖作品》。

第六届"全国美展"共有597件作品获奖，其中，有18件金奖、73件银奖、199件铜奖、307件优秀奖。王晋元的作品《舞龙蛇》获得了铜奖。

作为中国艺术界最大的盛事之一，"全国美展"是国家级的权威性、综合性大展，每五年举办一次。"第一届全国美展"于1949年举行，第二届全国美展于1955年在北京展览馆举行，第三届于1962年在北京中国美术馆举行，第四届于1964年举行。间隔了十多年后，直到1980年2月，"第五届全国美展"在北京举行。

1984年的"第六届全国美展"以更多的优秀作品、更新的风貌展现在全社会面前。王晋元的作品获得了第六届"全国美展"铜奖，成为云南美术史上首位在全国美展获奖的画家。在以往的前5届全国美展上，一直都没有云南画家的一席之地。而今，王晋元用他扎根云南20年的奋发努力，为云南

《舞龙蛇》 1984年 178cm×143cm

美术界填补了这一空白。

"全国美展"的奖章由我国著名雕塑家刘焕章设计并雕刻，正面图案选自古代帛画"人物夔凤图"，内容为一夔一凤争斗，具有神话色彩。此图是迄今所发现的我国最早的一幅帛画，具有典型的民族风格和装饰趣味。

"全国美展"可以说是集中展示我们国家美术创作的一个重大的美术展览，从1949年开始举办以来，为普及、推动和繁荣我国美术事业发挥了重要的作用，已经成为我国影响最广、规模最大、最权威的综合性美术展览。而今，王晋元也在全国美展中脱颖而出了，成为了美术界公认的一位优秀中青年艺术家。

1984年10月，《美术》杂志发表了副主编李松的文章《中国画发展的道路》。文章简要概括了新中国成立以来中国画的发展经历的马鞍形三个阶段，并阐述了不同阶段的特点。他认为，1978年底党的三中全会以后，中国画的发展进入新中国成立后的第二个繁荣期，或可称做开拓期。成为此一阶段发展标志的，首先是创作机构和画家队伍的空前发展，其次是中国画创作面貌出现明显变化，题材领域扩大，表现形式走向多样化。"老画家刘海粟、李苦禅、王雪涛、陆俨少、黎雄才、亚明、宋文治、魏紫熙等在创作中又有新的开拓。周思聪、林墉、贾又福、林丰俗、徐希、马振声、赵华胜、王晋元、张步等一大批中青年画家崛起于画坛，人才之盛，为前所未曾有。"

后来，一些专题评论王晋元作品的文章相继出现。有作者这样评论道："王晋元在中国画方面的崛起，当然有其主观努力和社会环境的多种因素，王晋元在传统功力方面，体现出一种深厚气格，笔墨凝重，力透纸背，王晋元的画到云南后得山川之助，而一变。""笔墨意趣中表现浑厚苍润之气和泼辣奔放之意，是很难得的，形成了自己的风格。"

《美术》杂志（1985年12期）"中国画问题讨论专栏"刊登了王晋元谈创作心得的文章《"野自然"美的探索》。这篇文章扼要介绍了他在云南20年来美术创作所走过的道路和心路历程，写得很朴实，感情真诚地介绍了自己的创作经验，文字也平实，有探索经历，有创作思考，是一篇很有价值的好文章。

七、扎根云南 开一代画风

1. "我离不开云南"

1985年春季,"国际和平年"青年美展办公室,邀请王晋元以"中国著名画家"的名义参加由文化部、中国美术家协会和团中央主办的"国际和平年青年美展"。王晋元把作品《朝霞》送往展览会展出,此画后来收载在画册中,并印成大型挂历,受到好评。

5月,中国美协在济南召开"中国美术家协会第四次会员代表大会",到会代表468名,55岁以下的中青年代表有三百多人。这是继1979年第三次美代会之后,我国各族美术家的又一次盛会。王晋元作为云南美术家代表团团长率队前往参加,在代表会上被推选为中国美术家协会理事。

以此同时,由云南省体育局、云南省美协主办的"云南省体育美展"在昆明开幕,王晋元的《待发》一画被评选委员会评为"佳作奖"。

到了中秋,在广东省美协及深圳展览馆等单位的大力支持下,由深圳市文化局主办的以"团结、交流、探索"为题的"深圳美术节"于9月27日至10月2日在深圳特区举行。"深圳美术节"是中国历史上第一个美术节。

这次美术节邀请了北京、上海、浙江、广东及香港等地 32 位有一定影响的中国画家参加作品展览并进行了学术研讨。

应邀参加这次美术节的画家多数是中年画家。王晋元在应邀之列，他欣然前往，并带去了《云南杜鹃三月红》《山角》《绿荫》《三月》等五幅作品参加美术节举办的展会。在深圳展览馆展出了与会者的新作一百多幅，主要是中、青年画家的作品。各位画家在不同观点、不同审美趣味、不同处理手法中的新成果展示在观众眼前。"他们上下求索，八方探讨，知识面宽了，审美趣味广了，开放的东风吹来，百花园里新苗蓬勃，奇苞异蕾不胜枚举。他们绘画，他们思考，新的思考促进新的画意。"[1]

这些国画佳作在美术节后，由团结出版社出版了《深圳美术节画册》，"永志第一届美术节的风貌，亦将是中国画创新途程中一个引人注目的小小航标吧！"[2]

本届美术节的重点是推进中国画的创新，除进行作品展览外，还开了三天的学术论讨会，讨论当前美术创作问题。参展画家各自写了论文，在会上发言。王晋元在会上发表了论文《深入生活，开拓花鸟画的新意境》。三天的讨论会自由极了，与会者就当前中国画创作问题各抒己见，毫无客套，畅所欲言，讨论热烈，气氛非常好。

本届美术节期间适逢中秋佳节，画家们怀着兴奋的心情，在中秋之夜合作了两幅大画，祝美术节如中秋月那样，年年团圆。大画的创作，与其说是笔墨合作，不如说是画家们的感情拥抱！

会期五天的美术节结束时，画家们要离开深圳这座新兴的城市了。大家有一个同感，说参加这次美术节的最大收获是——"急着想回去画新画的想法。"王晋元和各位画家一样，怀着欣喜的心情告别了深圳，要返回云南去继续奋力拼搏了。

这一年，《北京周报》（外文版）刊载了王晋元的四幅作品，向国外介

---

[1] 吴冠中：《深圳美术节画册·序》团结出版社，1986。
[2] 吴冠中：《深圳美术节画册·序》团结出版社，1986。

第七章 | 扎根云南 开一代画风

《静谷》 1990年 136cm×136cm 中国画

绍——《一篮春色》《山角》《艳色》《鲁迅诗意》。

1985年11月，中国现当代文学艺术史的重要文献《中国新文艺大系（1976-1982）》由中国文联出版公司出版了，总顾问周扬，总主编陈荒煤，副总主编冯牧、李庚。《大系》按从五四运动前后到1982年底中国新文艺发展的各个历史时期进行研究总结，按文学艺术的门类，分集编撰整理出版。其中的《美术集》由华君武、王琦主编，内容为1976年至1982年间有代表性的艺术作品，大部分是中华人民共和国成立后被尊为"绘画大师"的作品，少部分是中年画家的作品。王晋元的作品《雨后》收在其中。

此《中国新文艺大系（1976-1982）美术集》是我国第一部美术总集，在美术史上占有一定地位。有作品入选其中的画家，对确立其在美术界的一定的地位，是有显著意义的。对刚跨入中青年优秀画家行列的王晋元来说，意义更显得重要。

王晋元参加的以上这些活动和他的作品展出与出版的情况，让美术界内外进一步认识了他，更多的业内外人士越来越关注他。他的名声渐渐远播，影响也越来越大了。

这时，善于挖掘人才、吸引人才的新兴城市深圳向王晋元伸出了橄榄枝，热情地邀请王晋元到深圳美协工作，并许以担任重要职务，同时承诺提供很优越的生活待遇。那时的深圳正是一片欣欣向荣的大好局面，人才云集，发展势头良好。如果去到深圳工作，经济待遇和工作环境都会很不错。许多人都希望能去深圳发展，都在努力寻找机会、创造机会。有些人考虑的是为子女今后的前途去打基础——如果去到深圳工作，能把全家带过去，子女今后也就可以在深圳读书、工作，发展前景会是相当不错的。

而此时，机会来到王晋元面前了，不用他去寻找，不需他去创造。如果他同意到深圳工作了，经济收入会增加很多，生活待遇会很好，全家人的生活状态可能会有很大的改善，子女今后的前途也肯定会很可观。

说实在的，那些年间，王晋元的生活状况是很不乐观的。经济拮据，日子过得有些紧巴巴的。新婚后的第二年，有了儿子王云勃。4年之后，添了女儿王月。一儿一女都很可爱,儿子在读小学高年级了,女儿还在幼儿园。妻子已经从江川调回昆明,在省科协工作,但身体一直不怎么好,常生病。虽然夫妻二人都有大学毕业的工资待遇,可是王晋元每月都要固定给老家寄去20元钱补贴父母家用,聊表孝心,所以他一家四口在昆明的日子过得并不宽裕。

  王晋元自己过日子很勤俭,一年到头都是穿着一件旧夹克,一条深色灯芯绒长裤,拎一个旧的人造革黑色提包,骑一辆老式自行车。只要不出差,家里的家务活都是他全包了。下班后,他要去菜市场买菜,买菜的时候还会跟人家讨价还价。他熟悉什么节令买什么菜便宜,做什么菜既便宜又好吃。他最爱买的是豆腐,说又便宜又有营养。有时与画院的年轻人聊起天来,他还会教他们怎么买菜。

  王晋元居住的条件也不好,一家四口住在妻子单位省科协分配的旧宿舍里,就是一个小套间,显得很拥挤。吃饭的桌子太小,王晋元在家里画画都没有合适的地方。他常常是把被子、床垫掀起来,在床板上画画。他的不少作品,都是在床板上面画出来的。

  他自己省吃俭用,每天的早点几乎都是吃豆浆油条,而且似乎是把它当作需要完成的一个程序来完成掉而已。他唯一的一点"破费"就是抽点烟了,可是抽的都是劣质烟,很便宜的那种。他的烟瘾很大,一天要抽两三包。有一段时间,他也在试着把烟戒掉,可是,最终还是没有能坚持下来,戒了不到半年,他又抽上了。他的画室里常常是"烟雾缭绕"。有时同事进他的画室串门,就看到他坐在一把旧藤椅上,手里夹着一支烟,盯着钉在墙上的画稿在琢磨。要说生活艰苦,还真是艰苦。要说生活条件差,还真是差。蔡仲明的弟弟蔡君葵很了解姐夫和姐姐家的生活状况,晚年回忆起姐夫,这样说道:"从认识他开始,晋元兄一直是位朴实无华的普通人。剪一个最平常的发型,着一件极普通的夹克,穿一条深色的灯芯绒长裤。一辆28寸的'永久'自行车代步,下班途中绕道市场采购一家人的食物。邻居常以他为榜样,教育家人。和普遍印象中的艺术家不同,不认识他的人很难相信他是大名鼎鼎的画家。每逢过年，享用由他亲自操刀的'饺子大宴'，成了大家最爱的年俗。"[3]

对于很多人来说，如果能到深圳那样生活条件好、待遇高的地方工作，改变目前这样艰苦的生活条件，那是求之不得的好事。可是，面对摆在自己面前的这种好事，王晋元考虑了几天之后，决定不去深圳工作。他的想法很简单——"离开了云南，我还能画什么呢！"于是，他婉谢了深圳方面的邀请："我离不开云南。"他对妻子和亲属说："我这一辈子，就在云南了！"关心他的朋友和同事问起这件事，他都是一种很平淡的语气说："我哪儿也不去了，继续留在云南工作。"

了解这件事情来龙去脉的内弟蔡君葵，多年后谈起这件事情时，这样说道："成功者除了用心外，还需要坚守，很多事情不是一蹴而就的。"

后来几年间，类似深圳邀请这样的机会还有过好几次，但他都婉谢了。妻子蔡仲明多年后在回忆丈夫的文章中也这样说："他对云南这块美丽而又神奇的沃土感情深厚，云南就是他的第二故乡。多年来，他踏遍了云南的崇山峻岭，自觉、坚定地奉行并实践着艺术来源于生活的真谛，把对生活和生命的感悟，对自然和环境的亲和，融化在自己的艺术创作之中。晋元是一个真心实意追求艺术理想，又勇于开拓创新的艺术家。他选择了中国画就专心专意，他选择了云南边疆就心安意定，对于物质、名利，他都看得很淡。他平和、宁静、稳沉、坚定、志远，在他心里，努力攀登艺术高峰就是他的生命。"[4]

王晋元这种"选择了中国画就专心专意，选择了云南边疆就心安意定"的信念，贯穿了他的一生。

2."我还是愿意画画"

---

[3] 蔡君葵：《忆王晋元兄》，《云南文史》2012 年第 1 期（内刊）。
[4] 蔡君葵：《忆王晋元兄》，《云南文史》2012 年第 1 期（内刊）。

第七章 | 扎根云南 开一代画风

《岁月蹉跎》　1989 年 178cm×144cm

90年代初，王晋元的绘画事业进入了很顺利的时期，优秀的绘画作品不断涌现，在美术界的名气越来越大，在省内外的影响也越来越大，也引起了一些领导对他的关注。

尽管处于事业顺风顺水的这种时候，王晋元并没有因此而骄傲，没有因之而飘飘然，更没有翘尾巴。他就没把名利当作一回事，仍然埋头画画，执着地在追求着自己的艺术事业，期望自己的绘画水平更臻成熟，为中国的花鸟画事业做出更大的贡献。

没想到，王晋元又面临一次重要的人生选择了。

1992年前后，云南省的有关领导和有关部门两次考虑让他担任更高的党政职务。一次，是云南艺术学院的院长辞职，省里有关领导和组织部门希望王晋元去接任院长职务。另一次，是省里有关领导和组织部门考虑让他去担任省文化厅的领导职务，希望他在全省的文化工作方面发挥一些作用。

可是王晋元不是一个喜欢做官的人。他从心底深处不愿意去做官，两次都谢绝了组织上对他的厚爱，表示自己不适合去做这样的领导。他的谢绝是发自内心的、真诚的，不是以退为进，或者是故作谦虚。

安排他到艺术学院任职一事，已经经过省常委会讨论并通过了。站在王晋元的角度，作为一个共产党员，照理说，应该无条件地服从党组织安排。可是王晋元考虑几天后，经过一番犹豫，最终还是决定不接受艺术学院的任职。这事在有些人看来，是有点不识抬举了，这是多少人梦寐以求的好事啊！

从他最终决定不接受任职这一点看，也说明他真是一个不适合当官的人。当然，换一个角度说，也可以看出他是一个性格耿直的人，一点儿弯子都不会转，居然就这样不计后果地没有接受组织的安排。

妻子好言相劝，对他说："你这样做不合适，作为党员，是要服从组织安排的。"可他说："我也知道这样做很不合适，可是如果到艺术学院做院长，是要管很多事的，除管美术外，还要管音乐、舞蹈、戏文等其他很多专业，一个人的精力毕竟是有限的，我去了以后还有多少时间画画呢？何况我对那些专业的熟悉程度也有限，我还是愿意画画，愿意把精力和时间用在画画上。"

妻子是一位有多年党龄的党员，所以是要站在党性服从的角度来劝王晋元的。其实，她何尝不知道王晋元一生的追求就是艺术？何尝不知道王晋元一生最喜欢的事就是画画。最后，王晋元给妻子的最终回答是——"我还是愿意画画"。

很了解王晋元这两次谢绝做官之事的云南省文联副主席晓雪这样说道："晋元是一个一辈子一心一意扑在艺术事业上的优秀画家。有几次组织上曾考虑让他担任更高的党政职务，他都坚持谢绝了。他学美术，爱美术，毫无保留地全部献身于美术。"[5]

继王晋元之后担任省美协主席的郝平，王晋元担任省美协主席时他任美协副秘书长，对王晋元很了解，他说："王晋元是一个真正的艺术家，视艺术、画画为生命的人。他对专业执着钻研，其他什么事都不管不顾，脑子里只有这件事。平常看王晋元就不像院长啊馆长啊，不像大艺术家，很平和。他画起画来，甚至忘记很多事情。他的画室抽烟抽得多，一进去满是烟雾，其实他这是在动脑子。我去了很多次都是这样。"[6]

《云南日报》资深记者熊燕作了这样的评价："这位著名的画家，除了以毕生之心力进行艺术创作外，还以实际行动教会蔡仲明一条做人准则：真诚为人，淡泊名利。携手27年，蔡仲明觉得自己就像书里说的那样，找到了自己的'另一半'。他们互相帮助，互相鼓励，也互相从对方身上学习好的品质。几十年来，是丈夫王晋元默默支撑着她，让她投入地、没有负担地工作，并为此而放弃了诸多东西。前年，丈夫去世，悲伤的蔡仲明在细细盘点这几十年的感情后，却欣喜地发现，王晋元留给她的财富，除了相濡以沫几十年的回忆外，还有受他影响的对生活的态度：乐观、平和、执着。"[7]

---

[5] 晓雪：《美术界的重大损失——沉痛悼念王晋元同志》，《边疆文学》2002年03期。
[6] 笔者2015年7月16日采访郝平先生的谈话记录。
[7] 熊燕：《无悔的选择》，《云南日报》2003.7.11。

《绝壁千寻一涧花》　1992年　177cm×143.5cm

第七章｜扎根云南 开一代画风

《血染的杜鹃》　1991年　174.5cm×95.5cm　中国美术馆藏

《长青》 20世纪90年代 136cm×136cm 中国美术馆藏

第七章｜扎根云南 开一代画风

《山之灵》　20 世纪 90 年代　136.7cm×135.8cm　中国美术馆藏

3. 促进对外艺术交流

担任云南画院院长后，王晋元重视与海外及港澳台艺术界、学术界的艺术交流。他认为，世界丰富而广阔，通过参观访问，进行艺术交流，能帮助画家开拓视野，了解外面美术发展状况，亲睹世界艺术珍品，既能对画家今后的艺术发展有启发、有借鉴，也能使画家明确在当前世界艺术流派风靡的潮流中，更认识到中国绘画艺术的珍贵，继而在自己的艺术生涯中奋发图强，努力拿出真正能代表中华民族光辉的艺术精品，立足于世界艺术之林。

王晋元鼓励、支持画院的画家走出去进行艺术交流，也尽力为画家们走出去创造条件。

王晋元自己也身体力行，只要有适合的机会，他都尽可能地参加一些艺术交流活动。1987年10月，他应香港新华社中旅社之约赴香港参加"中国当代著名书画家作品展"开幕式及学术活动，与港澳台画家进行艺术交流。他的作品《版纳三月》等几幅作品在展览中展出，获得好评。香港《文汇报》《大公报》《华侨报》都用相当版面介绍了活动和作品，评价称："云南王晋元的《雨林三月石斛开》，把西双版纳初春的自然美景表现得令人神往！"尔后，《版纳三月》收入了《当代名家作品集》。一个月后，王晋元率云南画院美术家代表团一行五人前往澳大利亚进行艺术交流，并在悉尼和墨尔本分别举办"云南画院画展"，王晋元有8幅作品参加展出：《井冈杜鹃红》《新雨》《山泉》《版纳密林》《山野晴暖》《荆棘上的果实》《栖荫》《幽香》。这些作品受到澳洲美术家及华侨的好评，展出结束后，《栖荫》《幽香》等作品为澳方大学收藏。王晋元还在大学和两座城市作了中国传统绘画的学术报告三次，促进两国艺术交流和友谊。

1997年是王晋元的对外交流活动较多的一年。这一年中，他本人受邀参加的活动有一次，是应澳门中华文化艺术交流协会邀请，赴澳门采风并作画参展。另外，率团或参团的艺术交流活动有三次：一次是应意大利佩鲁贾艺术学院邀请，率云南画院代表团赴意大利进行艺术交流；一次是参加云南省人民政府友好访问团赴法国、意大利、德国等国家进行友好访问；第三次是年底应中国台湾"中华文艺交流协会"邀请，参加中国和平统一促进会组织的刘炳森为团长、郭怡孮为副团长的文化交流访问团，赴台湾进行交流访问，出席"海峡两岸著名书画家作品联展"及"中华文化艺术趋势"研讨会活动。准备了论文和各类图片。这是他首次赴台湾进行艺术交流。

这些交流活动，王晋元本人仍然没有留下任何文字记载。其中赴意大利那一次，同行的云南画院副院长杨成忠写了一篇纪行文章《艺术之都意大利记行》，发表在云南画院院刊《画谈》1997第3期上，较详细地介绍了他们这一次访问的历程和收获。

1997年5月22日至6月4日，云南画院由王晋元和李忠翔、杨成忠两位副院长组成的美术家代表团，应意大利佩鲁贾美术学院邀请，对意大利作14天的访问。这项活动是对佩鲁贾美术学院去年来云南访问的回访。李忠翔、杨成忠两位都是著名版画家。

5月22日下午五时许，代表团一行三人到达罗马国际机场，当晚参观了罗马夜景。第二天全天和第三天上午参观了罗马名胜古迹及梵蒂冈博物馆。

意大利首都罗马给王晋元一行留下了深刻印象。这座世界著名的历史文化名城，古罗马帝国的发祥地，因建城历史悠久而被昵称为"永恒之城"。这里有数不尽的历史遗迹，虽经自然的侵蚀和战乱的破坏，但大多数历史遗迹仍得以幸存。罗马政府十分注意保护古代文物，城建和道路交通都不破坏这些遗迹。这些幸存下来的历史遗迹，把意大利古老文明的演变兴衰用实物展现在了世人面前。

在罗马，他们还参观了美国著名的波普艺术家安地尔的波普艺术展，展览规模宏大，是安地尔终生作品的回顾展。然后，王晋元一行来到了地处罗马城西北角的"国中之国"梵蒂冈。

出访的第三天午后，王晋元一行启程前往佩鲁贾。这是代表团此行重要的访问交流目的地，他们在这里进行了为期十天的参观访问和艺术交流，日

《雨林三月》 1991年 96cm×89cm 中国美术馆藏

第七章 | 扎根云南 开一代画风　　　　　　　　　　　　　　　　　　　　　　　　　　241

《夜宿花山》　1991 年　68cm×68cm

在佛罗伦萨老桥

在凡尔赛王宫

在威尼斯圣马可大教堂

在罗马角斗场

程安排得满满当当的。

  佩鲁贾是意大利中部的一座中型城市,位于罗马以北、台伯河上游的山地丘陵,是中部山地省份翁布里亚的首府,被誉称为"意大利绿色的心脏"。佩鲁贾也是一座富有文明遗迹的"前罗马时代"都市。从艺术、文化和历史的角度而言,佩鲁贾称得上是意大利最重要的城市之一,有建于13世纪的佩鲁贾大学。佩鲁贾美术学院始建于1573年,是意大利最古老的艺术学院之一,其创建时间仅仅比意大利第一所艺术高校——佛罗伦萨美术学院晚11年。近年来,佩鲁贾美术学院积极参与国际合作,与国外多所院校建立了密切的合作关系。

  云南画院美术家代表团一行三人抵达佩鲁贾后,佩鲁贾美术学院院长阿波佐及部分艺术家当天晚上便热情地在湖边设晚宴招待代表团。从第二天

第七章 | 扎根云南 开一代画风　　243

在梵蒂冈教堂走廊

在梵蒂冈教堂

起,在阿波佐院长及同仁的精心安排下,代表团开展了多项交流活动:包括在艺术学院和佩鲁贾商会举行两场学术报告会———一场是中国绘画艺术专题讲座,介绍中国传统绘画,另一场是介绍中国古代家具、陶器、漆器、印刷术的专题讲座。他们还参观了莫乃迪陶瓷厂和佩鲁贾名胜古迹。

在参观莫乃迪陶瓷厂时,王晋元几人十分有兴致地现场在陶瓷坯上作画,经烧制后作为作品与他们的画作一同展出。佩鲁贾的美术界、商界等各方人士参观了云南美术家展出的中国画、版画作品,赞誉之声不绝于口。

佩鲁贾艺术学院的主人还陪代表团一行去了距佩鲁贾不远的、坐落在苏巴西奥山麓的小城阿西西,这里有座圣弗兰西斯科教堂,而且也是圣弗兰西斯科的殉葬地,所以来这里的朝圣者甚多,可谓"城小名声大"。

王晋元他们更感兴趣的是这座小城的风光,杨成忠感慨地说:"它的街道随便看一个角度都和明信片一样完美。小城的生活十分恬静,空中不时响

《林中岁月》 20世纪90年代 137cm×137cm 中国美术馆藏

《春日融融》 20世纪90年代 137cm×137cm 中国美术馆藏

起教堂的钟声,空气中弥漫着玫瑰花的芳香,每家每户都尽量栽种一些盆花,由于他们大多是居住在城堡式的建筑中,房前屋后少有空地,因此盆栽花卉成了一大景观。有的窗台或阳台上全部被这些盆花占满,有的在石墙上也想法挂上几盆花草。也许是阳光空气的质量好,这些花卉色彩都特别娇艳夺目,那些古墙残壁映衬着这些小生命,是意大利人热爱生活的写照。"[8]

佩鲁贾的主人热情好客,真挚诚恳。在佩鲁贾的这些天里,主客之间往往是晚宴过后还继续交谈,主人谈兴甚浓,直到凌晨一两点钟才告别,以至几次双方告别时都需要把"晚安"改说为"早上好"才合适了。最后一天的告别宴会上,主人们热情地赠予云南美术家以"荣誉市民"的称号,并颁发了证书、市徽和镀金纪念章,使双方的交流和友谊达到高潮。佩鲁贾朋友的情意令王晋元、李忠翔、杨成忠心中一直十分感动。佩鲁贾艺术学院院长阿波佐在后来给代表团的信中,热情洋溢地写下了这样的话:"无论在艺术个性、文化素养及信誉方面,我们都是那么相似,我们是真正的心连心的好朋友。"

依依不舍地离开佩鲁贾后,王晋元一行来到了文艺复兴的发源地——艺术之都佛罗伦萨。

到达佛罗伦萨后,代表团一行首先就是排长队参观美第奇家族的乌菲齐画廊。它沿河而建,由一个个拱廊相连,又长又宽。美第奇家族极热心艺术,在鼎盛期几乎资助了与文艺复兴相关联的所有艺术活动。乌菲齐画廊可以称得上是世界上最大的博物馆之一,荟萃了从13至17世纪的数不清的艺术珍品。

在后面的日程中,代表团一行参观了被认为是文艺复兴的第一座伟大建筑的圣玛利亚·德斐奥莉圆顶大教堂,在主人的带领下登上塔顶俯瞰佛罗伦萨市容;参观了陈列着佛罗伦萨共和国的象征——米开朗琪罗的大理石雕塑原作《大卫》的研究院美术馆。

离开佛罗伦萨后,王晋元一行到了久闻盛名的水城威尼斯。

王晋元一行特别多花了些时间参观陈列着威尼斯各个时期的美术作品的

---

[8] 杨成忠:《艺术之都意大利记行》,《画谈》(云南画院院刊)总3期,1997。

研究院画廊，看到了文艺复兴时期威尼斯画派的主要作品，特别是最具代表性的贝利尼父子、乔尔乔内、提香、委内奈斯、丁托列托等画家的作品，让他们觉得"大饱眼福"。

在威尼斯，他们还有幸参观了一位受人尊敬的美国犹太人老太太佩根的藏画展。老太太将她收藏的许多现代艺术大师的名画陈列在威尼斯她现在的住所中供人们参观，包括摩尔的雕塑，毕加索、克利、达利、夏加尔、米罗、波罗克、蒙德里安等人的原作。这些作品在意大利的艺术氛围中显得别具一格。老太太的住所现在命名为"古根翰现代艺术博物馆"。

结束了在威尼斯的参观，代表团一行回到了佩鲁贾，第二天由这里到罗马机场启程回国。他们在佩鲁贾美术学院院长阿波佐的工作室与院长辞行。在这即将分别的最后时刻，阿波佐这位老艺术家把他的作品展示给中国客人看——有如魔幻般的奇特光影效果，有简洁的几何形体的金属雕塑……

中国客人从中明白了——意大利的不少艺术家都在探求新的艺术语汇。

王晋元、李忠翔与杨成忠的意大利之行收获不小。杨成忠后来说的这两段话能反映出他们三人共同的认识：

"虽然回到中国已快一月，但脑海中仍经常浮现那些建筑、雕塑、绘画……意大利艺术很难用'美'来形容，它对人的精神具有十分巨大的震撼力，虔诚的宗教信徒历尽千辛万苦要去朝圣，亲眼目睹和感受这一切是为了信仰，对于一个艺术家来说，去意大利亲自领略欧洲文化艺术的顶峰时期，你可以站在巨人的肩上思考艺术，是可以终身受益的。"[9]

1997年11月25日至12月6日，王晋元作为"中国和平统一促进会赴台文化交流访问团"成员，赴台湾出席"海峡两岸著名书画家作品联展"，这是王晋元首次到台湾出席文化艺术交流活动。

"海峡两岸著名书画家作品联展"是由中国和平统一促进会和（台湾）中华艺文交流协会、（台湾）日照宏扬环保科技有限公司等单位共同主办的。几家主办单位经过近一年的筹备，作了充分准备。参加展出的作品，有祖国

---

[9] 杨成忠：《艺术之都意大利记行》，《画谈》（云南画院院刊）总3期，1997。

《春满雨林》 1994年 178cm×144cm

大陆著名书画家刘炳森、刘文西、韩美林、徐庶之、黄寿平、欧阳中石、尹瘦石、王成喜、齐良迟、郭怡孮、金鸿钧、李燕、王晋元、李青、王瑛和台湾地区著名书画家李奇茂、王诗渔、王太田、史元钦、张炳堂等共160位作者的佳作,并在台湾出版了海峡两岸参展作品专集。

访问团团长刘炳森、台湾著名书画家李奇茂、海基会秘书长焦仁和等为书画展开幕剪彩。展览在台湾引起了各方面人士的关注,不少关心两岸书画交流的人士从高雄、台中、基隆等地赶往台北观展。大家认为这次书画展是海峡两岸近年来举办的规模大,艺术水平高,参加书画名家最多的一次展览。对弘扬中华民族文化,推进海峡两岸文化艺术交流,有着极为积极的意义。

文化交流访问团自11月25日登上宝岛台湾那一刻起,直到12月6日离开的十多天里,都一直沉浸在艺术交流的友好气氛之中。

访问团先后在台北和高雄,与当地的书画协会、重彩学会等艺术团体进行了交流,举办了笔会切磋技艺。在与台湾各界人士相处的日子里,除从与台湾同道切磋交流之间得到启迪之外,台湾不少书画界朋友及书画爱好者还纷纷前来展览馆和访问团住地,一睹仰慕已久的书画大家们的风采。有带着自己的作品来请指教的,有来交流技艺的,有来请合影留念的。有时到了凌晨一两点钟,仍然有来访者和大陆书画家在访问团下榻宾馆的咖啡厅里交谈。甚至在访问团离开台北那天,还有学生赶到桃园机场大厅求教。这一幕幕感人的场面在王晋元脑海里留下了深刻印象。

12月6日,王晋元和访问团的同仁们依依不舍地离开了宝岛台湾。

4. 担任省美协主席 努力推动全省美术创作

就在王晋元参加对外交流活动较多的这1997年间,王晋元肩上又新增了一份责任——他被推选为第五届云南省美术家协会主席。之前,他是上一届的云南省美协副主席。

这一年的11月间,云南省美术家协会召开第五次会员代表大会,选举出理事40人，其中常务理事17人。王晋元当选为常务理事，并被理事会推选为主席。叶公贤、李忠翔、陈永乐、李小明被推选为副主席，陈永乐兼任秘书长，郝平担任副秘书长。

云南省美术家协会成立于1960年，第一届至第三届主席是袁晓岑连任。1989年2月召开的中国美协云南分会第四次会员代表大会上，选举出理事58人，常务理事17人，推选出主席高德林，副主席叶公贤、李忠翔、张建中和王晋元，副秘书长陈永乐（秘书长空缺）。在此前的1月，王晋元刚被评为"一级美术师"。当选副主席两个月后，王晋元在云南省文学艺术界联合会第四次代表大会上当选省文联副主席。

王晋元被理事会推选为省美协主席，属众望所归。这与他那些年来在创作上取得的成就日益显著和在全国美术界产生的影响日益扩大有关。

1989年，王晋元的作品《秋色苍苍》参加了第七届全国美术作品展览，他本人被中国美协聘为第七届美展中国画评选委员。第二年，他应邀参加了由天安门管理局举办的创作活动，创作的作品《遍青山，红了杜鹃》在天安门城楼展出，并被收藏。1991年，他的作品《舞龙蛇》入选大型画册《1979—1989当代中国画》，作品《血染的杜鹃》参加了建党70周年全国展览。之后，《血染的杜鹃》荣获了中国美术家协会基金会、关山月中国画教学创作基金会颁发的"1991年关山月中国画创作奖"。在中国画的全国画坛上，这个奖项的分量是比较重的。这一年，王晋元的作品《绿谷》还参加了中国画研究院院展。1992年，王晋元的创作取得了更多的成绩，又获得了更多的荣誉。他的作品《湖畔》参加纪念毛泽东《在延安文艺座谈会上的讲话》50周年全国美展，被中国画研究院收藏；作品《山中三月》参加全国首届花鸟画展览，并收入画集；作品《遍青山，红了杜鹃》参加第二届水墨画展并收入画集；并有10幅作品参加了"云南画院院展"及"第三届中国艺术节作品展"。在这一年间，他不仅荣获了"文化部优秀专家"称号，还被中国美术家协会聘为首届中国画艺术委员会委员。

中国画艺委会是中国画画家自己的学术组织，它的成立一直是中国画画

《春秋错》 1994年 137cm×137cm

家们热切期待的大事。首届艺委会由王玉珏、王晋元、王绪阳、方增先、冯今松、叶毓中、亚明、孙克、刘大为、刘文西、朱理存、杨力舟、杨延文、宋忠元、李宝林、杜滋龄、姚有多、郭怡孮、潘絜兹等19人组成。经协商推选，潘絜兹为主任，姚有多（常务）、方增先、郭怡孮为副主任，聘任孙克（兼）、毕建勋为学术秘书。中国画艺术委员会肩负的任务是：繁荣发展中国画创作与评论，促进出作品出人才，团结广大中国画画家，积极开展、指导中国画的艺术活动等。

成为中国画艺委会的委员，意味着王晋元已经得到了中国画画坛的认可，已经在国内中国画界有了为业界共同认可的位置。这标志着云南在袁晓岑先生、周霖先生之后，已经又有国画家享誉全国。这不仅是王晋元个人的荣誉，也是云南国画家的荣誉，是云南美术界的荣誉。

之后，更多的荣誉接踵而来。1993 年 4 月，王晋元当选云南省第八届人大代表，一年后获国务院专家津贴。又一年后，他被聘为"全国首届中国画展"评委，作品《血染的杜鹃》荣获第二届云南省文学艺术创作一等奖。

1994 年，《王晋元画集》由北京工艺美术出版社于 6 月出版，收入作品 85 幅。年底，王晋元又有作品获第八届全国美术作品优秀作品奖（此届美展获奖作品未分等级），参加了"第八届全国美术作品展览优秀作品展"。

在众多荣誉和成绩面前，王晋元并未停步。他依然勤奋，依然在中国画园地里辛勤耕耘，不断地在艺术上作新的追求。他除每届云南画院画展都有 10 幅作品参展外，1995 年有作品参加"全国首届中国画展"展览。1996 年有《绿荫》等两幅作品应邀参加厦门"世纪之光"展览。

除了自己勤奋创作外，王晋元也在用心促进云南画院的美术创作。1997 年 8 月中旬，云南画院用了两天时间，召开了"美术创作研讨会"，集中讨论"如何搞好云南画院的美术创作、如何把创作上升到理论上来认识、如何搞好画院的改革"等三个问题。画院的全体同志畅所欲言，把自己想的问题和自己面临的问题，以及画院的问题都摆出来进行交流，热烈地讨论。

研讨会要结束时，王晋元作了总结发言。他特别阐述了自己对"精品"问题的看法："这个讨论会不是一定要得出什么结论，是一种交流，思想的交流。有的问题经过一番争论达到了明确或大的基本脉络清楚。比如说对精品的问题如何看待，每人发表了自己的意见，讨论到这个程度是可以的，硬要从字面上有个统一的说法，是不可能的，下个定义更是不适当。精品是针对不同时期，不同情况下提出的方针，是针对美术界大量商品画进入市场和展览会，文学界大量平庸之作而提出的。对于精品不是一蹴而就，而是要符合艺术规律，潜下心来不要受外界的影响。现在大部分画家心情浮躁，原因就是来自社会不同现象的冲击。要解决精品问题，首先画家要把握住自己，心理上达到平衡，心境很重要。要出精品还要有待画家提高自己的文化修养。历代大师都是有相当高的修养。一是文学的修养，二是社会的修养，三是道德的修养，它是潜移默化的。先做好人才能画好画。要出精品还要加强基本功的训练，齐白石要是没有长期训练的功力，把中国水墨达到熟练的地步是不可能出精品的。不管你搞什么画种，学无止境，一是对传统要有所认识，包括技巧技术的认识，二是对中西方绘画要有所认识。一种形式的成立，必然伴随一场革命。如果我们拒绝太多，就会失去的太多。"[10]

时光进入 1997 年，王晋元被新一届理事会推选为美协主席。作为美协的主要领导，他对全省美术工作的发展，要承担起主要的领导责任了。这意味着，王晋元今后不仅仍对云南画院承担重要责任，而且对推动全省的美术发展，也要承担起重要责任了。

任重道远。在此后的日子里，王晋元随时意识到自己的责任，与美协领导班子的其他成员一道，共同为全省美术工作的发展作努力。他尽职尽责，任劳任怨，谦虚随和，平易近人，团结和带领全省美术家，为云南美术创作的繁荣，美术人才的培养，美术事业的发展做了许多实际工作。

云南省文联副主席、省作协主席晓雪日后在回忆文章中这样说起他了解的王晋元："作为云南画院院长、省美术家协会主席、省文联副主席，他除自己不断推出佳作外，还非常热心于发现、培养和扶持美术界的各族新人，他为推出美术界的一批批新生力量，为繁荣和发展全省的美术事业倾注了大量心血，做出了大家有目共睹的突出贡献。"[11] 从促进美术创作、繁荣美术事业的要求出发，他对美术的理论研究和批评也非常重视。我曾先后应约为《云贵版画选》、'秘境画展''云南省第二届农民美术作品展''傅启中画展''云南五人水彩画展'和陈永乐、赵宋生、常戈阳、乌德辉、王舜、杨龙等画家的作品集写过前言和序，还先后为袁晓岑、梅肖青的艺术创作写过专题评论

---

[10]《云南画院美术创作研讨会发言摘要》（郭游根据录音整理），《画谈》（云南画院院刊）总 3 期，1997。

[11] 晓雪：《美术界的重大损失——沉痛悼念王晋元同志》，《边疆文学》2002 年 03 期。

《野山秋》 20世纪90年代 37cm×137cm 中国美术馆藏

《昨日山林》 20世纪90年代 137cm×137cm

在《文艺报》发表，他每次看后都要当面或打电话给我热情鼓励，一再说云南的美术评价很薄弱，希望继续多挤些时间给予关注。收到他主编的1999年由云南美术出版社出版的大8开精装画册《云南画院作品集》后，我初步翻阅了一遍，很高兴，打电话给他，表示感谢和祝贺。他很谦虚地说：'你一向很关心我们画院和云南美术界的创作，有机会希望再发点议论，很希望再读到你的文章。'"[12]

王晋元在担任省美术家协会主席后的几年间，重视推动各画种的发展。他相信，置身于云南这块自然资源和人文资源丰富的厚土，只要大家团结一致、群策群力、共同努力、共谋发展，云南美术事业一定会取得新的更好的成绩。他与美协的几位副主席、副秘书长一道，为云南美术的发展做了很多工作，主办或参与承办了多个美术展览，支持美术书籍的出版，搭建平台组织省内外专家共同探讨云南美术理论。一个重要的关于云南美术发展的研讨会也于2000年9月5日至6日在昆明召开。为开发云南丰富的民族文化资源，促进云南美术创作在新世纪的繁荣发展，响应党中央、国务院提出的"西部大开发"号召，执行云南省委、省政府提出的建设"绿色经济强省""民族文化大省""国际大通道"的战略决策，云南省美协与《美术》杂志社联合在昆明主办、《奥秘》杂志社协办了"21世纪西部大开发与云南美术发展研讨会"。中共云南省委宣传部、省文联领导及云南美术界50人参加了研讨会。王晋元与《美术》杂志主编、中国美术家协会理论委员会副主任王仲共同主持会议。

云南省委宣传部特派文艺处处长蒋高锦到会表示祝贺。蒋高锦代表省委宣传部的讲话肯定了云南美协工作。

王晋元在讲话中强调表明他一贯主张的要重视"发现人才、培养人才"的观点，并提出"要加强硬件建设，建一个美术馆"的愿望。他说："如何在开发西部经济的同时加快云南美术事业的发展，我认为首先要建设一支好的美术队伍，其中发现人才、培养人才尤为重要。云南美术人才流失情况较

---

[12] 晓雪：《美术界的重大损失——沉痛悼念王晋元同志》，《边疆文学》2002年03期。

《边地梨花》　20世纪90年代　138cm×138cm　中国美术馆藏

严重,我们希望对待美术人才能像对待科技人才一样重视,特别是在待遇和人才引进方面,从学习、思想、修养、生活等各方面给予全面关照。要出人才、出作品,省政府应该加大对美术事业的经济和人力的投入。"[13]

  与会的多位美术家、理论家在会议上畅所欲言,交流自己对发展云南美术事业的观点。这次研讨会表明云南美术理论研究近20年来取得了长足进步。《美术》杂志主编王仲认为会议很有学术质量,他在最后的小结中说:

[13] 见《美术》2000年11期。

"在西部大开发中，云南的美术家充满信心，充满对这块土地的挚爱之情，这是云南美术发展的基础。一个省的美术水平的提高实际上要落实到每个人，个人提高的积累才能有整体的提高。西部大开发首先要开发自己，以能为中国美术事业的发展做出自己更大的努力。"

王晋元在最后的小结中说："研讨会是成功的，这种学术风气应该在云南延续下去。我们要把会议的精神和成果落实到云南美术发展的进程中，落实到每个人的创作活动中，通过我们的作品把对云南21世纪美术发展的思考、在西部大开发的历史机遇中艺术发展的成果展示出来。"

研讨会结束不久，《美术》杂志很快便在2000年第11期上对此次研讨会作了重点报道。向国内美术界介绍了这次研讨云南美术发展的情况和与会者的一些主要观点。

王晋元担任省美协主席的几年间，觉得云南的美术还有很多事情可做，自己能参与组织和推动云南的美术事业一步一步地朝前走，他心里感到很欣慰。他的这些努力是有目共睹的，他的工作得到了应有的评价——"王晋元同志对工作认真负责，他担任云南画院院长、云南省美协主席，又经常兼任各种展览的评委等社会职务，他都是以工作为先，任劳任怨，努力协调各种矛盾，团结全省美术家和画院美术家完成一项又一项工作任务，推动我省美术创作一步步向前发展、队伍一步步扩大。"[14]

5. 提携后进　培养人才

重视"发现人才、培养人才"的观点，是他多年来一贯主张的，也是他多年来努力实践的。他身体力行，尽力地发现人才，提携后进，培养人才，希望用自己的努力，为云南美术事业这座大厦添砖加瓦。

云南的多位中青年画家，在成长的历程中都不同程度地得到王晋元的关心、支持和指导。其中，如果按照与王晋元认识的先后顺序看，郝平、刘怡

---

[14] 云南省文化厅厅长贺光曙在王晋元遗体告别仪式上所致悼词。

涛、高金龙、肖溶、何瑞华、罗江这几位著名画家的成长，都是与王晋元的关心、爱护分不开的——

云南省美协第六届主席郝平，与王晋元认识得最早，接触也很多。早在20世纪70年代初，十六七岁的"知青"郝平，随父母下放到蒙自的"五七干校"，在干校里认识了王晋元，怀着钦佩的心情看着"中央美院毕业的大学生"王晋元在为大批判专栏画插图，画刊头。"文革"后，省美协恢复工作。1980年，从云南艺术学院毕业的郝平，分配到云南省文联工作，成为了当时省美协的第一个有编制的专职干部，具体筹办过多次展览。王晋元还主动给郝平改过国画。郝平主要是搞版画，但也兼攻中国画。有一次，他画一个傣族的小卜少，画了她挎着个民族包站在那里，后面一部分就画不下去了。王晋元说："来，我给你补补景。"说罢拿起笔来，几下子大写意的画法，很快就补完了景。郝平一看，王晋元添了芭蕉林的背景，人站在那个芭蕉林前面，感觉很好。

王晋元担任省美协主席时，郝平担任省美协的副秘书长，在王晋元的直接领导下工作。很了解王晋元的为人正直和做事的公道正派。王晋元不管是推选作品参加画展，还是做画展的评委，都很公正，讲原则，都是从作品出发，不看人情，不徇私情。

平时，郝平也会不时到云南画院里王晋元的画室去。有时是去谈工作，有时就是顺道去看望一下，小坐几分钟。多年的接触中，王晋元的人品、艺品都潜移默化地给了郝平不小的影响。

郝平说："他达到了别人未走到的高度，开辟了一种新的画风，放在自然的大环境里。不是从前那种折枝画，他是花鸟与山水结合在一起，花鸟就是山水的一个局部，勃勃生机，扑面而来，清新自然，怎样突破创新，有现代人的审美眼光，审美修养，审美情趣。他引领了一种审美的样式，审美方向。可以说当之无愧，他是个标杆，对艺术执着的追求，这方面也是标杆。王晋元对年轻人的关心，很平和的接触，一直在影响我们这一代人。他对年轻人不是应付的，他给你讲一些启发性的东西。他在自己的专业上，是一个佼佼者，锲而不舍地、执着地追求。他们这一代人的作用，在云南美术界是

1996 年参加全国美协代表会

奠基者。他们这些艺术学院科班出身的,改革开放初期,经常为艺术的事在一起聚会,真诚地思考,交流,碰撞。他们带出了我们这拨人。王晋元是我的前任,是我的前辈,是我的榜样。"[15]

工笔画花鸟画家刘怡涛是一位自学成才的画家,在他从一个普通的工人成长为画家的道路上,王晋元和其岳父蔡希陶都给予了很大的帮助。

---

[15] 笔者 2015 年 7 月 16 日下午采访郝平先生的谈话记录。

出生于云南普洱的刘怡涛，1971年初中毕业时，要到宁洱去下乡插队，正好碰到西双版纳植物园来普洱招为期半年的合同工，被招去砖瓦厂烧窑，搞基建。半年合同期满后，这37个合同工中有8人被留在植物园转正，踏实肯干的刘怡涛被留下来了，成为植物园的职工，安排在苗圃栽苗种花，从烧窑工转变为栽培师。苗圃的劳动强度相当大，刘怡涛仍然是不怕苦不怕累，圆满完成工作任务。劳作之余，从小喜欢画画的刘怡涛，就利用栽培这个好机会，拿着画笔静心临摹各种植物。虽然画得还不怎么好，但他从中找到了自己的乐趣，寄托了自己的追求。

1973年初，刚从"牛棚"里解放出来的蔡希陶承担了《中国植物志》这一重大科研项目，其中，热带科属的编撰工作需要人协助画插图，画植物标本。刘怡涛画了3张植物画去毛遂自荐，蔡希陶和一起编写《植物志》的裴盛基研究员看了后都觉得刘怡涛合适。从此，刘怡涛就跟着蔡希陶画植物图谱，常常跟着蔡希陶率领的科学考察队深入深山密林，逐渐成长为植物园的植物科学画家。其间，他遇到了一个深造的机会，于1981年秋到1982年初，到首都师范大学办的国画人物进修班进修了半年，开拓了艺术视野。他在植物园工作长达17年后调到昆明植物所工作至今。

刘怡涛与王晋元老师的相识，是从1974年初开始的。刘怡涛多次为到西双版纳采风写生的王晋元做向导，陪着王晋元穿行于西双版纳的密林中，一直深入到植物园十公里左右的勐醒河保护得较好的保护区一带，那里的森林未被破坏，保持着原始森林的风貌。那里的生态环境对王晋元很有吸引力，让他很震撼，一走进原始森林，王晋元就对着那些很有气势的大树和扭曲的树藤，从不同角度画写生，一画就是好几个小时。在一旁的刘怡涛，也学着王晋元画画，王晋元也不时地给他作一些点拨。

王晋元在一些小事上对刘怡涛也很关心。有一次，刘怡涛陪着王晋元骑自行车去转树林。骑出好一段路后，太阳火辣辣的，刘怡涛出门时忘记戴草帽了，王晋元就把自己戴的草帽取下来，一定要刘怡涛戴上。

当刘怡涛的美术创作取得一定的成绩时，王晋元及时地加以肯定，给他

第七章 | 扎根云南 开一代画风

1999 年被聘为第九届美展评委

1999 年同郭怡孮在第九届美展评委会上

以鼓励。1989 年，《迎春花》杂志刊登了刘怡涛的一些工笔画作品，王晋元为此特意写了一段评介，充分肯定刘怡涛的成绩和进步："刘怡涛多次深入鲜为人知的密林深处写生，表现自己在密林中发现的美。在他的绘画中，那幽暗的密林中明亮的花朵，那古榕树上附生植物的生机勃勃，都得到了充分的表现。生活给刘怡涛工笔花鸟画创作带来了灵感和基础，显现了他在花鸟画上的绘画才能……在绘画技巧上刘怡涛很注意画的构图穿插和布局，使人感到他的画很有灵动之气，而设色的淡雅，虚实的相间，就更突出了主题，增加了绘画的感染力。"

而今，刘怡涛已经是中国美术家协会会员、第六届云南省美协常务理事、国画艺委会副主任、云南九三书画院副院长兼秘书长、中国科学院昆明植物所专业画家、云南师范大学美术学院的硕士生导师、云南省文史研究馆馆员。他的作品多次在全国美术大展中获奖，成为云南国画家中获得全国美展中国画铜奖的三人（王晋元、刘怡涛、张志平）之一。

回顾自己的成长历程时，刘怡涛真情地说："如果说，我的绘画艺术、我所创作的工笔画花鸟取得了一丁点儿成绩的话，它们全得益于诸多前辈的熏陶，得益于我的许多老师二十多年来经常给予我的教诲。他们是：著名画家王晋元先生、吴敏荣女士、曾孝濂先生和许许多多过去我在版纳时到那里写生并给予我指导的画家以及我在北京求学时教授我的老师们；特别是提携我从一个普通的工人成为画家的著名植物学家蔡希陶教授和裴盛基教授。在这里，我要对他们诚挚地说声谢谢。"[16]

云南画院原副院长高金龙从1974年底成为王晋元的学生起，与王晋元相处近三十年，是王晋元多年来一直着力培养而成长起来的画家。

高金龙是上海知青，1970年上山下乡来到云南西双版纳建设兵团。1974年底，云南省文化局创作室办了个美术专业创作班，共招考五名学员。喜欢画画、有一定基础的高金龙考进了这个创作班。王晋元和姚钟华是创作班的老师，给学员上课，带他们实习写生。

在实际接触中，王晋元发现高金龙是一个画画的好苗子，有心对他多加培养，常在一些关键的地方给他指点和引导。王晋元带学员外出实习时，晚上回到住地，都要对学员白天画的速写作品一一点评。别看王晋元对人都是和和气气的，但对学员的要求很严格，对高金龙的要求特严格。

1976年11月从创作班毕业后，高金龙作为学员中的佼佼者，被留在了省美影室工作。就在文化厅的办公楼里面，他与王晋元老师共用一间画室。高金龙每天早上到画室后都要练一会儿书法，用半个小时，认认真真地写完一张大纸，天天如此。王晋元对他练书法是肯定的，说这条路是对的，书画同源嘛！王晋元自己也很注重书法，有时还与高金龙交谈几句书法方面的看法。

1984年成立了云南画院，省美影室的原班人马全部转入了云南画院，王晋元担任院长，高金龙成为了云南画院的专业画家，从此开始了与王晋元二十多年的长期相处，受到王晋元的言传身教。

1986年，王晋元支持高金龙到中央美术学院美术史系进修一年，开阔视野。在多年的相处中，王晋元的言行给高金龙留下了深刻印象，如王晋元的平易近人，为人正直，在大问题上有做人的原则，不趋炎附势，爱业敬业，勤奋刻苦，等等。他随王晋元下乡写生的次数比较多，亲眼所见，王晋元下乡深入生活的态度那么认真，每年都坚持下乡，每次下去重点要解决什么问

---

[16] 刘怡涛：《醉艺斋画论随笔·后记》，云南美术出版社，1998。

题，目的都很明确。高金龙心里一直记着王晋元对他说过的这样一句话："认认真真地把画画好才是真的，其他全是假的。"2000年，云南画院几位到退休年龄的院长、副院长退休了，高金龙挑起了重担，出任云南画院副院长。

高金龙日后在一篇纪念王晋元的文章里说，"我从西双版纳当知青之后到昆明学画，王晋元先生就是我的老师。此后，王晋元先生是画院院长，我是画院画家，相处将近三十年。因为王晋元先生平易近人，没有什么院长、师长的架子，所以我们平时交谈，尽可各抒己见。院外一些青年画家有什么问题也喜欢找他请教，王晋元先生也觉得与年轻人作学术方面的探讨可以开阔自己的思路，并且有益于活跃美术理论的气氛。我们在王晋元先生的花鸟作品中可以看出他是属于那种既有很深的传统功力，又藉于生活发展自己的革新型中国画家。"[17]

著名工笔花鸟画画家、中科院昆明植物研究所高级工程师肖溶，出生于艺术之家，父亲肖士英是留学日本归来的著名工笔没骨花鸟画画家。在父亲的熏陶和影响下，肖溶从小热爱大自然中的奇花异卉，喜欢画画。进入植物研究所工作后，他没有被植物绘图的本职工作所局限，而是刻苦钻研，勤奋努力，走上了从事工笔花鸟画之路，选择了以热带雨林为主题的热带花卉。他不断地向来访的知名画家学习，博取众长，作品不断出新，取得了令人瞩目的成绩。在肖溶的成长道路上，多次得到王晋元的支持和帮助。当他创作热带雨林的一些作品时，王晋元对他细心指导，耐心指教，既肯定他的成绩，也提醒他应该注意的问题。肖溶感慨地说："在云南只有王晋元对我这么细地指导，可以说，王晋元是我的一位恩师。"多年之后肖溶甚至还记得王晋元当年对他说过的一些话："榕树，大板根，奇异兰花，等等，这些东西在一起，好像很乱。如何把这些乱的东西穿在一起？穿得好就成功了，穿不好杂乱无章。"[18]

让肖溶最为感动的是，王晋元对艺术的态度和做人的低调。王晋元一心

---

[17] 高金龙：《云南雨林中走来的画家——忆王晋元先生》，2007-07-14。
[18] 笔者2015年4月18日采访肖溶先生的谈话记录。

扑到国画事业上，非常敬业，在艺术上已经取得那么大的成功了，但他还对肖溶这样说："我是很不轻易搞自己的个展，还不够格，还要努力。"王晋元这种谦虚而执着的进取精神，多年来一直激励着肖溶不断地辛勤耕耘。

2001年，肖溶出版《走进雨林——肖溶工笔花鸟画集》之前，王晋元在很繁忙的情况下，还极认真地为画集写了序言。他细心地一一观看画作，体味肖溶创作的苦心和艰辛。他清楚肖溶走上工笔花鸟画之路的历程是漫长而艰难的，中肯地评价说："肖溶付出了不少血汗。而他又选择了以热带雨林为主题的热带花卉。近几年来肖溶的花鸟画创作取得了令人瞩目的成绩，他继承了中国工笔花鸟画的传统，坚持骨法用笔，随类赋彩，构图平稳，开阖有制，每一幅作品都给人清丽浓厚之感，取得这样的成绩，没有艰苦的努力是不行的。"

重庆知青何瑞华从小是个苦孩子，家境贫寒。他勤奋念书，喜欢画画。在西双版纳支边，几年后被吸收进西双版纳植物园工作，学习画标本画。他刻苦努力，打下了一定的美术基础，又抓住各种机会拜师学艺，从1980年起向昆明植物园画家曾孝濂学习绘画，1984年入北京师范学院进修，从吴敏蓉老师学习工笔花鸟画，画艺大有长进。多年间，他还得到郭怡孮、王晋元、喻继高、李魁正等著名画家的指点，加上自己潜心钻研，提高很快。1989年，他加入了中国美术家协会，成为一位小有名气的花鸟画工笔画家。

1990年前后一段时间里，先后有绵阳师范高等专科学校和雅安师大与他联系，欢迎他到学校任教。这时，他有点拿不定主意了，何瑞华在心底深处是有些动摇，但又有些犹豫不决。这时，他想到了为人正派的王晋元老师。他坦诚地将这件事和自己的想法如实相告，请王晋元指点迷津。王晋元对他也坦诚地直言劝告说："你的根基，在云南，在西双版纳！你搞花鸟画的，离开了云南，离开了西双版纳，你画什么呢？到了绵阳，到了雅安，你能画什么呢？要想成大器，一定是要心安意定、专心专意的。你离开了西双版纳，将一事无成。你好好地考虑一下。"

何瑞华经过一番考虑，觉得王晋元说的这番话真有道理，决定不离开西双版纳了，哪里也不去了！之后的多年里，他在西双版纳潜心深耕，画技日臻成熟。由于有坚实的生活基础，他在绘画事业上取得了不小的成就，出版了三部画集。多年之后，当何瑞华回想到1990年就调动之事请教王晋元一事时，感慨良深。他说，王晋元当年那一番话令他刻骨铭心，对他个人的成长很有启发。站得高才能看得远，画家有个什么样的环境，决定能行得多远，走得多高。

何瑞华多年之后忘不了的，还有不少王晋元给予自己关心、爱护的一些事：

在一次写生的时候，王晋元看到何瑞华用的钢笔不太适合画粗的轮廓线，就把自己备用的一支美工笔送了何瑞华；又有一次，何瑞华陪王晋元去勐腊写生，在公车上把草帽搞丢了。当天晚上，王晋元就特意买了一顶草帽送给他。

对何瑞华参展省美展的画作，王晋元都要给他提出意见，指出哪里有问题，要怎么注意改进。好几次在版纳见到何瑞华的时候，总是先开口说："小何，把画拿出来看看！"然后就是认真看画，指出哪里行、哪里不行。有时王晋元还拿出自己的写生稿给何瑞华看，一边作一些讲解。

现在，何瑞华已经是第六届云南省美协中国画艺术委员会委员、中国热带雨林艺术研究院常务理事、版纳画院名誉院长、中国热带雨林艺术研究院副院长、云南普洱学院教授、中科院版纳植物园副教授，也是西双版纳州唯一的中国美协会员。

罗江是一位出生于云南楚雄州的彝族画家，国家一级美术师，2000年王晋元退休后，罗江继任云南画院院长、云南美术馆馆长、第七届云南美术家协会主席。

罗江从小好学，喜爱绘画，大学毕业后在从事宣传工作的同时，又刻苦学习，考上了云南省艺术学院研究生。毕业后从事美术设计，也搞绘画创作，但自感画面的文化内涵不够，于是，他又自学考上华东师范大学中文系，攻读古汉语专业，丰富自己的文化素养。

1999年，罗江得到时任云南画院院长的王晋元的引荐而进入画院从事专业创作。此后，罗江多次得到王晋元指导和帮助。日后回顾自己的学艺历程时，罗江说："我记得老师第一次见到我的画时说，在这个年龄段我的笔墨是用得最好的，包括造型能力。后来他一直对我要求严格，我多次得到他的指导。"

在罗江眼里，王晋元老师是一位在创作方面极其严谨、在生活上又很随和的人，作风朴素，从不图安逸享受。

虽然罗江主攻的是人物画，绘画风格也不同于王晋元老师，但王晋元的艺术表现的特点给了他重要的启迪。罗江说，王晋元老师的作品中还表现了他对热带雨林生生不息的生命感慨，自己的人物画创作从他的作品里那种表现得满、繁、密，浓墨重彩的强烈描绘中，受到了很大启发。

罗江已成为云南美术创作的代表性人物之一，担任中国美术家协会民族美术艺术委员会副主任、中国美术家协会理事，是享受国务院特殊津贴的专家。2015年，罗江又被推选为第七届云南省美术家协会主席。

罗江对有知遇之恩的王晋元老师不仅一直深怀感激之情，对王晋元的人品和画品，更是始终满怀敬意。他几次对来采访的记者和作家特意提到王晋元不断进取的精神和不懈的勤奋努力："王晋元去世后，我们在他的办公室里找到了许多从没拿出来过的画稿，在他画室的墙上，有上万个图钉印，他在创作中总是不断否定自己，随时将不满意的画从墙上取下，创作更完美的作品。"[19]

杨卫民现在是云南艺术学院的教授，云南省美协中国画艺术委员会主任，主攻花鸟画。他谈到一些有关王晋元对他的影响：大概是1980年夏天，他从德宏来昆明参加云南省少体校排球联赛，当时上中学，每年都会到昆明或其他地州打比赛。一次和几个队友四处闲逛，无意中漫游到了省博物馆，见有个展览就进去看了看。"那是我第一次看画展，挺好奇的。观众很多很热闹，墙上各种各样的画很好看。当我转了一个角，看见一面长墙上挂着同样大小的五六幅国画，我立时被钉在那里了。三十多年后的今天，我依然清晰记得那些吸引我的画面，也记住了画家的名字王晋元，这次偶遇的展览也是

---

[19] 闫钰：《花鸟画大家王晋元》，《都市时报》，2009年9月4日。

我和国画结下的最初的缘分。《蒙蒙细雨》中，那几只在湿漉漉的芦苇丛中备飞的健硕鹌鹑，开满山崖的杜鹃花，还有在野草坡上摇曳着的紫色报春都深深刻在我的记忆中。这个画展叫申社。几年以后我考上云南艺术学院美术系，才知道申社画展在云南美术史上是一个重要的展览。"

杨卫民生长在边远的芒市，记忆中没有画展之类的美术活动。唯一的信息来源是为数不多的报刊杂志中找一点零星的图片。有一次在母亲同事的办公桌玻璃板下面发现压着一张从《云南画报》裁下来的夹页，上面印着王晋元的几幅画，眼睛顿时发直，求母亲要了来，爱不释手，认真学习，真有点如饥似渴的干劲，至今他老家的箱子里还存着那页画报。

1983 年，经人介绍他认识了在德宏《团结报》社做美编工作的，也是王晋元先生的朋友，画家李开明老师，在他的鼓励下杨卫民报考了云南艺术学院。"后来我忽然被墙上的两幅画吸引住了，仔细一看，是王晋元的六尺斗方，分别画的凌霄花和杜鹃花，鲜艳的朱砂色十分耀眼。那时的芒市没有装裱店，李老师把画用糨糊贴在牛皮纸上，然后钉在白粉墙上，旁边用同样的方法贴着一幅姚有多的人物小品。后来又在他那里见过几幅王晋元的小品，印象最深的是一幅菊花鹌鹑，两朵硕大的菊花，下面站着几只悠闲的鹌鹑，后面是他惯常手法勾染出淋漓的野草，好看极了，这也许一直是我对中国画情有独钟的初衷。"

1996 年，杨卫民的一幅工笔画《丰饶故乡》在云南省第四届中国画展中获得一等奖，得知消息后，他激动的都要爆炸了，精神恍惚了好几天，那是从来不敢想的意外收获。之后的不长时间，他被告知入选进省美协中国画艺委会，成为年轻的委员，是王晋元老师提议的。

他回忆说："上世纪 90 年代末的一天，我带了几幅新创作的画去云南画院，向王晋元请教，进到画室不久来了几位国外的朋友，其中一位是华人画商，约好了来拜访王晋元先生，想请他去办个人画展，看得出他是王先生的粉丝。聊了一会儿，便忍不住提出来先睹为快，于是我就承担起挂画的任务，那天王晋元兴致很高，两三个小时，边看边讲，展示了几十幅精品，多半是两张四尺拼接的卷轴,还有部分没装裱的。那是我看过王晋元作品最多的一次,也是那一次我被他的勤奋和执着所震撼。难以想象身兼省美协主席、云南画院院长、省政协委员、全国各类画展评委等职务的他是如何在百忙之中创作出那么多精品力作的。而他有别于所有画家的全景花鸟画,在创作时需要投入数倍于别人的精力和时间,王晋元先生是艺术界的拼命三郎。"

2001年中秋前夕"云南省中国画作品展"在北京中国画研究院举行,原计划是王晋元挂帅亲赴京城的,但由于他身体的极度不适,终于没能前往。"记得是在出发前几天我去画院送作品,顺便带了几张作品照片,想王晋元帮我看看,见面后他认真看了照片,说比上次的好,还建议我多往首届全国中国画展的那个风格去。(我的一幅作品入选那次展览,王晋元是展览评委)看到他精神不太好,我就匆匆告辞了,想不到竟成了永别。"

邵培德,云南画院专职画家,国家一级美术师,擅长大写意花鸟画,曾于中央美术学院"张立辰中国写意画高研班"及教育部"张立辰中国画博士课程班"进修,曾获"第八届全国著名花鸟画家作品展"铜奖。

谈及王晋元先生,他说:"王晋元老师是80年代以后的中国写意花鸟界最闪亮的明星,几乎打开了一个全新视域的中国现代写意花鸟画,影响迄今益盛。前几年,中国美术馆展出了——中国美术馆馆藏20世纪精品展,记得在新中国美术的中国花鸟画展馆的进馆正面三张画中,分别是中间:李苦禅先生八尺斗方写意花鸟画,左右:王晋元先生及张立辰先生四尺写意花鸟各一张。这种展出格局,我认为中国美术馆的专家在布展中应该是有过慎重考虑的,由此也可见王晋元先生在中国现代花鸟画史地位之一斑。作为生长在云南的后学,王晋元先生的历程及成就,始终会成为我探索道路上的一盏明灯。"

中国美术家协会会员、专攻花鸟画的彝族青年画家满江红,自幼喜爱书画,1993年毕业于文山师范高等专科学校美术系并留校任教。1996年考入云南艺术学院美术系国画系并转学于中国美术学院国画系学习。毕业后任教于文山师范高等专科学校。尔后考上中央美术学院博士研究生,师从郭怡孮教授。他的作品多次参加国家级、省级展览并获奖。满江红是得到王晋元和郭怡孮老师的提携和栽培而起来的工笔画家。他是1995年从文山到昆明送画参加画展的时候认识王晋元老师的。以后又几次与王晋元接触过，有多次聆听王晋元谈美术创作的机会。满江红勤奋努力，踏实耕耘，显示出了一定的创作实力。1999年，王晋元提名推荐他的作品入选"第九届全国美展"，给他提供了一个走向全国画坛的好机会。以后，在王晋元的栽培下，满江红有机会参加了省内外美术界的很多活动。如今，满江红已是云南艺术学院副教授，被喻为云南国画"新生代"画家之一。

此外，王晋元还对一些业余画家和美术爱好者，也给予了无私的指点和帮助。

有时，会有省内外的一些业余画家和美术爱好者，到云南省画院里王晋元的画室请教。王晋元从不拒绝，也不会态度生硬，更不摆架子。他总是开门纳客，热情地、耐心地和他们交谈，或者帮看画，提些意见，作些点拨；或者耐心解答一些问题，提些建议。

美术爱好者、装裱技师李建明刚起步的那几年间，得到过王晋元的关心和支持。80年代末，原来在印刷厂工作的李建明开始学习装裱。他听说王晋元在美术界的名气，特地找到王晋元，请他在装裱业务上给予一些支持。王晋元客气地接待了他，很随和，没有一点架子。王晋元觉得年轻人创业起步不容易，没有拒绝他的请求，还友善地送他下楼。王晋元的平易近人和热情的态度，让李建明心中甚为感动。

当时经济情况不怎么好的李建明，第二次见王晋元的时候，带了一点微薄的礼物以表感谢。王晋元婉拒之后，李建明还是坚持要留下礼物。王晋元不好再坚拒，把这份薄礼留下了。等到李建明下次再去的时候，王晋元反过来将已准备好的价值更高一些的礼物送给李建明，作为回赠。有时李建明去找王晋元的时候，碰上吃饭时间，王晋元会叫李建明顺便一起去吃便饭。

相处的时间长了一些之后，王晋元还会以长辈的身份，直率地教导李建明：在家里要把老人照管好，在外面要少跟别人争，一旦发生争执时，要多站在对方的角度想一下。

有一次，李建明向王晋元求画，王晋元答应了，几天后就画了一幅画给他。这让李建明感动得不知说什么是好，因为他听说过，也曾有领导向王晋元要过画，王晋元却没有送。王晋元对同事这样说，"我是搞艺术的，他们当官的有他们的事，我有我的事"。

这些事情，都让李建明在内心里受到一种潜移默化的教育。他觉得王晋元不仅是关心他，对他特别好，更重要的是，言传身教，教他怎么做人，让他明白了许多人生道理。他说："我就是要照着王晋元的样子做人！"

李建明对王晋元发自内心地敬爱、崇拜。王晋元病重住院时，他多次去探望。王晋元去世的第二天，也是他去太平间帮王晋元把胡子刮干净。2006年在北京举办"王晋元艺术回顾暨捐赠作品展"的时候，他坚持要陪着王晋元家人去北京，帮助搬运展品，在展厅挂画，跑前跑后地出了很多力。王晋元去世之后的多年间，他一直长期同王晋元的家人保持联系，不时登门探望，嘘寒问暖。这份情谊一直延续至今。

这些中青年画家和业余画家及美术爱好者，在成长的历程中都不同程度地得到王晋元的无私的关心和真诚的支持、指导。他们后来取得的成绩中，都包含有王晋元的一份心血。在日后笔者与他们的采访谈话中，他们都由衷地表达出对德艺双馨的王晋元先生的敬仰之情及诚挚的感谢之意。

八、天妒英才

1. 最后的日子

　　2001年，从春天开始，王晋元的身体出现不适，胃部常常感到不舒服，有时还会牙痛。他自己觉得不是什么严重的问题，常常忍着病痛坚持工作。6月间，为庆祝建党80周年，他还同袁晓岑先生合作画了一幅画——《大好春光》。画画那天，他的牙还在痛。服了止痛药后，他坚持把画画完。

　　当时他已于上年退休，从云南画院院长的岗位退下来了，但仍任云南画院名誉院长，并且仍担任着云南美协主席职务。此外，他还要参加中国美协和中国画艺委会的一些重要活动。他在1999年又连任了第二届中国画艺委会委员。

　　整个夏天里，王晋元几乎都在奔波，先后到北京、青岛、大连参加了国内美术界的一些重要活动，担任了两个重要画展的评委。

　　一是被聘为由文化部艺术司、陕西省文化厅主办，中国画研究院、陕西省画院承办的定于2001年10月举办的"全国画院双年展·首届中国画大展"艺术委员会委员、评委。此次展览以"创造与经典"为主题，是对全国省级画院多年来创作成果的一次集中展示和检阅。大展艺术委员会从全国30家省、自治区、直辖市直属画院及深圳特区画院选送的500多幅作品中，精选出318件能代表作者艺术水平、观念和风格的作品参加展览。王晋元的作品《龙蛇升腾》入选参展。

另一是被聘为定于9月举办的"百年中国画大展"评委。由文化部艺术司、中国美术家协会、中国美术馆、中国画家研究院联合主办的此次大展以高度的历史性、前瞻性，客观、公正地回顾和审视百年中国画，全方位，多视角，系统展示各历史阶段的名家名作。大展评委会精心遴选的1901—2000年间的542位国画名家的551件作品。充分考虑地域风格流派，兼顾已故画家及当代老、中、青作者。兼容人物、山水、花鸟等各种题材。王晋元的作品《绿谷》入选参展。

挚友郭怡孮在这些活动中与王晋元多次相聚，看他有些消瘦，问起情况，王晋元对他说，没什么大病，仅是胃部有些不好，老感到胃不舒服。

参加完这些活动回到昆明之后，尽管感到身体状况已经不很好，胃部常出现疼痛，但王晋元还是忍着疼痛坚持作画。

由北京中国画研究院主办、云南画院承办的"云南省15位中国画画家邀请展"于2001年9月15日在中国画研究院展览馆开幕。参展的画家分别来自云南省的五个地市，绝大部分从美术院校毕业且目前从事艺术教育工作。展出的200幅作品，基本上代表了目前云南地区中国画现状和水平。王晋元有10幅作品参展。展览期间，主办方还召开了作品研讨会。研讨会上中国画研究院院长刘勃舒在发言中说："云南的人物素材很有特点，使用工笔线条要避免'工而不活'，用大写意会更有特点，人物形体服装很外露，有情趣，若不把握这些造型特点单纯研究线条表现是很难的。艺术离不开对对象——人的反映。抽象地去谈论笔墨和线条很难区分出好坏。云南画家应该重视思想上开放观念上的转变，理论上的研究探讨，更要注重形成个人的风格特点。"

中国美协秘书长孙克说："云南的画家们都有各自的追求，风格并不雷同，面貌上距离拉得比较开，十五位画家基本有十五个面貌。比如王晋元先生追求自己的风格，注重背景、条件、环境上的结合。在云南的这些年里他有了很高的成就，因为云南四季如春、景色秀丽，到处是花，对王晋元先生的艺术有很大的影响，他也发挥了自己的特长，影响了很多人。另外几位人物画家作品也很有特点。云南能这样多面貌地发展中国画自有其道理，丰富美好的大自然环境和多种多样民族文化的积淀使云南有可能充分利用地区风格、特色再发展、再努力，更深刻地发掘一些东西在思想内含、艺术追求上达到一个更高的水平。"

刘龙庭说："云南的画家在创作中做了很大的努力，山水、人物、花鸟品种俱全，工笔、写意、现代意识的追求全面铺开。总的感觉画家们现在的面貌和云南的地理人文差距还是比较大，还应该更美、更有力度、更有气魄、更丰富。云南是有特点的，如果各位画家的作品中糅进云南的地方特点，那么其作品在中国的冲击力度自然会更大。在21世纪画家们追求现代感、追求新形式是值得提倡的，但云南的绘画优势还是在于地方特色。"

从云南走出去的著名画家、中央美院孙景波教授说："这些年云南的美术发展得很快，在全国画家水平提高以后，云南画家的整体水平也提高了。如果说美丽的云南是一本书，全国画家都能来翻看一下。但真心能把这本书逐行逐句读透的只有云南画家自己，因为他们有近水楼台的条件。希望他们把丰富、美丽、神奇这六个字注释得更深厚。"

另一位从云南走出去的著名画家、北京服装学院郎森教授说："看了这个展览很高兴，过去云南的国画底子很薄，现在所呈现的面貌喜人。说明云南的整体美术水平比以往有了很大的进步，可以说是今非昔比。但是我们也应该知道如何更深入更好地发展云南美术，仍然是我们要面对的问题。"

座谈会开得友好而热烈。画界、美术评论界的专家都在会上发言，提出了不少建设性的意见。

秋天，王晋元又有一次出访台湾的活动——应台湾财团法人中台文教基金会的邀请，作为中国美术家协会代表团成员访问台湾。

临近出发的前些天里，王晋元的健康状况已经令妻子有些担忧。他吃不下东西，胃部有时疼得厉害，人明显消瘦。妻子看他这个情况，觉得再出门远行有点不合适了，几次劝他就不要再去台湾了。可王晋元是个不愿给人添麻烦的人。他总觉得台湾方面的邀请很热情，中国美协和台湾方面很早就开始筹办这次访问，已经花了很多时间和精力。如果在出发前夕，团员情况临时产生变动，将给台湾方面和中国美协都造成很为难的情况。自己不应该这样做，不能让双方为难。所以，他想还是应该去。他对妻子说："如果不去，对不起主办方，因为已经组织筹办了很久，给人家添麻烦了，不去有点不太好。办去台湾比办出国的手续还艰难，名单定了有那么多人去，其中一个突然不去了，不好。"

除了这个想法之外，还有一点是，王晋元一生都很少生病，他觉得自己的身体一直都不怎么差，现在有点不舒服的情况，不是多大的事，坚持一下应该没有太大的问题。

王晋元遇到问题总是多替对方考虑，多为别人着想。这一次也是这样，他最终还是决定参加代表团出访台湾。

中秋前夕，王晋元于9月25日再次踏上了宝岛台湾。

王晋元和代表团其他成员都时时感受到台湾主办方的友好热情。东道主精心安排代表团由北到南，由东到西，访问了台北、高雄、花莲、垦丁等地的美术馆、博物馆。这些美术馆、博物馆中有很多很精彩的藏品，几乎所到的这些展馆中都有负责人和专人陪同欣赏这些艺术瑰宝。这些藏品涉及史前的陶器、青铜器以及历代的书画、瓷器、玉器等，令大陆来的艺术家们激动不已，他们在董其昌、王铎、查士标、龚贤以及八大山人和石涛等大师的作品前流连忘返。

代表团还在台中南投县埔里镇刚刚落成的中台禅寺进行了艺术交流。9月30日，适逢中秋佳节，代表团在台湾度过这个团圆的节日显得更有意义。这天，中台禅寺的住持惟觉老和尚专门举办了盛大的中秋联谊活动——以"佛法艺术化""佛法生活化"为宗旨的海峡两岸艺术文化交流研讨会，邀请了台湾的王寿首（中华艺风书画会会长、著名画家）、王北岳（台湾师范大学教授、著名书法家）、付申（台湾大学艺术史研究所副教授、书法家）、陆蓉之（实践大学视觉艺术传播系副教授、评论家）、吴永猛（空中大学教授）、李祖原（普林斯顿艺术系硕士、著名建筑师）、吴隆荣（油画学会理事长、台美术协会理事长）等三十余位艺术家、学者莅会。加上从台湾各地赶来参加研讨会的佛门法师、俗家弟子以及地方的一些政要，共约四百余人参加了这次盛大的中秋联谊活动。

下午，海峡两岸的艺术家们现场挥毫，将画作和书法作品捐赠中台禅寺。首先是中国美协代表团的全体成员合作了一幅水墨巨幅——《四君子图》，然后是各位画家单独作画。王晋元先是与团长肖风合画了一幅山水画——《云山图》，然后又独自画了一幅水墨花鸟画——《双清图》，并在图上题字"识写高洁之物"。这两幅画都当场捐赠给禅寺。

虽然访台的时间不长，但代表团成员都深有感受。在台湾访问的两周日子里，活动内容安排得很满，走访的地方也多，王晋元的精神状况还可以，身体状况也还不是很差，只有一个明显的问题是胃口不好，吃得很少。但从台湾回到昆明后，身体明显地消瘦、衰弱。他的同事、朋友都发觉他身体的明显变化，暗暗地替他担心。有的人不好开口表达这种担心，有的交情深厚一些的友人开了口，提醒他去医院检查一下身体。

王晋元自己也确实感到身体是有点不大对劲，浑身疲乏，时时总是觉得累，有时还会有一种很累、很累的感觉。这段时间，妻子蔡仲明患上了尿毒症，开始在医院做血液透析，也没顾得上仔细观察和关心王晋元。也许是怕妻子担心，王晋元自己一直没有去医院做检查。

不过，王晋元此时是已经感到身体的确有一些变化的，但他始终没有和妻子讲什么。夫妻俩都较沉闷，谁也不愿多说一句。虽然内心深处都有不安和担心，但谁也没有朝那可怕的不治之症方面去设想。

在家里待了几天，胃痛的状况越来越重，王晋元去了医院。在昆华医院干部科作了初步诊疗后，医生便明确地告诉他，"你现在就需要住院作详细检查"。王晋元住进了医院，按照医生的安排，一个项目一个项目做检查。

开初几天，他的情况还不算太差，起居走动还基本正常，主要是吃不下东西。一天，内弟蔡君葵开车来把姐夫和姐姐接到他家去吃饭，说换换口味也许会好一些。王晋元想，出去透透气也好，便与妻子一起坐车去到内弟家。内弟蔡君葵事先安排好的是全家人陪着姐夫、姐姐到外面饭店吃饭。可王晋元说，不想去外面吃饭了，就给我熬点稀饭吧。

恭敬不如从命，蔡君葵只好给王晋元熬了稀饭，蔡仲明陪王晋元一起吃。夫妇俩什么话也没有说，好像也不知该说些什么好。俩人都在有意回避谈病情这个让人担忧的话题，都不愿往最坏处去想。就这样，俩人默默地吃完了一顿饭。直到最后，王晋元才小声对妻子说了这样一句话："今天的稀饭还好吃。"

又过了两天，王晋元晚上做了一个奇怪的梦。第二天晚上，他又连续做了一次梦。从梦中惊醒后，他还记得梦中的情景。这一天是10月18日，王晋元在随身带的小本子上写下了这段文字，记下了他梦中的情景和一点感慨：

在人的一生中，恐怕是在病痛、危难、寂寞的时候，最会想起自己的父母。父母永远是儿女的保护伞和精神上的支柱。虽然父母已经去世，仍然一样。我的母亲已去世12个年头，而父亲已去世了10个年头。在这漫长的时间中只偶尔想起他们，而因为工作、家事、生活也一闪而过，只不过一时掠过对他们的遗憾。那么多的遗憾，怎样的弥补。奇怪的是在我身体最不好时候，竟连续两个夜晚梦见他们，而梦是那样的奇怪，扑朔而迷离，叫人不解，而又好像明白了一些什么，但又不是这样，久久挥之不去。

一

好像我走进了一个奇妙的山城，灰瓦白墙，错落有致，只有一条路，在最精彩的部分好像有一个圆形的球状。我先开始就这样的走着，走进了一个房子，有很多的人好像都是熟人，内中就有我的母亲。母亲好像在找什么，她对我说你是不是要钱，我去拿。然后她拿来的没几个钱。我忽然想起，（问母亲）你是不是需要钱，我去拿。就这样，我走出了这个房间。走了一个街道，又到了另一个街道，但是不知怎地，我找不到回去的路，怎样我都回不去，我是那么得急，想也想不起路是怎样走。我不断地回忆，但就是找不着，这对我来说是不可能的，我好像被隔在另一个城市。我被惊醒。

二

在一个莫名其妙的地方我见着我的父亲，他既不高兴，也没什么生气。他只是看我，后来昏昏的我又转了许多地方，又回到了这个地方。而父亲平躺在一个光的木板床上，好像很冷，而又把一个垫子紧紧地裹在身上，像是冷又像是不冷。我想要找一个地方，一定要找一个地方让他舒服一些，猛的醒了。

（2001.10.18）

此时，王晋元的头脑还是清醒的，这从他写的文字可以看得出来。整篇文字笔迹清晰，语气通顺，表达清楚。可是这种梦境却是那样的奇怪，甚至有些怪诞！

谁也不知道，离王晋元生命的尽头，只剩下一个月的时间。

王晋元住进医院后，怕麻烦别人，嘱咐家里人不要跟别人说自己住院的事情。可是后来，不少老朋友和同事还是知道他住院了，也知道了他的病情很严重。大家都陆续来到医院看望他，要他宽心养病，谁都没有对他说破病情。有的老朋友还故作轻松地与他开玩笑，说一些愉快的事，尽量安慰他。

几天后，病情诊断结果出来了，是十二指肠癌。医生没有让王晋元知道，只是告诉了他的妻子蔡仲明。

在首都读北京林学院的女儿王月从北京赶回来了，守在父亲病床前。王晋元是最疼爱这个女儿的。

郝平来了，说自己的手臂小骨裂了，王晋元还跟他开玩笑说："你是出厂的时候，零件没有装好，不像我，从来都不病。"王晋元以为自己很快会好的。

王晋元的老搭档、画院副院长杨成忠来到医院看望，跟他聊起以往一道下乡写生的愉快。王晋元说："老杨，等我病好了，我们去一次临沧的几个边境县，一直想去都未去成。"杨成忠说："当然，当然！是啊，云南就这几个县我们没有跑到了，等你病好了我们就去。"

王晋元的病情恶化得很快，身体很快消瘦下去，仅入院十多天体重就掉了五六公斤。一天，王晋元的老朋友李伟卿叫上肖溶一起来到医院看王晋元。说着说着，李伟卿和肖溶都注意到王晋元的眼角流出了泪水。李伟卿赶紧找了个话题逗他说："晋元啊，你还差我一张画呢！你早先答应过给我画一张水仙球的，赶紧好起来，画画给我呀！"

老友王瑞章夫妇来看他的次数很多。身为北方人的王瑞章，有心包了地道的北方饺子送来给王晋元尝尝家乡口味。这饺子包的很精致，搁了不少芝麻油，闻着就很香。对其他东西都已没有了一点点食欲的王晋元，似乎闻到了家乡的味道，没有拒绝这家乡味道的饺子，可是没吃几个就实在吃不下去了。王瑞章那些年每年都把自己养的水仙花送一盆给王晋元，此时，他在画本上画了一盆水仙花带到病床边给王晋元看，对他说："我等着你出院时再送你水仙花哩！"

肖溶夫妇特意用野山参熬了鸡汤送到医院给王晋元补身体。王晋元推辞再三，最后才收下了，可是也没能喝下多少。这天，肖溶还带来了自己的画册《走进雨林》让王晋元看，对王晋元写序的辛苦表示感谢。这本画册是几个月前请王晋元写的序，由云南美术出版社出版，刚印出来几天。王晋元看到画册印出来了，也为肖溶高兴，边说着祝贺的话，边坐起来戴上老花眼镜，一页一页地翻看。

11月8日下午，从外地回到昆明不两天的晓雪听说王晋元生病住院了，去到医院探望他。正好蔡仲明和女儿都在。晓雪看到王晋元果然瘦了许多，蔡仲明告诉他说，光入院这十多天体重就掉了五六公斤！入院前半个多月体重就已经减了五六公斤，加起来这一个多月就掉了十一二公斤了。王晋元见晓雪来了显得很高兴，向他介绍女儿的情况，还说了许多话。王晋元笑着对晓雪说："我活到六十出头，这是第一次住医院、头一回打吊针，想不到一来就这么猛,真是'病来如山倒'啊!"

晓雪安慰他说:"你过去从未住过医院,所以可能有些紧张着急、不习惯。我从年轻时候到现在,住过好多次医院,为输尿管结石曾先后开刀四次,现在不是还好好的吗?精神很重要,一定要乐观,充满信心,积极配合医生治疗。你身体一直很好,基础好,体质好,相信会闯过这一关的。"然后,晓雪还举了张光年的例子开导他说,"光年同志1979年患直肠癌,手术后恢复得很好,现在又过了22年,老诗人已过了88岁高寿还很健康。"

听了晓雪这番话,王晋元的心情似乎要好了些。

王晋元在天津的妹妹王彩兰和弟弟也从天津赶到昆明,轮换守在哥哥病床前。

11月18日,是王晋元动手术的日子。手术进行得很顺利,但最终结果如何,还得再观察。手术完成后,王晋元被送进了ICU病房。他一直处于半昏迷状态中,亲友们都焦急地等待着能从ICU病房中传出点好消息。

这些天,蔡仲明自己的病情加重,也住进了昆华医院治疗,身体很虚弱,不能时时陪伴在王晋元身边。11月22日上午9点,蔡仲明进到ICU病房,走近王晋元的病床。王晋元平稳地躺在床上,睁开眼睛见是蔡仲明,就对她说:"今天是第几天了?我想喝水。"

蔡仲明说:"是手术后第五天,你会慢慢的好起来的。医生暂不允许喝水,我给你润润嘴唇吧。"说完,蔡仲明用棉签慢慢地蘸些水在王晋元嘴唇上。

王晋元只又说了一句"我好累啊",就又闭上了眼睛。

此时,在遥远的北京,经挚友郭怡孮的多方努力,约请好了北京301医院的专家为王晋元远程会诊,并已商定当天下午3点由昆华医院的医生带上病历资料到云南第二人民医院与北京专家进行网上会诊。郭怡孮寄希望于这次现代化的远程医疗救助,能够把王晋元从病危中拯救过来。

可是,当时钟指向3点整的时候,北京的医生和朋友没有等来网上的信号。3点刚过了一两分钟,郭怡孮即先后接到了中国美协办公室和云南画院的电话,告知王晋元已于3点差20分时去世。郭怡孮实在无法接受这一事实,眼前一片空白，悲伤地愣在那里说不出话来……

下午2时半许，蔡仲明还正在昆华医院大门口准备送弟弟蔡君葵陪着医生到红会医院去参加远程会诊时，在ICU病房里，2点40分时，王晋元停止了呼吸。他就这样静悄悄地走了。

听到从ICU病房传出的噩耗，亲人们悲痛不已。

晓雪于当晚得知王晋元去世的噩耗，深感惊诧，当即将这一不幸的消息告诉远在北京的王晋元的好友孙景波。孙景波有点不相信自己的耳朵，在电话上连问晓雪三遍，确认没听错后，也感到太意外、太突然、太震惊！他连夜赶写了三页稿纸的悼词，第二天清晨电传到昆明，表达了首都美术界的朋友对王晋元一生成就的高度评价和对他的逝世无限惋惜、无比悲痛的心情。昆明的朋友、同事都深感震惊，万万想不到王晋元就这么快地离开了人世！

真是天妒英才！一位正值创作盛期的杰出画家的生命就被无情的癌症这样冷酷地夺走了！

2. 晋元，走好！

带着对艺术的挚爱、带着对云南的深情、带着对亲人的眷念，王晋元走了，依依不舍地走了……

他自25岁踏上云南的土地，此后37年的艺术生命全部奉献给了云南。而今，他驾鹤西去，将一切都留在了云南这块大地上，留在了亲人、友人、同事心中。

大家王晋元的英年而逝扼腕痛惜，为中国国画界失去了一位杰出的国画家，为云南美术界失去了一位领军人物，而深感痛惜。

云南画院王晋元同志治丧委员会向全国美术界和有关人士发出"讣告"：

中共党员，云南画院院长，国家一级美术师，云南省第七届人民代表大会代表、政协云南省第四、五、六届委员，云南省美协主席、云南省文联副主席,中国美协理事,中国美协中国画艺委员会委员,中国画研究院院委,中国著名花鸟画家王晋元同志因患胃癌,经医治无效,于2001年11月22日下午3:00在云南省第一人民医院不幸去世,享年63岁。

根据王晋元同志生前遗愿及家属愿望,丧事从简,王晋元同志遗体于2001年11月25日在昆明市殡仪馆火化。

云南省美术家协会发文——《寄托哀思——沉痛哀悼王晋元先生辞世》:

我国著名的中国画家、中国美协理事、中国美协中国画艺委会委员、国家级突出贡献的专家、云南省文联副主席、云南省美协主席王晋元先生因病于2001年11月22日在云南省第一人民医院逝世,享年63岁。

王晋元先生的不幸病逝,我们难以相信,我们深感悲痛,我们沉痛地哀悼并深切的怀念他。

王晋元先生,祖籍河北,1939年3月26日生于河北乐亭县。1964年以优异的成绩毕业于中央美术学院中国画系,后分配到云南工作。从那时起到他逝世的37年里,王晋元先生把毕生的精力全部献给了他所热爱的云南边疆,他所热爱的美术事业。为中国画的发展,为中国美术及云南美术事业的发展做出了杰出的贡献。

在他担任云南省美术家协会主席期间,尽职尽责,任劳任怨,谦虚随和,平易近人,团结和带领全省美术家,为云南美术创作的繁荣、美术人才的培养、美术事业的发展做了许多实际工作。他对于中国美术的传统继承、现代创新艺术与生活,普及与提高等重大问题都有比较清晰的见解,显示出他较高的思想修养、艺术修养和审美情操,是一位具有强烈的爱国主义思想和民族自尊的艺术家,是一位新时期推进先进文化发展的身体力行者。在艺术创作上,他坚持歌颂祖国,反映社会的主流,坚持艺术创作的正确道路,反映火热的时代生活和人民大众的思想感情,体现出优秀的思想品质和审美情趣。

王晋元先生过早地离开了我们。但是,他那高尚正直的人品、对艺术执着追求的信念以及辩证的艺术思维方法和认真负责的敬业精神将永远激励着我们，激励着新世纪云南美术事业的更大发展。

王晋元病逝后，全国的唁电如雪片般飞来，云南省美协、云南画院的电传从早到晚络绎不绝。有中国美术家协会、中央美术学院、中国美术学院、各省区美协、画院及著名画家刘大为、杨力舟、刘国辉等，计数百份次，深切表达了大家对王晋元先生的哀思与追念，同时也是对他的艺术成就的肯定和赞誉。

2001年11月25日，在一阵阵寒冷的冬风吹拂中，云南省文化厅、省文联党组、省美协和云南画院的领导以及云南文化艺术界知名人士、画家多人，来到昆明跑马山殡仪馆，向中国著名花鸟画家王晋元先生的遗体告别。场景凄沧，寒风拂面，肃穆凄清，人人心恸不已。王晋元先生走得那样突然，以至大家刚听说他病重住院不几天，竟已噩耗传来。

相处了42年的老友姚钟华深情地写下了这样一副令人击节的挽联，精辟概述了俩人之间的深厚情谊和王晋元的艺术苦旅：

同窗同事同登雪山穿雨林渡金沙得千百粉本风风雨雨四十二载同甘苦往事怎堪回首
爱山爱水爱研传统重师承敢变化开一代新风煌煌灿灿七十二难多磨炼来者可悟前途

王晋元逝世后，各界人士以各种方式表达了对王晋元的哀悼和追念之情，情深意切。

中国作家协会云南分会主席晓雪发表了《美术界的重大损失——沉痛悼念王晋元同志》一文，追忆了王晋元三十多年来走遍云南山山水水，创造了自己独特风格的成就，以及为繁荣和发展全省美术事业倾注了大量心血的努力。文章末尾，晓雪发出了如此这般的感慨："晋元才62岁就匆匆离去，

实在是我们云南乃至全国美术界的重大损失！如果再活十年、二十年，他还会给我们留下多少光彩照人的艺术精品啊！"

《云南日报》社主任编辑、美术评论家段锡写下《冬风寒凝送英杰》的消息，向公众报道了王晋元病逝。段锡表达了自己沉痛的感情："正当王晋元丰收的黄金季节，一场瞬间骤至的病魔夺去了他宝贵的生命，惜哉、悲哉！真是天有不测倒柱石，山无思心亦泪盈。"

中国美术家协会中国画艺委会秘书长、中国美术理论委员会委员孙克，感情凝重地写下了《期待大师——中国画的世纪思考》一文。在回顾了令20世纪的中国美术史熠熠生辉的多位大师之后，作者强烈地表达了对"当代与未来大师的诞生与成长"的关注,其中,特别提到了对王晋元病逝的悲痛和惋惜,作者怀着强烈的历史使命感,"期盼着在新世纪里伟大的中华文化在发展中得到全面的复兴,向当代的画家们呼唤大师,热切地期待大师的出现。"

  孙克是把王晋元视为有希望攀登大师顶峰的群体中的一位卓越画家的。

  时代呼唤大师,艺术的繁荣需要大师。可是,王晋元这位极有希望成长为大师的杰出画家,倒在了离大师顶峰不远的路上。

  一颗充满希望的艺术之星陨落了……

九、艺术生命的延续

1．"大红袍"

2004 年 1 月，《中国近现代名家画集·王晋元》由人民美术出版社出版了。

画集为王晋元花鸟画作品选集，王晋元毕生致力于中国花鸟画的探索与创新，并取得了举世瞩目的成就，具有较高的艺术水准与艺术价值，被画坛内外所认可。这部画集收入了王晋元小写意彩墨中国画花鸟代表作品，内容丰富，再现了王晋元不同阶段的绘画风格及创作特点。

《中国近现代名家画集·王晋元》的"内容简介"这样扼要介绍了王晋元及他的艺术成就：1964 年毕业后，放弃留在大都市的机会，主动选择到云南工作，从此在这块神奇而美丽的土地上开拓了一条花鸟画发展的新路，取得了丰硕成果，成为新中国花鸟画坛上比较有影响的一代大家。王晋元对云南特有的立体、多样、美丽而又丰富的景观有着深厚感情，长期坚定地奉行着艺术来源于生活的真谛，多年来他踏遍了云南的崇山峻岭，把对生活和生命的感悟、对自然和环境的亲和融化在自己的艺术形象和创作之中。经过艰难的锤炼和探索，终于创造出自己独特的花鸟画新风格。他创作的巨幅花鸟

《穿过河源》　90 年代　138cm×140cm

画，气势宏大、境界宽厚、内涵丰富，他的视野已从传统文人丛艳折枝、点景禽鸟的水墨小品中脱颖而出。作品体现出大、满、壮、野、繁、密、奇、艳的特点。

　　郭怡孮受王晋元家属和出版社的委托为这本画集写序言。为写好这篇序言，多次到过云南的郭怡孮又一次来到昆明王晋元家中，通读了他家中保留的创作和习作、笔记、手稿、速写、信件等。郭怡孮"深感他的一生以全部身心之力投入到推动中国画发展的事业上，他所取得的成就昭示给中国美术界一个光辉的典范。"之后，郭怡孮花了很多心血，精心写下了这篇序言——

《大野山花为你开放——王晋元花鸟画创作成就及其意义》。

这篇序言心血写得很有分量，全面地追述了王晋元的人生道路和艺术历程，剖析了王晋元画作的艺术特点，揭示了王晋元的艺术成功之路。

作为王晋元的同道挚友，又是著名画家、业界专家，郭怡孮知人论事，感情真挚，见解深刻。在序言的开篇，郭怡孮便沉痛地说："建国后培养出的新一代最优秀的国画家之一，王晋元先生于 2001 年 11 月 23 日离开了我们，享年只有 63 岁。花鸟画界的这面大旗突然凝滞在云南万花丛中，中国画的队伍里失去了一位闯新的帅才，青年画家失去了一位尊仰的导师，我失去了最亲密的同道和兄长。"

序言篇幅较长，将近一万字，分为四个部分：一、从密林中开拓新路；二、大野山花新式样；三、写"交响曲"与大语言意识；四、艰难的成功之路。

由于王晋元本人留下的文字资料不多，公开发表的文章甚少，郭怡孮精心撰写的这篇序言，成了诸多想了解王晋元或研究王晋元画作的人士的重要参考文献。各地美术院校中以王晋元的花鸟画创作为研究课题的博士、硕士研究生们，在写作毕业论文的时候，几乎都受到过这篇文章或多或少的启发，大都程度不同地引用过这篇序言中的观点或材料。

与王晋元先生有过多年交往的《云南日报》资深记者熊树文，看过《中国近现代名家画集·王晋元》卷后，以《大花鸟的恢宏画卷》为题撰文评介。这篇文章用大花鸟的概念，阐发了作者对王晋元大花鸟画的见解：

第一，气魄恢宏。这类作品收入画集中就有 100 幅之多，有的还数张相接，气势宏伟。如《涧》《新月》《绿乡》《春满雨林》《遍青山红了杜鹃》《幽谷传声》《雨林风采》《龙蛇升腾》等。在王晋元先生的笔下，神奇的西双版纳热带雨林，已不再是一枝、一隅、一情、一景，而是成了一种宏大的叙事式的场景。按画界人士的说法：已是此画非彼画。即此画虽保留了传统国画折枝的布局原理，但却增添了现代的构成原素，点、直线、横线、弧线及泼墨团块，透过满、密、繁的画面，展示了一种博大、恢宏的气势。

第二，构图大气。版纳的热带雨林物象丰富，为解决众多物象杂、乱、散的毛病，王晋元先生根据珠和线的关系，采取了"截断法"的画法。从生活中截取最精彩的一段，再按照艺术规律加以类化取舍，突出了物象的满、密、繁、野、奇、重，避免了作品乱、板、刻、结、滞等毛病；在主体层面和中间层面上，突出主体层面鲜花怒放、争奇斗艳的景象，凸现了热带雨林生态美的特征。

第三，意境新颖。石斛，在树丫盛开；地衣、苔藓、兰草，爬上了树干；山花、小草，正在享受着阳光……在王晋元先生的笔下，版纳热带雨林，变得有情有趣，有滋有味。因为采用了"截断法"，热带雨林成了美的剪影，增添了仙气，耐人咀嚼。

第四，笔墨精妙。笔墨（即线条）是中国画最基本的造型手段。王晋元先生的笔墨不是旧程式的袭用，而是感物化气，笔随心运，是胸中审美"意象"的"迹化"。如《石之魂》《山之灵》等，他以水墨为底，正反面反复相衬，再加以粉色式矿物质颜料，个别地方则施以浓墨点彩；石与山上的兰花、苔鲜、野卉，则做了很大程度的强化，使之色感细腻、层次丰富，且少见了模式化的陈迹。

第五，语境丰富。语言是作品成功的关键。著名画家郭怡孮先生曾评论王晋元先生的作品说："在应用传统语言方面，在借鉴绘画新语言方面，在创造性组合各种语言'写交响曲'方面，王晋元投入了极大的热情和取得了可喜的成就。他十分清楚他的审美取向不再全是花鸟形象的塑造和传统美感的表达，造型的观念已扩大到对画面整体氛围的营造。一种生命精神的全方位表达。这种大语言意识使他的作品焕发出崭新的生机。"确实，王晋元先生创造的艺术语言是成功的，是一曲"交响曲"，是"大语言"。读他的画，可读出"老柏摇新翠、幽花苗晚香""野棠开未落、山缨发欲燃""落月摇情满树红""春深杏花乱"……虽然，我没有见到过王晋元先生画中题诗。但个中意趣，却能余音绕梁。

2. 一生都在画云南

王晋元逝世后，社会各界没有忘记他一生都在画云南的执着的努力，没有忘记他对云南的卓越贡献。在评选"云南省最受群众欢迎的艺术家"中,王晋元成为荣获此称号的艺术家之一。2006年,"云南文学艺术界卓越贡献奖"又追授予王晋元。在这十年里,人民美术出版社、天津杨柳青画社出版王晋元画册三种。王晋元逝世前应邀为人民大会堂、天安门城楼等重要场馆创作的巨幅作品,也先后选入一些珍藏画册中相继出版。

蔡仲明更没有忘记丈夫一生都在画云南的执着的努力,她一直在考虑这个问题——什么是对丈夫最好的纪念?

夫妻相处几十年,蔡仲明是最了解王晋元的。蔡仲明最了解王晋元要办个人画展的心愿。王晋元一生对艺术孜孜以求,生前最大的心愿就是要力争把自己的艺术水平推到高峰,为中国的国画艺术竭尽薄力。蔡仲明想,他留下的作品应该属于国家、属于人民,若将丈夫的艺术精品捐赠给中国美术馆,为国家的这座艺术宝库保存中国近现代美术史料、艺术档案贡献一份薄力,并使之有机会呈献在全国观众面前,完成丈夫多年的心愿,这也才是对丈夫的最好的纪念!

在画册"大红袍"出版之后,蔡仲明考虑这个问题的时候更多了,她开始为筹办王晋元个人画展而联系有关方面。在她2005年2月25日的日记中,写有这样一段自己向先夫倾诉的话:

晋元,你好!你知道我是多么高兴,中国美术馆王晓梅已打来电话,告知他们要收藏名画家的专款已下达,该馆要收藏你的画。……当然,我已知道你的几个愿望是:第一,出版一本档次高的画册,把你的艺术精品记载下,奉献社会,展示你的艺术成就;第二,即办一个高规格的个人画展,将你最满意的作品展示在众人面前,让美术界内外的观众亲眼看到你创作的原画,和你共享云南山水、花鸟的美。关于这两样,第一件,画册"大红袍"已出版,画界的朋友反映说,"印得还不错"。第二件,办个人画展,我正在各方联系筹备之中,如果能筹到公款支持是上策,这样对你多年在云南美术界的影响和地位,是一种承认和肯定。如果筹不到公款支持,我也会为你筹资举办画展，因为这是你的心愿。中国美术馆是国家级美术馆，他们已收藏了全国很多名家的画。你创作的精品，怎样体现它们的艺术价值和你的艺术成就，我想这是一个最好的去处，我现也想不出比这更好的办法。

这几年间，蔡仲明一直这样用写日记的方式，和在天堂里的丈夫说上一些心里话，倾吐对丈夫的深切怀念之情。经过一段时间的深思熟虑后，蔡仲明在心里做出了将王晋元四十余幅精品画作捐赠给中国美术馆永久收藏的初步决定。同一天的日记里，蔡仲明也写下了自己要去征求儿子王云勃和女儿王月的意见的想法："你的创作，对他们首先是很好的精神遗产，我希望他们能从中吸取你对事业的执着和追求，让他们从中吸取对终身有益的精神财富。从他俩目前的思想状况来看，实现这一点应没有问题，然而他们的下一代，或者再下一代会怎样？可能我想得太多太远，不符实际，是多虑。但我是想让你留下来的精神和物质，永远得到孩子们的尊重和继承。如果在我们的第三代、第四代人中有一个学习美术的就好了。今年的春天来的很早，艳阳高照，室外鲜花盛开，如果你能在画室（现客厅）作画该有多好。"

当蔡仲明把自己的这个想法跟儿子和女儿提出来商量的时候，儿子和女儿都毫不犹豫地表示同意。他俩心中也都清楚父亲生前的追求是什么，懂得父亲的事业怎样才能永恒。他俩也都认为，将这些画作捐赠给中国美术馆永久收藏，让父亲的艺术精品能够永世长存，这才是对父亲最好的纪念，也才是儿女的对父亲最大的孝顺之举。

其实，他俩心里何尝不明白，在现在的市场经济下，父亲的这些画作如果转让给私人收藏，那全家能收获的经济利益将会是极为可观的。但是，他们坚信靠诚实劳动和努力上进完全能创造自己的幸福生活，他们不需要靠转让父亲的艺术作品来支撑自己今后的幸福生活。

于是，全家人形成共识。2008年5月9日，中国美术馆来人郑重地从蔡仲明手中接走了王晋元的42幅作品。当晚，蔡仲明的心情是比较复杂的，夜不能寐。第二天早上起床后，她便摊开日记本，记下了自己的真实感情，同时也是向丈夫的倾诉："昨晚中国美术馆的赵辉等人,将晋元的42幅作品带走,从火车站运到北京,向国家捐赠王晋元作品之事,算是完成了。晋元在中国画方面的创新、突破,在中国美术史上应有记载,代表国家收藏的中国美术馆,具有中国当前最好的收藏条件和展出水平。这42幅作品,可为后人较为系统地研究晋元的作品提供依据。捐给国家艺术珍品,这是我的一种信念。要说舍得和舍不得,这42幅精品,放在我卧室中,就如晋元在身边。作品送走,我心里是一种难言的空旷、失落。作品只有放到中国美术的最高殿堂,这才是最好归属和寄托,晋元,你是否也赞同这样的举动,所选捐赠作品是否符合你的意愿?一方面,觉得自己还头脑清醒,能独立思考和判断,处理问题,要抓紧办理捐画事宜,另一方面,42幅捐品一取走,自己又是一种莫名的难过和不舍,感情真是矛盾,常常是说不清,道不明,特别是人到老年时。"

那些年女儿王月常年远离昆明在北京及美国学习生活,儿子王云勃随父母亲在昆明生活时间较长,对家庭照顾更多,在父亲逝世前后家中各类大小事情,他都和母亲一起处理,尤其随着参与整理父亲资料、捐赠画作、举办画展、出版画册等工作,他越渐成熟、成长起来。

中国美术馆接受美术作品捐赠,有着很高的艺术标准,接受的美术作品均为国内杰出画家的精品力作。向中国美术馆无私捐献的艺术家及其亲属,都是出自社会使命感和把艺术奉献大众的信念。

当蔡仲明代表全家向云南省有关方面和中国美术馆表达了捐赠王晋元作品的意愿后,很快得到了中国美术馆的热忱欢迎和云南省委领导及省文联的大力支持。几方面还达成一个共识——借此机会,在中国美术馆举办一个"王晋元捐赠作品展",同时也办成一个"王晋元艺术回顾展"。这是对杰出画家王晋元最好的一种纪念方式。

可是,让各方面感到为难的是,王晋元多年来创作的一些精品已经先后被喜爱他的作品的不同人士所收藏,若要把这次画展办成"王晋元艺术回顾展",需花很多精力和时间去寻找、去商借。好在大家都认为举办"王晋元艺术回顾暨捐赠作品展"是一件有意义的事,愿意共襄盛举。于是,通过各方面近五年的努力，到 2006 年时，终于比较完整地汇聚了 125 幅作品，其中不乏一些巨幅画作。这些作品总体上能反映出王晋元三十多年来艺术风格确立、演变、成熟的过程。

2006 年 11 月 10 日上午 9 时半，在王晋元这位中国当代著名花鸟画家去世五周年之际，由中国美术馆、中国美术家协会与中共云南省委宣传部、云南省文化厅、云南省文联主办，云南美术馆、云南画院、云南省美协承办的"王晋元艺术回顾暨捐赠作品展"，在中国美术馆开幕了。

展览的前言由中国美术馆撰文，扼要概括了王晋元的艺术成就、艺术风格和特点：

新中国的花鸟画有了不同于前代的发展，因为艺术与现实的关系发生了根本性的变化，时代也赋予花鸟画以特别的期待。所以，花鸟画在时代的要求中，彻底改变了文人的趣味和陈陈相因的习气，朝生活化的方向作了历史性的推展。王晋元（1939—2001）是新中国培养的第一代花鸟画家，1964 年，他从中央美术学院毕业后，响应政府的号召，也是为了自己所钟爱的花鸟画事业，来到了适宜他的花鸟画发展的云之南。20 年后，当人们惊奇地看到王晋元表现云南花木和禽鸟的图像时，那种原生态的野趣和朴茂的感觉，不仅让人们耳目一新，而且让人们感受到了新时期花鸟画的突破性发展。这正吻合了 70 年代后期和 80 年代初期的画坛要求反映生活和创新的潮流。王晋元深入西双版纳等地区，看到了过去所没有见到过的花鸟，体会到了热带雨林中的新的花鸟世界的气象，他将他的老师辈中的田世光的花鸟造型、李苦禅的花鸟笔墨和潘天寿、郭味蕖表现新题材的方法结合起来，成全了一个王晋元的花鸟画的新世界。如今，斯人已去。王晋元留给我们的是一个现代美术史的话题和一个值得研究的个案。而由他所开创的一些花鸟画的新题材以及表现方法，都将成为一个历史的教材，他为中国现代花鸟画发展所做出的贡献则彪炳史册。

介绍展览的小画册上，还选刊了王晋元写于 2000 年题为《近几年云南中国画创作》一文中的三条"艺术感言"：

艺术的高峰只能代表一个时代，而艺术的发展却是一个高峰接另一个高峰。要顶礼膜拜，更要研究，还必须看到历史的局限，知古知今、知己知彼、知中知外才能取胜。在古代大山面前必须辟新路，必须清醒。

画家要保持一个良好的创作心态，即稍安毋躁，要静。"静"非指画面之静态，是画家心静——心净之谓也。意躁画不静非物象用笔之不静，乃画家心不静、不洁之故。

抓住地方特色和民族特色是云南中国画创作的一大特色，今后不但要抓住，而且需要演化和完善，以取得更高的成就。

这三段文字真乃王晋元多年来潜心追求艺术创新的深刻感悟！对同辈和晚辈画家以及更多的有志于美术事业的青年来说，兴许都是具有深刻的启迪作用的。

时任中共云南省委副书记、中国文联副主席、中国作协副主席丹增等领导莅临美术馆，对回顾展的举办表示祝贺，先后发表了热情洋溢的讲话。中国美术馆、中国美术家协会、云南省有关方面负责人，首都美术界、新闻界人士近百人出席开幕式。

展览开幕式上，王晋元夫人蔡仲明携子女王云勃、王月将王晋元的42幅代表作捐赠给中国美术馆，由其永久收藏。加上早先王晋元在世时由中国美术馆收藏的3幅画作精品，捐赠作品一共是45幅。蔡仲明发表了简短的致辞，表达了她和子女的共同心愿，也表达了王晋元的遗愿：

近四十年里，他坚持从事中国画的创作和研究，他对云南特有的立体、多样、多元、美丽而又丰富的沃土情感深厚，自觉坚定地奉行并实践着艺术来源于生活的真谛。多年来他踏遍了云南的崇山峻岭，把对生活和生命的感悟，对自然和环境的亲和融化在自己的艺术创作之中。他的创作已从传统花鸟画丛艳折枝、点景禽鸟的水墨中脱颖而出。对他的作品评论用得最多的是，大、莽、壮、野、繁、密、奇、艳。正如郭怡孮教授在谈到王晋元花鸟画创作成就及其意义时所说的，"经过艰难的锤炼和探索，晋元终于创造出自己独有的花鸟画新风格、新式样、新程式"。晋元是一个全心全意追求艺术崇高事业，又勇于创新开拓的优秀艺术家。他选择了中国画，就一心一意，他选择了云南边疆就心安意定。我们在一起生活了几十年，常能感受到他的作品在激励我们的精神世界，在净化我们的心灵。

过去每当提起举办个人画展时，总听晋元说：我还要往前赶一赶。他就这样在往前追赶中，每天都努力地去力争创作出更优秀、更丰富的作品。然而，谁也没有想到，正在努力向前追赶中，晋元突然倒下了，并永远放下了他的画笔。今天，在北京及云南各有关方面的关怀和帮助下，晋元的愿望终于实现了。

几天的展出中，发生了许多感人的小故事，不少观众感动地写下了留言。展览共展出了七天，至11月17日圆满结束。展览给首都观众带来一种心灵的震撼，给美术界带来了一种新的启示。

开幕式当天，首都美术界还在中国美术馆学术报告厅举行了"王晋元艺术研讨会"。多位评论家、画家作了高水平的、见解深刻的发言。

展览会后，多家主流媒体都作了报道。《人民日报》（海外版）的报道（记者梅述）中说：

"在近四十年画云南的艺程里，他辛勤耕耘、艰苦探索，长期坚定地奉行着艺术来源于生活的原则，深入西双版纳热带雨林，足迹踏遍了云南的茂林幽谷。经过对笔墨、形象、图式、意境的反复提炼与磨砺，终于创造出自己独特的花鸟画新风格、新样式。他创作的巨幅花鸟画，一改传统文人丛艳折枝、点景禽鸟的性灵小品中闲情逸致的境界，以崭新的面貌展现了西双版纳热带雨林自然风貌中和谐瑰丽的生命乐章。"

《文艺报》的消息以《中国美术馆回顾王晋元花鸟画艺术》为题（记者于烈），着重指出，王晋元"把对生活和生命的感悟、对自然和环境的亲和融化在自己的创作之中。经过对笔墨、形象、图式、意境的反复提炼与磨砺，创造出独特的花鸟画新风格、新样式。"

《中国青年报》《云南日报》也发了同样的消息。

《国际在线》在题为《已故著名画家王晋元捐赠作品在中国美术馆展出》消息（记者刘思恩）中，着重强调了王晋元巨幅花鸟画所代表的一种发展趋势："王晋元创作的巨幅花鸟画，融合中国传统绘画与西方绘画的技法，一改传统文人画闲情逸致、性灵小品的境界，创造性地展示出云南西双版纳繁茂的热带雨林之美，其作品热烈、壮阔、奇野，充满生命律动，极富视觉冲击力，展示了中国传统花鸟画的一种发展趋势。"

至此，可以说，"王晋元艺术回顾暨捐赠作品展"的展出，为王晋元的艺术历程画上了一个圆满的句号。此次展出的作品，铸成了王晋元花鸟画创作的里程碑，亦成为了王晋元成为画界和公众共同认可的"当代中国著名花鸟画大家"的标志！了却了蔡仲明和子女王云勃、王月的心愿！

这是蔡仲明对丈夫、是儿女对父亲的深情缅怀和最好的纪念！蔡仲明说，"记得从前每当谈起举办个人画展，晋元总说：'办个展对一个画家很重要，我要再往前追一追。'谁也没有想到，就在努力地往前追赶中，他突然倒下，并永远离开了我们。他的愿望，在逝世五年后终于实现了。"

参观展览的美术界领导、艺术家、评论家、王晋元的同事、同学、朋友，和一般观众，对展览的一百多幅国画精品都给予了很高的评价。在开幕式后在中国美术馆七楼学术报告厅举行的"王晋元艺术研讨会"上，与会专家、学者对王晋元的人品、画风，以及艺术成就，都给予了充分的肯定。有位著名的画家对蔡仲明说："通过画展和研讨会，我更加理解晋元几十年坚守云南边疆，就是为扎根在生活和实地中，创作和开拓中国画艺术。"

美术界和社会各界对展览的好评及对王晋元国画艺术的高度评价，当可告慰王晋元的在天之灵了！

中国美术馆典藏部副主任韩劲松配合展览，发表在《中国美术馆》馆刊2006年11期上的《山花世界 芳草天涯——记花鸟画家王晋元》一文，是尤具见地、颇有分量的。文章开篇,作者便满怀激情地写道:走近王晋元巨大的花鸟画,犹如置身于一片野芳幽谷之中,在他的神秘、丰饶与瑰丽的画面前,你感觉自己好像第一次被唤醒,变成林间一片草叶、一只飞鸟……

作者指出:到了云南,"王晋元找到了取之不尽、用之不竭的创作素材。但另一方面,选择了云南也就意味着选择了一个前无古人的新课题。"而王晋元"通过反复实践和推敲,总结出'全景截取'的创作方法,大胆突破了传统文人的折枝花鸟画的趣味,以完整的情节、开阔的意境全景式表现五彩斑斓、气象万千的自然生命的世界。这一方法的应用事实证明是成功的","相对传统写意花鸟画追求的简、淡、雅、逸,王晋元的这种大场面、全景截取式的创造开辟了一种花鸟画的新境界,总体呈现出气势大、境界宽、内蕴深的现代审美格调和气度。"

作者深知"王晋元创作上取得的成功来之不易",他接着说,"在实践跨形式、跨技法的综合语言样式上,王晋元也迈出了重要一步,取得了令人瞩目的成就。各种手法的自由调动、综合运用达到了多样统一、对比和谐的交响效果,大大强化了作品的表现力。这一点没有极高的艺术造诣,是不可能做到的。"

最后,作者充分肯定道:"王晋元先生将毕生之力献给了花鸟画的发展事业,他卓有成效的实践让我们看到了花鸟画发展的希望。"

最后这句道出了美术界同人共同的看法。很多艺术家和评论家皆有同感,都认为王晋元"卓有成效的实践让我们看到了花鸟画发展的希望"!

"王晋元艺术回顾暨捐赠作品展"在北京的展出结束两个月后,为期十天的"王晋元艺术回顾展"于2007年1月又在云南省博物馆开展了。展览由云南省委宣传部、省文化厅共同主办,共展出《雨后青山》《野芳发幽香》《雨后千山云雾起》等王晋元生前代表作119幅。有一位老年观众对蔡仲明说:"我们云南出了这样一位优秀的画家真是了不起,他及他的作品是我们云南的骄傲!"

云南的两位知名书画家张励民、肖溶,在《春城晚报》上发表了合写的

《开在雨林中的窗子——贺"王晋元艺术回顾展"开展》一文。文中写道：

"王晋元艺术回顾展"日前在京举行。王晋元的花鸟画，扑面而来的是云南亚热带雨林中那铺天盖地的花草树木，令人目不暇接。这是一面面开在雨林中的窗子。

所有树木和花草都洋溢着顽强的生命，摇曳着、喧闹着向阳光蹿去。古木参天，高不见顶。山花簇簇，是勃发的生命的闪耀；流水潺潺，是雨林的旋律的交响。葛藤交缠，如龙蛇蜿蜒的身姿；石斛花开，似春天绽放的笑靥。雨林密不透风，莽莽苍苍，透光处小鸟啁啾，杜鹃燃烧；草木铺天盖地，层层叠叠，幽暗中春秋氤氲，兰蕙飘香……云南的亚热带雨林是如此之生气勃勃、交相辉映，令人激动，发人神往。

这是王晋元花鸟画给人的印象。是大自然的颂歌，是生命的奔突，是作者人格力量的外化。

文章接下来说，王晋元"热爱大自然，带着一颗纯洁的心来到了云南，沉溺于大森林那绚丽多彩的花草林木中，为之着迷、为之痴狂，并进而为之写形、写神，在不太长的时间内形成了不同于古人，也不同于今人的独创的花鸟画风。通俗地说，王晋元具备深厚的传统笔墨功力，又具有扎实的造型能力，更具有强烈的表现个性、表现自然的满腔热情和能力。王晋元的画风是属于当代的"。

两位作者还以内行的体会强调了王晋元画的花鸟画的特点和成就——"熔冶中西绘画之用色、用光和线条，厚重而响亮；墨色线条是光、是色、又是形，而物象之外更别有画家的意趣、修养和品格在。这样的中国花鸟画为此前中西画坛所未见，或者有近似仿佛者，但那功力较王晋元则远之。王晋元用笔，无论有骨勾勒或无骨点染，都下笔稳健、泼辣，准确到位；造型既很到位，笔墨又极有韵味，一般画家难得兼顾。然而他却又将所有这些生动的物象用焦点透视的方法，紧压进了方形和矩形的构图之中，严谨而又有序。从整体看，是版画似的黑、白、灰的有机构成，赏心悦目。定睛细看，则用笔老辣沉着，浓淡枯湿得宜，分明大家手笔。所写花木画谱多未见，乃云南热带雨林中实物，造型准确生动，设色协调大方，艳而不俗，雅而不古，开创了一代花鸟画新风、新派别，呈现出欣欣向荣的时代精神。

在王晋元的带领下，云南的中国画蒸蒸日上。他实际成了云南画界特别是中国画界的领头人。王晋元一走，云南画界的同道说，失去了顶梁柱。"

而在之前的 2005 年的第七届上海国际艺术节期间，云南展区还曾推出了"王晋元、刘自鸣画展"，同样赢得了上海美术界内外的高度评价。

2009 年 5 月 10 日至 25 日，在王晋元诞辰 70 周年之际，中国美术馆特举办"中国美术馆藏王晋元作品陈列"，作为王晋元诞辰七十周年的纪念，以缅怀王晋元为中国画艺术的发展所做出的不懈努力和探索，并感谢蔡仲明及儿女的无私的捐赠。

2010 年 5 月，蔡仲明将王晋元生前珍藏的部分图书资料赠予云南艺术学院图书馆，包括纸质图书 351 册与专业期刊 875 册，共计 1226 册图书。蔡仲明认为，王晋元一生扎根在云南，她希望能把他珍藏的学术书籍继续留在云南，为云南的美术教育事业再尽一份心力。云南艺术学院吴为民院长在了解到蔡仲明的心愿后，主动与她联系，表示云南艺术学院希望接收并有能力完好地保存及充分利用这批书籍。经过图书馆的数据录入与加工，这批书籍，作为"王晋元先生赠书专柜"予以存列，并供读者使用。

蔡仲明的无私捐赠还不止这些，在 2008 年四川汶川大地震后，她还曾将王晋元作品《醉春》的义卖善款全部捐给了灾区。

一年之后，由云南省文联与昆明君来访书画苑联合主办的"自然·人生·艺术——王晋元、刘晓、杨松葛作品展"于 2011 年 8 月，在昆明举行，以纪念王晋元逝世 10 周年，本次展览展出了王晋元 55 幅作品，集中展示了他四十年来创造出的大花鸟气概的画风风格与杰出的艺术成就。

值得特别提及的是，"中国美术馆五十年捐赠作品大展"于 2011 年新春之际在北京隆重举办。这是中国美术馆所藏捐赠作品的一次精选和第一次集中亮相。因为展厅面积有限，每位捐赠者只能选出数件作品展示。入选展出的，是在历年捐赠中遴选出的 89 位有代表性的捐赠者的国画、油画、版画、雕塑、漆画、素描、漫画、民间美术等 800 余件作品。王晋元的花鸟画作品也入选此大展中，并在大展结束后入选《中国美术馆五十周年捐赠作品》画册。

大展遴选出的这些展品，浓缩地展现了中国美术馆接受艺术捐赠的历程，彰显出所有捐赠者无私奉献的崇高精神。由中国美术馆馆长范迪安撰写的大展"前言"强调说："这些作品不仅凝聚了极高的艺术价值和历史价值，增添了国家美术财富，而且体现出所有捐赠者为国家美术事业和文化建设事业无私奉献的情怀、理想与精神，闪现出永不磨灭的灿烂光彩。每一项捐赠的后面，都有一个感人的故事。将最好的艺术品捐赠给国家、造福于人民，是所有捐赠者对艺术品最终归宿的选择和心愿。在这些作品之中，有许多历经历史沧桑、艰难岁月才得以保存，有许多面世之初就脍炙人口、产生影响。正是由于捐赠者的慷慨奉献，国家美术宝库才得以不断丰满，许多作品成为艺术的国之重器、美术馆的镇馆之宝。"

的确如大展"前言"中揭示的"捐赠意义"所言，与所有的捐赠者一样，蔡仲明携子女此次捐赠王晋元作品之举是高尚的，是造福于人民的，是对社会、对民族有益的义举，是能载入中国美术发展史册的。

《"捐赠展"中国画部分综述》中，王晋元是被提到的少数有代表性的画家之一。限于文章篇幅，《综述》简要地评述了王晋元及其花鸟画作品："王晋元作为花鸟画家在花鸟画语言的推进上"，"不同程度地接受了西方艺术的滋润"，"他将写生传统笔墨融入创作之中，创造出繁茂瑰丽、生机郁勃的新花鸟画"。

3. 完成与未完成的山水画

2011 年 12 月 9 日，"完成与未完成——王晋元先生山水画作品展暨云南中国画名家邀请展"在云南美术馆隆重开展，展出了王晋元已完成及未完成的山水画创作共 40 余幅，并召开王晋元艺术创作研讨会，出版画册，向社会公众进行宣传，以纪念王晋元逝世十周年，以此慰祭逝者，表达追思。

展览由云南省文化厅、云南省文联、中央文史馆书画院与中国美术家协会中国画艺术委员会共同主办，云南画院、云南美术馆、云南省美术家协会承办，云南画廊协办。本次展览集中展出了王晋元生前山水花鸟画作品 80 多件，同时还展出了姚钟华、杨成忠、郝平、罗江、张志平、孙建东等 32 位云南著名画家的作品共 60 多件，表达了当下云南中国画"时代·传统"艺术创作境界及技法传承与创新的中心主题，展示了画家们在继承传统的基础上，"笔墨当随时代"方面做出的不懈追求，在引领中国画"传古开今"发展方向上做出的有益的探索和开拓。

云南省文化厅党组副书记、副厅长花泽飞，中央文史馆书画院院长、王晋元的大学同学马振声，云南省文化厅纪检组长普仲亮，云南省文学艺术界联合会党组成员、专职副主席黄映玲，云南省文史馆云南书画院院长何宣，以及美术界、新闻界嘉宾一百余人出席了当天上午画展的开幕和剪彩仪式。

画展活动持续到 12 月 18 日。主办方在举办此次画展的同时，还举办了全国性的学术研讨会以及"云南中国画名家邀请展"等活动，希望通过这一系列的活动让公众真正地享受文化建设所带来的成果，并加深人们理解中国传统书画艺术精神的传承价值，增强对中华文化丰富内涵的把握和认识；深入开展相关学术研究与探讨，对当代云南画家的作品形态进行梳理，探究其与地域文化和时代精神的相互关系，为发展中的云南绘画艺术提供理论参考和咨询建议。

作为对王晋元逝世十周年的一次纪念与回顾，此次展览让美术界内外人士眼前一亮。展现在观众面前的，是王晋元笔下雄浑壮丽的云岭江河、雪山草甸、乌蒙金沙、高原气象。从这些精心创作的一幅幅画作中，可以看到王晋元除开创了全景式写意花鸟创作新格局之外，还充分利用云南山川的造化之助，在山水绘画领域也取得了不俗的建树。他从傅抱石、李可染等前辈大师的写意山水创作中深受启迪，在写生与写意的结合上下功夫，大胆突破传统山水绘画的构成方式，融合了中国传统绘画与西方绘画的技法，用他画花鸟画擅长的"全景截取"的创作方法，刻画描绘了云南开阔的山川意境，创造性地展示出雄伟、奇特、大气、壮观的云南山河之美。

大家没想到作为杰出花鸟画家的王晋元，同时还是一位如此出色的山水画家，他在山水画方面的功力也如此深厚，造诣也如此精深。参加研讨会的人士认为，此次展出的王晋元创作的山水画，是在前人笔墨表现的范围之外拓展的一片新天地，与他的巨幅花鸟画创作一样富于视觉冲击力，充分展示了他对中国山水画的一种探索与追求。

王晋元的这些山水画作品属首次展出。"总观其貌，王晋元先生继承了过去，又开启了未来。他山水画中的是时代精神的结晶，是花鸟画跨界山水画之壮举，也昭示着云南山水画未来的定位和走向。王晋元山水画作品展的首次举行，标志当代云南山水画发展的里程碑，确立了王晋元先生是一位转折意义开拓性艺术大师"。

参观展览的很多云南艺术家和观众都是首次欣赏到王晋元的这些山水画作品，大家在尽兴地欣赏的同时，还感到了些许遗憾——怎么在王晋元逝世十年之后，才知道、才得以看到他的这些山水画作品？

喜欢王晋元花鸟画的一些观众，虽然也熟悉他的花鸟画作品中有一些花鸟与山水相结合的作品，但那些作品是还不能称为山水画的。甚至王晋元的一些要好的朋友也都不知道他完成了那么多的山水画作品，虽然还有一部分没画完，但已基本成型。

王晋元的这些山水画深藏不露的原因，其实只有一个，那就是他对自己的要求太高。王晋元是一个理想色彩浓厚的人，他认为这些作品还没有到达自己认为的理想的程度，他还要再放一放，希望通过时间的沉淀，再抽时间改一改，直到自己认为已经成熟了的时候，再拿出来面世。

这些山水画作品的发现，说起来也是一件偶然性的事。这些画作竟然是在展出的上一年，才从王晋元生前工作室的案桌柜深处无意中发现的。

王晋元去世后，他在画院的画室还一直保留着。画院并未清腾以作他用，只是有时堆放一些物品。家属也没来画室作物品清理。时间一长，这间堆放

《山中春色》69 cm ×69 cm

《走进西部》138 cm ×138 cm

了一些杂物的画室落满了灰尘，也没有人使用。直到2010年，王晋元的夫人蔡仲明来清理旧物，在王晋元案桌的桌柜深处，不经意翻出用塑料袋包着的一包东西。打开塑料袋一看，是折叠得整整齐齐的一厚沓作品。再一张张打开，除了少量的花鸟画外，大部分是山水画。细看之下，大部分都没有落款盖章，画的左右上角全是密密麻麻的图钉眼。（后来展出面世的时候，很多作品都已加盖印章，是为了确认这是王晋元的作品。）

于是蔡仲明专程邀请姚钟华夫妇、郎森夫妇、李秀等画家到家共同赏析，辨认这些作品。这几位画家好友一看就知道是王晋元风格的画，但似乎又觉得有些陌生。几人边翻看着这一张张画幅，边激动地、兴奋地回忆起当年深入生活的种种艰辛和快乐。姚钟华翻开自己的一本本画册，用放大镜对着晋元的作品，认真回忆、仔细分辨着。记忆力很好的、常与王晋元一道外出采风写生的姚钟华，确认这都是王晋元下乡的写生，而且大部分是他和王晋元一起在乡下画的。他指着画卷："这张写生是黑白水，这张是德钦画的，这张是在澜沧江边，那张是纳翠屏峰……"直到深夜，这些写生作品的地点、时间等都全部搞清楚了。

谁都想不到，王晋元画室案桌柜深处的这一包似乎很不重要的东西，竟然是如此精彩的一批山水画稿！从姚钟华边看作品边讲的一些有趣的故事和细节中，蔡仲明"仿佛看到晋元背着画夹跟着马帮在山间小道中穿行，看到晋元在热带雨林中就地展开宣纸挥毫作画"。

这些写生山水画稿带回昆明后，王晋元又反复加工。画的左右上角留下的那些密密麻麻的图钉眼，就是钉在画板上反复加工所留的痕迹，把画稿钉上画板修改，取下，再钉上画板修改，又取下……图钉眼就这样越来越多了。从西双版纳的热带雨林，到西盟阿佤山、勐梭湖、骑马坝，还有在滇西北高原，从梅里雪山、澜沧江大峡谷、白马雪山，到金沙江的中虎跳、下虎跳……这些地方无不留下王晋元的写生足迹，这些画稿的艺术创意就是在这些足迹所至的地方生出的。看得出来，王晋元早已在为日后创作山水画做努力和实践了。在艺术创作的道路上他永不满足，总是不断给自己制定目标，提高要求,他最常说的一句话就是"往前追一追"。

然而谁也没有想到,他还未来得及为云南的奇山异水正式展开画卷,就永远地离开了。如果蔡仲明不去最后清理并请姚钟华鉴别确定,那么,王晋元的这批山水画作品,也许还会一直埋没下去,甚至就失散了。那将是多么令人遗憾的事!

好在如今发现了,清理了,也鉴别了,于是,姚钟华建议画院和省文化厅将这批完成及未完成的画作公开展出,在2011年——王晋元逝世十周年时,举办一个"王晋元先生山水画作品展",向社会公众进行宣传,纪念王晋元逝世十周年,以此慰祭逝者,表达追思。

最后,有关部门综合了多方面的意见,确定就王晋元的山水画作品,通过举办画展,举行学术研讨会,出版画册,让美术界、观众、社会对王晋元的中国画艺术创作的能力、水平、视野,有一个更新、更全面的认识和了解,也算是对他未完成山水画的愿望的慰藉和交代。

展览的题目起个什么好呢?姚钟华说:"就叫'完成与未完成——王晋元先生山水画作品展'吧!"

展览对社会公众开放的同时,《王晋元山水画》一书由云南教育出版社出版。姚钟华以《完成与未完成——谈王晋元的山水画》为名,为该书写了序言。作为最了解王晋元的一位老朋友,同时又是一位画界专家,姚钟华知人论事,从王晋元花鸟画的"花鸟与山水相融"这一大特色谈起——"晋元以热带雨林为题材的花鸟画在全国独树一帜,不惟是取材为古人所未曾涉足,也不仅仅是他娴熟的笔墨技巧,还在于他独特的构成——在于他将花鸟置放于广阔的自然环境中,置放于山水中,致使有的作品,既可以作花鸟画看,也可作山水画观。花鸟与山水的相融,是他的一大特色,他的这种风格,有人称之为'大花鸟'。诸如《血染的杜鹃》《岁月蹉跎》《幽谷传声》等为代表作。"然后,姚钟华见解深刻地介绍了王晋元山水画的渊源和功底,扼要追溯了王晋元山水画的创作历程:

自上世纪80年代以来,晋元的山水画作品逐渐多了起来,也有大幅的

第九章 | 艺术生命的延续

《荒原》138 ㎝ ×136 ㎝

《赶马过金沙》69 ㎝ ×69 ㎝

很完整、很出色的作品，但对他来说仍是大量花鸟画作品中的点缀。在绘画中，从自己擅长的一个门类转向另一个门类并不容易，它不是一个简单的描绘对象的改变，而是对另一题材内容的深入观察、体验、认识、感受以及艺术语言、表现手法的转换与构建。在国画这个行当中，山水、人物、花鸟、工笔、写意皆精的画家很少，张大千是个天才的例子。在长期与晋元相处中，我看他那样刻苦地画山水写生，在那高海拔的雪山草甸，在那烈日暴晒的江边河谷，在那阴潮的雨林深处。一块毡子，用石头压上，铺上洁白的宣纸，猫着腰，像学生一样，老老实实，一笔一画地认真刻画对象，一画就是大半天。此外，他还画了大量速写，拍了大量资料。他常说，以后老了，跑不动了，就来消化这些素材。他嘴上不说，但我看得出来，他在一点一滴地为真正进入山水画领域作准备。因为他心里明白，中国自五代、北宋以来，山水画有着伟大的成就，这里水很深。晋元是一个有高标准、大抱负的人，他不会满足于现有的成绩，他在山水画上要达到的，至少是他在花鸟画上相应的水准和成就。因而我们见到的大量写生作品，他没有落款盖章（现在许多作品的印章是为了确认作品的身份加盖的），也许在他看来，这些作品只是他未竟之业的一种练习和准备，他并没有完全认可。[1]

在序言的最后，姚钟华情真意切地表达了对王晋元英年早逝的深深惋惜，和对他执着追求艺术的顽强精神与创造精神的由衷赞赏："其实，这些作品，也许不尽完善，但有的还是相当精彩的。而我觉得特别可珍贵的，是他那迈向山水画领域中艰苦而坚实的步履。看着这些画稿，想到我们四十多年的交往与友谊，想到那些风风雨雨的岁月，想到他雄心勃勃而英年早逝，真令人叹惋，真是'出师未捷身先死，长使英雄泪满襟'。""晋元早已驾鹤远去了，带走了他的雄心，也带走了他心中的山水——未完成的山水，但给我们留下的是不倦的、勇于开拓新领域的创造精神，是顽强的、脚踏实地的'一手伸向传统，一手伸向生活'（石鲁语）的治学态度。这和他那些已完成了的精品，

---

[1] 姚钟华：《王晋元山水画·代序》，云南教育出版社，2011。

第九章｜艺术生命的延续

《苍野伴云升》

《穿过河源》

《初春》

《夜宿花山》

是同样珍贵的。"[2]

展览举行的同时，时任云南画院院长、云南美术馆馆长、云南美协主席罗江从专家的角度，与云南文史馆云南书画院展鉴部助理杨瑾合作，精心撰写了《山野情怀——王晋元先生山水作品释读》一文，并特别在文末注明"谨以此文纪念王晋元先生逝世十周年"。

山水画创作是云南美术创作的一个薄弱环节，历史上还没出过几位全国有影响的优秀山水画家。王晋元这批山水画稿的发现和对社会的公开展示，彰显了王晋元不仅是一位杰出花鸟画家，同时也可称得上是一位优秀的山水画家。这是云南美术界的光荣，也是对云南晚辈画家的一个有力鞭策。王晋元的山水画成就，对云南的山水画发展将起到一个很好的促进作用。

有关王晋元山水画的研究文章中，李学奇与张程合写的文章《当代云南山水画艺术探索——以王晋元为例》一文，是较有深度的。可以看出，云南经济管理职业学院人文学院这两位青年研究者对王晋元山水画的研究是认真下过功夫的，文章中提出的若干观点是有见地的，值得在此加以引述，以期有助于更多的读者从中受到启迪。

文章开宗明义，评价说："总观其貌，王晋元先生继承了过去，又开启了未来。他山水画中的是时代精神的结晶，是花鸟画跨界山水画之壮举，也昭示着云南山水画未来的定位和走向。王晋元山水画作品展的首次展出，标志当代云南山水画发展的里程碑，确立了王晋元先生是一位转折意义开拓性艺术大师。"[3]

最后，文章作者认为，"王晋元先生的成功在于他独具个性师承和非凡创造，他的山水画在继承的基础上，集云南大山大水之魂魄，充满强烈的时代感、鲜明的民族特色、原生态山水意识，是传统向当代审美的奠基者。先生博融诸家之长，追求经典力作，创新引入新笔墨语言，熟谙地域人文，方能达到时代艺术发展之辉煌，他卓有成效的实践让我们看到了当代云南山水

---

[2] 姚钟华：《王晋元山水画·代序》，云南教育出版社，2011。

[3] 李学奇、张程：《当代云南山水画艺术探索——以王晋元为例》，《大众文艺》2012年08期。

画发展的希望"。[4] 这个见解是中肯的，饶有见地的，显示了学界对王晋元山水画认识的深入。人们有理由相信，在以后的岁月里，王晋元山水画的价值将会不断地被发掘，被充分肯定。

4．薪火相传　艺术永存

王晋元艺术上的成功，引领了花鸟画一代画风，在中国花鸟画的史册上掀开了新的一页。他的成就，在生前身后都赢得了美术界内外的普遍赞誉和高度评价。

中国美协中国画艺术委员会主任、中央美院博士生导师郭怡孮教授为《王晋元画集》写的序言《从密林中拓开新路——王晋元的花鸟画创作》中，强调指出："王晋元是位开拓精神很强的画家……是位重视深入自然生活又很重视深入社会生活的画家，他把社会生活作为自然生活的基础，从上下五千年，纵横八万里，人和社会的关系中去开发花鸟画，比起一般花鸟画家来对生活挖掘得深，蓄存得大，不是画影图形，也不是现买现卖，流于浅薄。而是把大自然蕴含的生命力艺术地呈现在人们面前，使人欣赏，发人深思。"在《大山野花为你开放——王晋元花鸟画创作成就及其意义》一文中，郭怡孮认为，王晋元是"建国后培养的新一代最优秀的国画家之一……经过艰难的锤炼和探索，晋元终于创造出自己独有的花鸟画新风格、新式样、新程式……他的一生以全部身心之力投入推进中国画发展的事业上，他所取得的成就昭示给中国美术界一个光辉的典范。"

著名美术评论家、《美术》杂志总编李松在《王晋元花鸟画二题》中，评价了王晋元花鸟画的审美追求和绘画特点，赞扬王晋元"在熟悉和不断发现'生活中独特的美'之过程中，做着各种探索与试验。这不仅仅是技法上的开拓、创新，从根本上说，是对传统花鸟画创作观念的冲击与拓展……与

---

[4] 蔡仲明：《王晋元山水画·后记》，云南教育出版社，2011。

第九章 | 艺术生命的延续

《放马西藏高原》 1993年 95 cm×72 cm

传统绘画冲和雅淡的意趣迥然不同，他开拓了一个新的审美领域"。[5]

中国国家博物馆副馆长、艺术家陈履生认为："王晋元是新中国培养的第一代花鸟画家……他将他的老师辈中的田世光的花鸟造型、李苦禅的花鸟笔墨和潘天寿、郭味蕖表现新题材的方法结合起来，成全了一个王晋元的花鸟画的新世界。如今，斯人已去。王晋元留给我们的是一个现代美术史的话题和一个值得研究的个案，而由他所开创的一些花鸟画的新题材以及表现方法，都将成为一个历史的教材，他为中国现代花鸟画发展所做出的贡献则彪炳史册。"

第六届云南美术家协会主席郝平说："王晋元是一个标杆，引领了一种审美的样式、审美方向。可以说当之无愧，他是个标杆，对艺术执着的追求方面也是个标杆。他的去世，是云南艺术的重大损失。可以说，王晋元是到目前为止云南美术界最有影响的、贡献最大的画家。王晋元以他创作的高度和人品的高度，提升云南整体绘画的水平和影响，证明云南的画家也可以走向全国。我觉得，王晋元走了后，云南的中国画，就塌了半边天，在全国的位置就一下子没有了。这种状态，可能还要延续很多年。王晋元的成就是中国美术史绕不开的。要讲谁是大师？历史上就是绕不开你的才应该是，而不是靠人吹捧出来的那种。大师，是开启了一个新的审美领域，开启了一个新的画风的。"[6]

云南画院院长、第七届云南美术家协会主席罗江说："艺术风格的形成来之不易，需要画家的苦心经营、执着的追求、别具匠心的创造。在艺术追求和作品个性化问题上，我院前院长、著名画家王晋元作出了表率。他的思想方法、创作态度都值得学习借鉴。他的国画融山水、花鸟为一体，浓墨重彩，精微致广大，其中既有传统的笔墨，又有西画丰富的色彩，具有强烈的时代特征，在全国山水花鸟画中独树一帜，也是我们画院画家应该继承的好

---

[5] 李松：《王晋元花鸟画二题》，《美术》1999年04期。
[6] 笔者2015年7月16日下午采访郝平先生的谈话记录。

传统。"[7]"王晋元是中国花鸟画方面的大家,他的花鸟画突破了原有程式,将山水构图融入其中,表现出的是一种大花鸟。"[8]罗江主要是从事人物画的,但他坦言:王晋元老师作品里常常表现得满、繁、密,浓墨重彩的强烈描绘对他的人物画创作带来了很大启发。[9]

著名美术评论家、《美术》杂志社副主编夏硕琦著文说:

"在我国古代花鸟画史上,尚无描绘热带雨林的前人经验。茂密的热带雨林所构成的生态群落,与单体的折枝花卉大不相同,在构图和空间结构上王晋元都有新的创造。他以繁密之作,'全景截取'的方式构图,他的空间结构与构图相适应,创造出分层结构:有主体层面、群落层面、山石层面。群落层面是中间过渡性层面,十分复杂,往往由藤类、蔓类、蕨类、荆类互相缠绕,错综纠葛。山石层面又有苔藓、顽石、地衣之属。在这双层空间之上,突出主体层面:往往是鲜花怒放、争奇斗艳的景象,穿插争让,乱而有序,创造性地展示出雨林生态美的特征。

他在繁杂的空间结构中,灌注生气,画境蓊郁蓬勃,倾注画家以己之生命对原始自然生命的种种感觉与体悟。他的画不是概念化的,空洞的,而是充满生命情调的。他对绘画氛围的把握是到位的,他能画出自然的朴野之气,清新之气,潮湿之气;他对雨林气息的传达是微妙的,他能表现出深谷的'幽情'、野芳的'幽香'、月光的'幽静',山花的摇曳与娇艳、古木的蹉跎与沧桑;他擅长在雨后山泉奔突争流、山花悠闲自放的动静对比中,结构急管慢弦的乐章。他能画出《仙乡》的仙意、仙情、仙境。他把花鸟画的表现力提到新的高度。

王晋元笔下鸟的造型也有新创,他把鸟意态化、结构化、情趣化了。他以圆中含方的笔意,以黑、白、灰或黑、白、彩的块面结构,表现出造型的坚实性、生动性与单纯性,少见模式化的陈迹。他的人物也极富特色。

王晋元的用笔可在速度、力度、节奏、顿挫与转折中见出作家的情绪、

---

[7] 罗江:《立足生活 再创辉煌》,《美术》2003 年 02 期。
[8] 闫钰:《花鸟画大家王晋元》,《都市时报》2009 年 9 月 4 日。
[9] 罗正君:《罗江:渲染本真的生命体验》,《中国文化报》,2014 年 06 月 03 日。

《山道弯弯 记滇中云山》138 cm × 138 cm

心境与潜意识,他的笔墨语言不是旧程式的袭用,而是感物化气,笔随心运,是胸中审美'意象'的'迹化'。

他的画往往在对比中出神采,在整体生气灌注中营造氛围,在空间结构中创生意境,他用生动的艺术形象,诠释了万物皆有生意的东方哲学思想。"[10]

[10] 夏硕琦:《自然生命的瑰丽诗篇》,《科技日报》2000年7月21日。

中国美术家协会中国画艺委会副主任、中国画研究院一级美术师、院务委员李宝林评价说："王晋元的花鸟画为中国画创作提供了一种典范，值得今天的年轻画家深入学习研究。"

扬州市美术家协会主席陈忠南 2013 年在研讨中国画创作的会议上说："今日中国画应呈现怎样的面貌？以花鸟画为例，时代性，泱泱大国的气度，是当今很多花鸟画家致力表达的一种语言，这从全国美展上就可以看到。在这新时代新花鸟画语言的创作群体中，我最欣赏两位画家王晋元和郭怡孮，深厚的笔墨功底加上对传统折枝花鸟画的突破，全景式花鸟画也能传递出欣欣向荣的时代精神。"

南通大学艺术学院教师、国家一级美术师、江苏省美术家协会会员高兵认为："王晋元的绘画艺术具有浓郁的云南地域特色。也可以说王晋元众多的作品体现的是一种中国传统文化与云南地域特色相结合的精神。即使是在绘画事业最辉煌的时期，他还是坚持站在传统基础上再寻求发展。与很多画家眼中的'中西结合'绘画艺术观念不同的是，他吸收中国传统绘画艺术中的营养，并在传统中加入现代因素，融入云南地域特色，从自己的特点与审美出发，开创自己的绘画方向，他深知绘画艺术贵在独创，所以首先力争跳出中国传统绘画风格的'吸引力'，使自己的绘画作品在继承传统的基础上，摆脱传统画风的束缚，同时汲取能够为自己所使用的艺术营养，并通过在云南西双版纳热带雨林和滇西北地区大量的速写和生活经验，形成了他特有的绘画艺术风格，开辟了一条自己独特的绘画艺术道路。从此西南边陲的云南出现了独树一帜的画风，并逐步形成了其独特的花鸟画绘画体系。"[11]

王晋元让人耳目一新的画风，不仅影响了一些中青年画家，也感染了一些同辈画家。受王晋元热带雨林题材花鸟画艺术风格的影响，一大批花鸟画家、美术爱好者和美术专业的研究生来到云南，深入西双版纳热带雨林写生，汲取丰富的艺术养分，进行花鸟画艺术创作，赋予当代花鸟画新的精神风貌，并取得了可喜的成就。他们希望与王晋元一道，奋力开拓中国花鸟画发展的

---

[11] 高兵：《王晋元绘画艺术研究》，《云南艺术学院学报》2012 年 4 期。

新领域。中国美术家协会前副主席、中国画研究院院长刘勃舒说："王晋元的花鸟画影响了大半个中国。"

王晋元去世之后，更多的画家加入以西双版纳为题材的创作行列中，陆续有不少优秀作品问世。从这些画家的创作热情和作品的成就中，不难看出王晋元对于当代花鸟画的重大转折所起到的引领作用。在全国，很多花鸟画家取得的成绩，与受到王晋元花鸟画艺术风格的启迪是分不开的。

王晋元这位颇具创新精神的当代著名花鸟画家，除了在美术创作界引领了一些画家的创作风格之外，也引起了美术理论界的高度关注。老、中、青美术工作者与研究者，都表达了一致的高度评价。一些青年美术专业研究生由衷地表达了对王晋元绘画艺术的喜爱和崇敬之情，倾力研究王晋元艺术的研究者也日益增多。在王晋元去世后的十余年间，全国多所美术院校的一些师生对王晋元的艺术创作产生了浓厚的研究兴趣，对他的艺术成就和创新精神，以及他所开创花鸟画的新题材和表现方法，从不同角度开展充分研究。

孔筱在论文中明确地表达了自己的观点："王晋元先生立足云南，花近四十年的时间来探索写意花鸟的创新之路，为云南写意花鸟画的发展奠定了坚实的基础。在王晋元先生的影响下此时云南的写意花鸟出现欣欣向荣的景象。越来越多的画家深入西双版纳，热带雨林为题材的写意花鸟画派基本确立。王晋元开拓了全景式花鸟的新领域，展现出大花鸟的精神。让人们认识了云南的热带雨林，认识了云南的高山幽谷，认识了云南特有的植物品种和各种神奇的自然现象，不得不说王晋元创造了专属于云南的花鸟精神，同时属于这个时代的花鸟精神，这个时代是属于他的。从他许许多多的作品中，看到了他对云南的热爱。"

还有研究生将毕业论文的题目直接取名为《王晋元花鸟画创作对我的影响》（作者：云南大学艺术与设计学院美术专业 2015 届研究生朱华丽）。她在论文中，从创作构思、笔墨语言、设色与整体气韵几个方面，具体分析了王晋元花鸟画对她创作的影响。

近年来，朝气蓬勃的年轻研究生们以王晋元的花鸟画创作艺术为研究课题的学位论文也为数不少，都是花费了许多心血，且写得各有见地的。

中国美术学院 2006 届硕士研究生陈乙源的《大野山花抒云岭之绮丽——王晋元花鸟画创作风格形成浅析》，云南艺术学院 2010 届硕士研究生满江红的《袁晓岑与王晋元写意花鸟画风格比较研究》，云南艺术学院 2010 届硕士研究生刘建理、周鼎的《款、印同"辉"——王晋元书法和印章初探》等。

对王晋元花鸟画艺术的研究与借鉴，还进入了中国画创作高级研修班的教学领域。著名画家、清华大学中国画创作高级研修班导师刘怀勇教授对王晋元的艺术地位给予了相当高的评价，认为王晋元"给我们打开了一扇通向'大花鸟'的门"。他提出将王晋元作为直接借鉴对象的教学主张，并付诸于教学实践，倡导"拿来主义"，让高级研修班学员以研习"吴昌硕—任伯年—王晋元"为学习路径，用三年时间，"便可到达当代所谓'实力派'的高度"。

令人还感到可喜的是，对王晋元美术作品的学习与传承，近些年已进入了中学美术教材，《红杜鹃——红色摇篮》编为《初中美术》第 16 册第 5 课，多个省份的中学美术课采用了这套教材，让少年们从王晋元花鸟画中蕴含的水墨韵味和审美情趣，感受到中国传统文化的魅力。

诚然，令人多少感到有些遗憾的是，王晋元关于他的绘画没有留下太多的文字资料。他既没有著书立说，形成一套完整的艺术创作理论，也没有写作长篇论文以系统阐述自己的创作理念、艺术观点。他为世人仅留下了十余篇幅不长的篇谈创作体会的文章，这也给后人研究他的艺术思想，带来了一定的不便之处。

云南艺术学院副教授、中央美院郭怡孮教授的博士研究生满江红，在攻读博士论文期间，从王晋元的这些文章和其他零星的有关资料中，用心整理出四千余字的王晋元的"艺术画语"。这些艺术感悟颇有一番价值，实为王晋元留给有志于中国画创作与学习的后辈学人之一笔艺术财富。[12]

---

[12] 李学奇、张程：《当代云南山水画艺术探索——以王晋元为例》，《大众文艺》2012 年第 8 期。

《桃花染僻乡》

尾声 三代人的云南情

　　王晋元的生命定格在63岁,实在是令人痛心之事。对于一位画家来说,60岁到70岁这段岁月,正是创作的"壮年期",正是艺术成熟的大好年华。无奈天妒英才,可哀可叹哉!而今,斯人已逝,但艺术永存,王晋元别开生面的、独树一帜的花鸟画艺术,会永远留在中国的国画史册上。

　　不仅如此,王晋元的花鸟画还有一层更重要的意义,那就是他把对大自然、对云南真诚热爱和高度赞美的感情,以及对大自然、对生命的敬畏都写入了画中。

　　综观王晋元的生命历程,他自大学毕业至生命结束的37年岁月,都与云南这块丰富、神奇、美丽的土地紧紧地联系在了一起。云南就是他的第二故乡!云南这块热土上,有他的理想,有他的追求,他对云南这块沃土感情极为深厚,由衷地热爱着云南的大自然。他把艺术的根深深地扎在了云南,自觉、坚定地奉行并实践着艺术来源于生活的真谛,一生中踏遍了云南的崇山峻岭、名江大川。他一生都在画云南,把对生活和生命的感悟,对自然和环境的亲和,都融进自己的艺术创作之中。

　　他说:"大自然是美好的,我们应当在花鸟画中恢复其本来面貌,让所有看到它的人,都能意识到大自然的丰富和美。"他还十分动情地讲过对滇西北那片神奇土地的印象:"滇西北地区可以说漫山都是杜鹃花、报春花、茶花等花卉。在原始森林,高大的松、杉、杂木布满山岗,进入其中,人是渺小的,大自然的魅力时刻感染着你。那里,青苔满地,野草丛生,随着季节变换着不同颜色。百年、千年的古树到处都有,有的已经腐烂,新芽又从腐木中生长出来,与版纳不同,一切是那样恬静和肃穆,我欣赏那种雄伟气魄,我欣赏它们生生不息,我希望能表现这种混合的感觉,我希望通过绘画告诉人们大自然无穷的力量,人人应当走进自然,了解自然,保护自然。"[1]

王晋元在他的作品中表现了大自然的瑰丽与神奇,在内心深处却隐藏着对大自然生态环境被破坏的焦虑与悲凉。他在各地下乡写生的历程中,多次看到人类对大自然无休止的破坏。这对他内心的震动很大,也让他感到很痛苦。

他在一篇谈创作体会的文章里这样写道:"在下边,我还受到另一种教育:云南不少地方正在失去生态平衡,有的原始森林被砍光,烧荒,一烧就是几座山。今年看到一块地方很美,明年再来已不存在了。刀痕、斧迹,令人痛心。我常常想:大自然是美好的,有了它,人类才能生息、繁衍。它给人的美的享受是无限的,我们应当在花鸟画中恢复其本来面貌,让所有看到它的人,都能意识到大自然的丰富和美;都能体会到祖国西南边陲的富饶与佳丽。要把花鸟画的表现领域认真加以开拓,把那复杂的苔藓满生的、美丽神奇的世界介绍给观者。……从几年来的摸索中,我深深体会到:花鸟画要有所作为,必须深入生活,到大自然界、到深山大川中去观察、体会、分析、理解、感受大自然,而后走出大自然,把深蕴于自然界的美质发轫出来,贡献给人民、贡献给社会。"[2]

王晋元的好友、同人都深知他的这份对大自然的深沉感情和这种艺术追求,并都无不为之而感动。他们发自内心地赞叹说——"(晋元把)'笔墨

---

[1] 王晋元写给李松的信件。转引自李松:《王晋元花鸟画二题》,《美术》1999年04期。
[2] 陈履生:《由王晋元而想到花鸟画、云南画派》,《美术报》2006年11月23。

王晋元全家合影

之生气,与天地之生气合并而出之'(石涛语),充分表现出大自然的生机、生气与生命活力。他的画以繁满的构图、亮丽的色彩、磅礴的气势,形成一种沉雄、凝重而又豪放、灿烂的风格,是对神奇、丰厚、广博、瑰丽的云岭高原的深情赞美,是对百花争艳、万木争荣、茂密兴旺的大自然的响亮颂歌。"[3]

"(晋元)把中国花鸟画艺术从表现一般的花花草草、闲情逸趣,升华为更注重反映大自然的清新意境。在晋元的画作中,无论是版纳密林中的奇花异卉,或是滇西北高原绽放的杜鹃,都向我们散发着浓郁的芳香。当人们真正认识到今天应该'人与自然和谐发展'时,也就更能深切感受到晋元作品的艺术魅力。晋元在艺术创作态度上极其认真。严谨精致的笔墨和层层叠加的烘染以及创造性的各种艺术手法并用构成他的绝大部分作品。与其说这里有黄宾虹、李可染等诸多大师的影响,不如说他是在创作中倾注了对艺术和大自然的深情挚爱。在他的作品中绝无一挥而就和舞弄笔墨的炫耀,真

---

[3] 晓雪:《美术界的重大损失——沉痛悼念王晋元同志》,《边疆文学》2002年03期。

正是以全部身心之力走完了他不长的艺术人生，昭示给艺术界一个光辉的典范"。[4]

"王晋元很少去写花的雍容、华贵和娇弱易逝，而是站在'念天地之悠悠'的高度，把花鸟置于山壑群峰之巅，清溪幽涧之中，去闲逸，少萧疏，重在灵，寄情于境，有情有景，情景交融，把山之寿、林之深、春之野、秋之苍，和盘托出给观者，共醉于没有被人为践踏的自然和他创造出的艺术境界里，他的画是一曲生命的礼赞。"[5]

"王晋元并非云南人，他的绘画主题是对云南生态的赞美和讴歌。经过工业开发、生态破坏之后，他的作品中还表现了自己对热带雨林生生不息的生命感慨。"[6]

一些没有接触过王晋元本人的老、中、青研究者，也从王晋元的作品当中，读懂了他的这份感情和这种艺术追求。

王晋元对大自然、对云南真诚热爱的这份感情，与他的岳父、植物学家蔡希陶先生对大自然、对云南的挚爱感情是相通的。蔡希陶用毕生精力，对云南植物发展、植物资源利用和保护云南生态做出了重大贡献。而今，王晋元的女儿王月，又追随着外公蔡希陶和父亲王晋元的脚步，投身到从事环境保护工作的行列中，为保护大自然、保护环境、保护云南的生态，而长期不辞辛苦地跋涉在云南的崇山峻岭中。她对大自然、对云南真诚热爱的这份感情，也是与外公和父亲对大自然、对云南的挚爱感情是相通的。他们一家祖孙三代，延续着对生命、对绿色净土的不倦追求。

女儿王月读高中时性格比较内向，喜欢小动物和植物，性格稳重，从小有主见，不用父母操心。1997年考大学填报志愿时，自己做主，报了北京林业大学林学这个十分冷门的专业。这是她自己的兴趣。母亲觉得学医比较好，但她仍然不改初衷，坚持报考了林学专业。王月大学毕业后出国留学，

---

[4] 王瑞章：《大自然歌手的艺术》，《画坛》（云南画院院刊），总4期，2002。

[5] 朱维明：《崖畔山花——忆王晋元兼谈他的艺术》，《美术》2002年02期。

[6] 罗江语。转引自罗正君：《罗江：渲染本真的生命体验》，《中国文化报》2014年06月03日。

也是她自己定的主意。相比北大清华学习成绩优异的学生，王月的背景在申请国外学校时并没有什么优势，在她的申请陈述中，她这样写道："伏在一棵大树上，紧紧地贴着它，我仿佛可以听见树的心跳，这让我激动不已。虽然我知道我听到的大概就是自己的心跳，可这种与之相连的感觉，是我血液里流淌的东西。"因着对自然的执着热爱，王月于 2004 年被美国耶鲁林学院林学专业录取，并获得了全额奖学金。

2006 年，王月从耶鲁林学院毕业了。她回到祖国，回到云南，加入了一个环境保护组织。她热爱这项工作，把这项工作看得很神圣。在某种意义上可以说，她与外公和父亲都同样选择了为大自然而付出的事业。

说起外公、父亲和自己的工作，王月由衷地说："我们家三代人，看上去是在做不同的工作。而实际上又都是很有内在联系的。我们三代人工作内容的跨越，恰好反映了过去七八十年，我们这个社会环境下，云南自然资源的一个历史变迁。20 世纪 30 年代，外公来到云南，那时候的云南植物资源还是个鲜有人探索和记录的宝库，他采集标本，制定名录，发现了很多稀有植物的物种，后来又配合国家建设的需求，发展橡胶种植，引入烟草品种。可以说他的时代是个云南植物资源探索发现，披荆斩棘打基础的年代。我的父亲一生热爱云南的花鸟山水、云南的自然生态，用他饱含感情的画笔表现了大自然的神奇和美丽。他也在创作的过程中看到了很多的环境破坏，并深深地担忧。他用他的方式去记录和展现自然，并希望通过作品去激发人们感激和敬畏自然。到了我这一代，中国的经济以前所未有的速度发展，但我们也付出了惨痛的环境代价，很多我们父辈看到的美景都已经不复存在。于是我从事环境保护的工作，保护最后的自然圣境，并恢复受到破坏的自然资源。时代在不断变迁，在不同时代背景下，我们三代人所从事的工作既有不同，又全都相同，都是围绕着敬畏大自然、保护云南自然生态这条主题。我们全家三代人都与云南的山山水水有着深深的缘分！"

是呵，身为杰出科学家的外公蔡希陶，是用科学精神和不懈的科学探索来爱护和研究云南自然生态；身为卓越艺术家的父亲王晋元，是用艺术精神和执着的艺术追求来爱护和展现云南自然生态，而作为环境保护工作者的女儿王月，则是用使命感和艰苦的工作实践来保护云南自然生态。

最后，让我们用最了解、最理解王晋元的他的两位挚友李忠翔、朱维明的如下两段话，来作为这部传记的结束语吧——

王晋元以地域文化为基点，民族优秀传统作支撑，再消化外来艺术的可取处，已经走出一条属于他自己独特模式的花鸟画，这一点王晋元应该感到欣慰，人虽然走了，有画在，人们仍会记着他、他的事业和他的艺术。我似乎有一种幻觉，他仍"终日只在荒山乱石、丛林深篠中坐，意态忽忽，人不测其为何"，实则，他正追随他的岳父——被称为"生命之树常绿"的植物学家蔡希陶先生，继续他们对生命、对绿色净土的不倦追求。[7]

在过去二十多年的岁月里，我们常结伴而行，先后去版纳密林、瑞丽江畔、横断峡谷、苍山洱海、云龙天池、玉龙雪峰以及雪域西藏等地。所到之处绝非一般众所周知的旅游风光景点，其深入的程度往往带有发现性的探险。我们都特别喜欢去到罕见人迹之地。在那密林沟壑之中、冰川瀑布之下、雪原大漠之间，流连忘返。抚摸着幽谷树石上的彩色苔藓，呼吸着经年累月积淀的枯枝败叶的气息，沿着时隐时现的秋林间的清流穿来穿去，叹视着光色幻化的杜鹃幽林的鲜丽，攀援着雨林中数不尽的无名野花藤蔓，仰视着无垠的大漠云天和那太古不化的绿雪……聆听这大自然博大恢宏的生命交响乐章，心旷神怡之极，幻觉与灵感油然而生。正像王晋元所说：西双版纳的密林景色，滇西北的雪山大野中的花卉、河谷中的集鸟、岩石上青苔，给我不少启迪，那种"杂花生树，群莺乱飞"的壮观，给我以阳刚之美，我极力想充分表现这种感觉。

的确，像我们这些长期生活在城市的人们日夜被越来越多的人造物所围困，被城市的喧嚣、污染、噪声、倾轧弄得心烦意乱。一旦身临自然清境，顿感压抑消失，诗情画意即至。我们常谈及这样一个问题：当人类迈过野蛮

---

[7] 朱维明：《崖畔山花——忆王晋元兼谈他的艺术》，《美术》2002年02期。

而跨入文明之门时,便从混沌的自然迈入人造物的世界,由此开始用第二自然将自己同第一自然隔离,那些原来与人类息息相关、亲密无间的山川草木、花鸟虫鱼,不仅日渐疏远,随即成为被人摧残的对象。当今世界上,没有被践踏过的净土已经很少很少。此刻,人们回归自然,反审自身行为,思念自然之情,日渐强烈。艺术家这个大自然之子,对这个问题的敏感更是非同一般。当我们置身苍郁的群山,呼吸着清馨的空气,不约而同都产生一个愿望:赶快从人造物的囹圄中解脱出来,到大自然那精神的家园中去,寻找一片净土,去体味别样一种的生命意义和生存价值。每一片风景、每一丛花草都述说着一种心境、一节诗章。那山峦、江河、草木、晨夕如岁月的流变,都演示着生命的律动,进而对自然生命的精神韵味有某种心领神会的顿悟,悟感到作为生命本原的"道"。然而,这"道"又是那样一种"此中有真意、欲辩已忘言"的可意会难言传的朦胧、微妙和神秘。此时,我们不仅获得心神的自由,美感情趣的享受,心灵的创造活力也为之激发。哲学与艺术开始在这片净土上萌生。中国古老哲学的天人合一思想,直接影响中国传统艺术。寄情自然,人与自然的和谐融合,达到物我两忘的境地,使人的感觉复归自然本体的传统美学,乃中国山水花鸟画艺术越千载而不衰的本原。王晋元花鸟画正是继承这一传统哲学、美学并予以物态化的产物。他的创作,很少一般化的、流于浅薄的折枝描绘,他笔下的花鸟都与环境相融合,都与这些花鸟赖以生存的环境息息相关,蕴涵着蓬勃生机,因此更加发人深思。

在艺术上、在生活中寻找净土的追求,绝非消极的愤世嫉俗和对物欲世界的逃避,而是希望在净土上求得灵魂的净化、康复与升华。以在净土中得到的创造灵感,讴歌自然之美,让人们相形之下,看到摧残自然的丑恶与罪过。用画笔表达对人类未来的关切,表达对破坏自然的野蛮行径的愤慨与抗议。呼唤珍惜我们共有的"一个地球、一个世界、一个家园"。在联合国举办的国际和平年美展中,展出了王晋元花鸟画《芳林情》,说明这是世界人民共同的心声。王晋元花鸟画创作,正是从这样一个宏观的审视点出发,以其深刻的内涵底蕴为驱动力。

一片净土，一个精神的家园，一片艺术的伊甸园，在艺术家心中，在王晋元心中。[8]

---

[8] 李忠翔：《寻找一片净土—王晋元花鸟画艺术初探》，《美苑》1993年Z1期。

王晋元文献摘录

王晋元1966年4月21日日记

我爱井冈山,更爱井冈水。井冈水呀,井冈水,千条万条,银子堆。潺潺一泻几千里,革命的血液注天宇。

毛主席饮过井冈水,换得东方太阳起。五洲四海风雷激,指路明灯照天际。

红军饮过井冈水,长征二万五千里,撒下革命种,留下井冈血液井冈水。老表代代饮此水。

不怕山高石头硬,不怕井冈虎狼牙齿锐。举起大刀和长矛,跟着红军打土匪分田地,革命豪情日日起。只因饮的是井冈水,井冈水呀!革命人饮了永不醉,革命志气永不摧。

我爱井冈山,更爱井冈路,井冈山路引人目,石子铺成羊肠道,弯弯曲曲竹深处。

当年红军走此路,挑粮,擒匪,把山护。不管豺狼多凶狠,只要踏上井冈路,叫你永远无藏处。井冈路呀!井冈路,井冈石子铺。井冈石子有奇志,愿为革命把力出。石子上踩过多少红军的脚,石子上撒过多少霜和露。为革命,多少红军走破了脚,革命血于石子涂。井冈石子呀,井冈路,通向世界革命的路,还要井冈石子铺。

我爱井冈山,更爱井冈树,井冈杉木林,红军经常住。白匪侵入井冈寨,杉木林中把贼堵。

呵,这就是井冈树,高挂镰刀斧头大红旗。多少老表穷人树下把党入。献出赤子一颗心,要使东方大地金光出。

……

井冈山呀!井冈花。井冈山花,烂漫满山崖。红的杜鹃花,紫的杜鹃花,杜鹃花是革命花。杜鹃火红一片血,革命志士满天涯。我爱杜鹃花,更爱山崖一涧花。哪怕井冈一草和一木,都为革命出力一把。井冈青竹一涧绿,红军笛声还仿佛绕天涯。井冈山呀我第二个故乡，你可曾知道，有人日夜把你想。那奇异的山峦，你可知道，我的感情完全倾注在你的身上。

王晋元为肖溶出版《走进雨林——肖溶工笔花鸟画集》所作序

肖溶明确了目标，确实一步步做起。他结合工作，仔细观察、写生，积累了大量资料。过去历代画家多生活在北方和江浙，发达的中原文化和绘画息息相关，而云南这块被认为的蛮荒之地却有着中原文化的遗迹，又有着滇文化及少数民族文化的传统。肖溶深深地体会到如果要画好画必须两种文化有所结合，才能表现出广大人民所喜闻乐见的作品，所以在他的绘画中很少有猎奇、图新鲜之感，多是自然与平和，这和他积极主动地去塑造形象、有感而发有很大关系。正因为这样，他的作品充满着生活气息，这种生活气息是和他多年身在植物学界，经常深入大自然密不可分的。他对自然一草一木、一花一石的研究，使他感受到在风霜雨露中花鸟的自然形态、晦明变化，激起他的绘画激情，从而体现了艺术来源于生活，所以他的作品没有粗制滥造之感。现在也流行着一种看法，不管物象的生长规律如何，地域如何，画出来好看就是好。我个人认为不可取，好的花鸟画一定是符合自然规律，而又有花鸟画艺术特点，才能叫人信服，要不然就成为花鸟画中的四不像。

肖溶在此基础上创作了大量且幅面不小的作品如《南疆春深》《雨林幽馨》《雨林花香》等，有的参加了全国美展和省中、大型美展，体现了他创作大型绘画的驾驭能力。而以热带雨林题材为主，他也画了一些小幅的生动活泼的作品，这些作品精致、明快、用线流畅。这些作品和他的大型工笔构成了他绘画的热带雨林风貌。如《雨林奇葩》《雨林金斛》《版纳春晨》《滇南野卉》等。这些作品如对热带雨林不熟悉是很难达到现在的效果的。

……多少年来，肖溶在工笔花鸟画创作中不断耕耘、进取，并不断地克服自己工作中带来的呆板、太理性化的障碍，在工笔花鸟画领域中取得了好成绩。他曾经用较长时间为中国邮政画过几套精美的邮票，受到广泛的好评并获奖。但是他淡泊名利，为人谦和，他不断地向来访的知名画家学习，凡是接触过肖溶的画家也都得到过他在生活各方面的照顾。而肖溶在他的周围又团结了一批有志于工笔画的青年画家，为云南花鸟画的发展作出了贡献。

王晋元先生论画（满江红／整理）

一、关于创作

1、学养与创作

改变一种观念，创造一项表现技法不是容易的，是反复实践而来的。其过程是"沙里淘金"，最后才能确定下来。而现在应提倡多方面的学习、修养及探索。

以生活实践为基础，以文化修养为辅助，以笔墨技法为手段，以"读万卷书，行万里路"为创意条件，以以形写神和形神兼备为创作的途径和目的。

作为一个画家有一点非常重要就是不断提高自己各方面的修养。提到修养，涉及面很多，只简单地说就是不要拒绝得太多。在学术上要多看、多想、多比较、多论证。不懂的要弄懂，懂了才有发言权。

2、理论与创作

美术理论和美术创作的相互关系，是整个认识论的一个根本问题，美术理论是美术家以创作实践为基础的经验总结，是一种视觉审美的认识和升华，就其理论和创作的关系而言，理论是第二性的，被动的，但一旦美术创作概括为理论之后，他就由被动转成主动。创作结合理论提出问题，理论不只要解答问题，还要对创作加于启发作为认识形态的上层建筑的美术理论，不是对创作起促进作用就起消极作用。符合社会发展的创作和创作规律的科学理论，即起着决定性的意义，都是影响创作的巨大力量。

由于美术家实践不同，观察角度不同，审美情趣不同，选择道路不同，概括出的理论也不相同，有时会出现对立的状态。美术理论往往伴着美术创作道路，甚至人生观和价值观的取向，在社会变革时代物质与精神发出强烈的撞击，用什么作品提高人民的精神品位，其理论研究的意义就更重要了。

理论家和画家应当沟通，理论家应当实践一下绘画，画家也应当学点理论。

3、生活与创作

艺术来源于生活是大家不争的道理，中国画论中"外师造化，中得心源"，"搜尽奇峰打草稿"也是阐述生活与艺术二者的关系。中国画中人物、山水、花鸟画也是按着这个规律在办事。但问题是如何按着这个规律到生活中去观察、体验、分析？我认为关键是要热爱生活，热爱自然。有热爱才能在生活与自然中找到或体会到好多有趣的东西，才能知道挖掘生活与自然中蕴藏的美。才能把你发现的美说给、画给读者与观众听和看。如果到生活中去，感情冷漠或过于理性，或是熟视无睹，就是下去收获也不会太大。当然光是热爱没有分析研究也是不行的。分析研究加之自己的修养，表现出来在中国画中是如何用。也就是如何用笔用墨创造出典型的造型。这种造型是要经过观众检验、认可，反复推敲，几经改良才能巩固下来，成为一种风格。

画一张画要先体验生活，对于描写的事物经过观察、反映、感受和认识，有了个意思（主题），然后进行构思，经营位置，塑造形象到落笔作画。在画上画家把自己对于对象的态度、感受、认识乃至思想感情，用描绘对象、创造形象的方式表达出来。

花鸟画家到生活中去，到大自然的深山大川和森林中去，去画一朵花、一片叶子、一块石头，表现一种植物是不够的，我想更多的是要看和想，而后才是记录素材。看能长见识，开阔你的胸怀，丰富你的阅历；想是要丰富你对社会、对自然、对人的理解和认识，与看自然联系起来，从而达到有所发现，有所发展，有所创造。

现代绘画的发展，对于花鸟画创作，就要更广阔。人们已不再满足于一花一叶，不再满足那肤浅的寓意，更不满足那所谓的"栩栩如生"。由于社会的现代化和生活节奏的加快，科学技术的发展，要求更深一步挖掘作品的内涵。在此同时也要更进一步地认识大自然，对于自然除从科学的角度去认识外，也要从艺术作品中去升华，这样，艺术家本身就必须与时代同步，就必须去深入生活，生活对于艺术家是重要的。

花鸟画要有所作为，必须深入生活，到大自然界、到深山大川中去观察、体会、分析、理解、感受大自然，而后走出大自然，把深蕴于自然界的美质发掘出来，贡献给人民，贡献给社会。

4、地域与创作

经过长时期的摸索，我感到这地方（云南）的确很奇特，和我从前熟悉的北方山野大不相同。它外观茂密而富于装饰性。由于雨水充分，植物密集、葱笼，但繁杂之中有统一和谐。植物品种奇，生长方式奇，各种植物在自然界的位置也奇。而另一个特点则是，色彩艳丽而不俗，在这个植物王国中哪怕是一草一木都在争芳、斗艳。阳光下，闪着红、黄、白、紫……各种颜色。像是在一片墨绿的海洋中，漂浮着色彩缤纷的花环和星星。既跳跃，又深沉。

云南由于历史的原因，中国画创作的底子比其他中原省份薄弱。但是我省画家在题材的选择上不同中原各省份，他们抓住了云南地处边疆、少数民族众多，是植物、动物王国的特点。大部分作品表现其边疆风貌、民族风情、地方特色。使美丽、富饶、神奇的云南在可视形象上更加具体化，给人以新鲜、神秘之感。比外省画家表现云南就占有较大优势，其画味较为纯正，没有夹生、不熟习情况之感。50年代周林先生在北京办展览获得成功也在于此。而袁晓岑先生的中国画在全国颇存影响，除技法纯熟之外，恐怕也在于此。云南花鸟画最近几年能在全国有所影响，在其取材上以表现西双版纳景色为主，区别于其他地区的传统花鸟模式而获得了成功。题材、内容的区别，使其表现方法与手段必然与其他省份有所区别，所以抓住地方特色和民族特色是云南中国画创作的一大特色，今后不但要抓住而且需要深化和完善，以取得更高的成就。

二、意境

具体说来，意境的根源是自然、现实。意境的组成因素是生活、景物和情感，离不开物对心的刺激和对物的感受，因此情景交融、情景结合而有意。

就山水而言，唐宋两代在自然形象面前一般是被动多于主动，形似重于神似，状物高于达意，也就是并不突出画中之我。这原是正常现象，因为山水画家从客观形象塑造艺术形象，并借于抒写情思，需要一个锻炼过程，其中大都首先注意和讲求艺术造型的技法。而源于客观的主观想象力，即通过艺术造型体现画家营造意境的本领，只能在反复的实践中培养出来。因此如果说中国山水史上，唐宋尚法，元尚意，明尚趣，有道理。这说明是从主观到客观，以客观丰富主观，更以主观为主导，统一主观与客观，谋求情景的合一。同时，他又怎样从尚形逐渐过渡到尚意，进而主张意与形的统一，后者包含着创立意境、表达意境的方法。意与法的关系，这么几个方面的课题。这样，中国绘画中意境的形成是从客观到主观，从尚形到尚意；从景到情，然后以主观、尚意、达情为主，形成了画中意境。

三、借鉴与发展

在当前的花鸟画创作中值得注意的是许多画家都特别注意对西方绘画的借鉴，在作品中融进了抽象或超写实等现代主义的表现形式，这对于花鸟画创作的丰富性带来极大好处，而另一部分画家在抓传统之时更注意那些优秀传统中被遗忘的角落，如对原始壁画的研究，魏晋南北朝艺术的探取，对民族民间艺术的吸收，都促进了花鸟画多角度、多层次、多样化的发展。中西方绘画是有界限的，不管是要拉大距离，还是要缩小差距。不管是古典与现代，具象与抽象，或是地球村一统，还是越民族的越好。都应当去认识，找出各种说法的优劣。才能相互吸收，取长补短，才能滋养自己的绘画艺术。如果拒接太多会局限本身艺术的扩张和发展，也限制整个艺术的发展。当前的花鸟画创作与山水、人物画一样也面临着考验和多方面的问题。国门打开以来，各种艺术理论和思潮门类繁多，无不时刻给画家带来困扰。总的来说，开阔眼界，活跃思想是一种好现象。但花鸟画家一定要有自己的思考和取舍，花鸟画的绘画形式语言有他独特的本质特征。画家总归是要靠具体实践去完成创作，在具体的实践中去认识问题就更贴切、更深入。不是理论家说"接轨"就能"接轨"，说"转型"就能"转型"，说"改变观念"就能"改变观念"。要靠实践去证实。稍安勿躁，是创作的最佳情绪。尝试、摸索、试验是创作的基本过程。与其神乎其神地说，不如安安静静地去作。

多接触西方绘画，研究西方和东方绘画，并在研究的过程中借鉴．东西方绘画是两个体系。虽然有着很多观念上的差异。但其绘画的根本是相通的，都是在寻找世界上美的东西。意趣、观念虽不同。但还可以相互沟通。从而使两种体系的绘画向前发展，绘画史上已有很多例子就不在此例举。所以借鉴对于中国画是必要的，拿来我用有什么不可呢？要借鉴就得认真研究。取之得当,对西方绘画认识越多、越全面、就会使我们的创作少出现"夹生饭"的状况。

四、继承与革新

绘画在现代社会中只有生活与感受,没有技法是不行,这也是创作作品的关键。我所理解的技法、技巧就是专业语言。同一种感受生活,可以用文字表现,也可以用音乐去表现,更可以用绘画来表现,所以熟练地掌握技法对每一个专业都是必要的。而技法、技巧有创造,有发展发明,发展更重要的是他的继承性。对于中国画来讲,继承传统优秀技法,是更为重要。很难设想连话都说不清楚的人会写出一部语言精彩的名著。一个没有拿过毛笔的的人会画出一幅优秀的、创新的中国画。对于花鸟画来讲,不学习、总结前人(如唐、宋、元、明、清)诸家的技法,是画不出惊人的作品来。对于借鉴外国的作品也是一样,不研究其所以然,只看其表面,一味地模仿也是不行的。关键在于把技法、技巧学到手,再根据自己的感受与生活进行发挥,才是有源之水,有本之木。

新与旧的问题,我自己认为是对立而又统一的。没有旧不可能有新,新的是在打破旧的基础上建立起来的。有新意的作品是作者有旧的基础而又发现了别人没发现的美,通过专业语言创造出来的。旧的我想是人们所熟悉的而又过时的观念,欣赏趣味几代沿袭下来而又不适应的技法。

人们不厌其烦地画着梅兰竹菊,有的作品还能保存下来,是因为倾注了画家对生活更新的感受,与前人不同,与别人不同罢了。而现在的时代人们的欣赏趣味和习惯不一定"国色天香"就是牡丹,傲霜而开的就是菊花,如果现在依然如此,那就落后我们的时代,这个时代是丰富的、多元化的,纵横发展是立交桥式的。我想所要求的艺术品不是单一的,而是有复杂感受而构成的绘画,正是由于这一点,千百年的中国花鸟画才长期地流传发展起来。

过去的花鸟画以简为高,用前辈画家简约、清疏的笔墨,无法传达云南热带雨林给予我的实际感受。在艺术上重复别人不行,必须到生活中去发现独特的美,并寻找到相应的艺术表现手段。

在创作模式上,继承型的画家们又大都摒弃了摹仿与因袭。而更注意新时期在传统上的发展;而生活型的画家们则在写生体验的基础上,更注意向思想深度的掘取；表现型的画家们更注重于艺术个性的强化和表现精神生活的丰富。不管哪一类型的画家都普遍地认识到花鸟画创作不能离开生活这个源，只不过是如何理解生活各人的方式方法不同罢了。

我个人认为，作为中国画创作要想出好作品，最基本的技法应当过硬。对于传统技法，而当如李可染先生所说："先打进去，而后出来。"也就是说先掌握好，运用好，才能更充分地表达其创作意图。作品的成功因素是多方面的，但基本工是首要的，光凭"意气"最后作品还是立不起来。如何加强这方面，除认真研究笔墨规律之外。要重视研究历代名作，研究中国绘画理论，研究名家成功之路，研究各流派成功之路，才能有所收获，才能逐步在作品上有所体现。

五、笔墨与色彩

在创作中，我进一步体会到中国传统的花鸟画中，用笔、用墨的重要作用。不管自然界中的表现对象如何杂乱，都必须要有选择地、坚持"以墨为主"地表现出来。"以墨为主"涵义很宽广，说俗了就是笔墨精神要压得住。就连用色，也必须是色当墨用，而不是任意涂抹。在用色方面，我极力吸收赵之谦作品中所特有的浓郁与丰富，追求谐调和对比，笔与墨的对比，墨与色、色与色的对比，整体与局部的对比，以达到醒目的效果。

六、构图与空白

1、为什么要构图

是研究画上景物的位置、结构。好比音乐、作曲法，研究曲的构成，音的节奏，体现并丰富创作主题，把主题更充分表现出来。

2、空白

上下左右的空白是最重要。

什么地方留空白：a.天地：画的上端和下端要留空；b.主要人物前要留空白；c.笔墨太多、太繁的地方要留空白；d.题款的地方。

为了充分表达雨林给我的感受，这几年画了不少写生，在写生中研究对象的结构和生态。后来，也当场画一些构图。这样比较容易把握住新鲜的感受，使构图多变化，更有助于表现出雨林的真实环境气氛。

附录

王晋元生平大事简表

1939 年
3 月 26 日（农历二月初六）出生于河北乐亭县吴家兰坨村。

1953 年—1955 年
天津市第十三中学念初中。

1956 年—1959 年
北京二十四中高中学习。在画画方面很努力，受到图画课侯老师耐心引导。

1959 年
考上中央美术学院，进入中国画系，学制五年。

1961 年
中国画系实行分科教学，分为人物科、山水科、花鸟科。进入了花鸟科学习，科主任是郭味蕖老师。

1964 年
7 月于中央美术学院毕业，五年中全面地接受了中国绘画的基础训练。
8 月分配到云南群众艺术馆工作。工作任务是辅导全省的业余群众美术，编印《群众画页》。

1965 年
参加"云南省美展"及专题展览，人物画作品《金色的道路》《寄北方》在《云南日报》和中国美术家协会的刊物上发表。

1966 年

春，到保山参加"四清"。

1968 年

到蒙自草坝"五七干校"（省级机关第三干校）参加劳动锻炼。

1970 年

春，云南玉溪地区峨山县发生地震，被从干校抽调到昆明，参加搞抗震救灾展览。在办展览的过程中，把丢掉的业务又熟悉起来。看到自然灾害给人民带来的痛苦，从彷徨中清醒过来，想用自己的一技之长做点事情。

秋，因准备参加"军民联防"展览的作品，到云南最南部边疆的西盟佤族自治县小新寨深入生活。

1971 年

年底，与朱维明、李忠翔至乌蒙山区写生，本拟沿红军当年行军路线经寻甸、东川、大金江、三江口行进，但途中受挫，提前返回，历时不到十日，于 1972 年 1 月上旬返回昆明。

1972 年

春，深入云南德宏地区收集创作素材。

10 月参加云南省召开的美术创作会议。

国画作品《铁索桥畔》（与单应桂、赵志华合作）参加全国美术作品展览，展览后选入画集之中，之后该作品参加东欧的展出。

1973 年

创作的中国画《猎》在"全国中国画、连环画展"上展出，受到好评，并收入画册《中国画选集》。

到丽江写生。

1974 年

到德宏写生。

云南省文化厅组建美术摄影创作工作室（云南画院前身），调入该室从事美术创作。

年底，与蔡仲明结婚。

1975 年

12月儿子王云勃出生。

1977年

创作《井冈山杜鹃红似火》参加全国"八一"美展,后全军美展办公室收藏了该画。秋与朱维明一起在杭州观看"文革"后潘天寿的第一次大型画展。

1978年

到北京参加中国美协举办的中国画组进行创作。《版纳之所见》等三幅作品参加中国画组创作汇报展览。

文化部、中国美协主办"毛主席诞辰八十五周年展览",作品《一年一度秋风劲,不似春光胜似春光》参加展出。

1979年

春,文化部创作组安排任务——创作"周总理1961年参加泼水节"的作品,与吴冠中、石齐、范曾、祝大年、姚钟华、张建中、刘南、朱军山、高锡印等画家前往云南西双版纳搜集素材、写生。

8月女儿王月出生。

1980年

为北京人民大会堂创作作品《版纳之所见》。在文化部组织的展览会上,展出了《版纳之所见》之一、之二,《在西双版纳密林中》等三幅作品。

与丁绍光、姚钟华、蒋铁峰、刘绍荟、王瑞章等人发起成立"申社",在昆明举办"申社画展"。

1981年

云南省文化厅组织了"十人画展",并以中国美术家协会名义在北京展出。《幽谷传声》《微风》《新秀》《版纳密林》《雨后》《在西双版纳密林中》《一夜春风》《野趣图》《细雨蒙蒙》《涧》十幅作品参加展出。展览结束后,《版纳密林》《雨后》由中国美术馆收藏。该展览后来到山东、贵州等省巡回展出。

作品《绿乡》参加中国画研究院院展,并收入画集。

作品《密林深处》为庆祝中日邦交正常化十周年,在日本东京展出。《云南画报》以《笔墨绘新图——王晋元的花鸟画》(作者陆万美)为题作了专题介绍。

由文化部和中国美协、团中央主办的第二届青年美展在北京开幕。被邀请作为评奖委员会委员，参与了评奖工作。在此期间，接受了人民大会堂云南厅的布置工作，为人大会堂云南厅绘制了大幅花鸟画《版纳景色》，人大会堂管理局及云南省委对此工作予以好评。

1982年

加入中国共产党。

3月香港《文汇报》专题介绍王晋元的作品三幅，认为其作品"构图饱满，用笔纯熟，造型生动，着色浓丽，充满了热带雨林的生活气息"。

1983年

2月中国展览公司去印度、圭亚那进行出国艺术展览。作品《山野幽谷》参加展出。

3月由《人民日报》和中日艺术展委员会主办的"日中艺术展"在东京闭幕，作品《密林深处》参加展览。展览在东京展出后到日本各地展出。展览后，《人民日报》出版《现代中国画集》，《密林深处》入选其中。同月到西盟写生。

4月当选云南省政协第五届委员。

5月作品《秋月秋色》由中国展览公司送西德波恩参加艺术作品展，并收录在画册中。

应民革中央之邀，作品《拒霜枝柯》参加在北京举办的"纪念辛亥革命70周年书画展"，之后此作品收在文物出版社出版的画集中。

10—11月参加艾中信为团长的中国美术家代表团访问匈牙利、比利时、法国。

1984年

1月《河北花鸟画集》由河北美术出版社出版，选入了河北籍70余位老、中、青画家的作品。王晋元的两幅作品《仙乡》和《绿荫》选入其中。

春，到西双版纳密林写生，此后又到西盟佤族地区，在勐连、勐腊、景洪等地密林中收集素材，回来后，绘制了《舞龙蛇》《芳林情》《月夜》《在热带雨林中探索》参加云南省美展，获"佳作奖"。

作品《舞龙蛇》参加第六届全国美展，获铜奖，再参加第六届美展优秀作品展，并收在获奖作品集中。后被中国美术馆收藏。《美术杂志》、《迎春花》中国画季刊、《中国画》、香港《大公报》等陆续刊登该作品。

《云南国画选》出版，作品《仙乡》《松风》选录其中。

作品《版纳景色》参加由美协主办的为中国残疾人福利基金会捐画的展览。此展览在北京、香港两地举行。《版纳景色》在展览后捐赠。人民美术出版社出版捐赠画集，收录此画。

3月云南画院成立，王晋元担任首任院长。同月人民美术出版社出版王晋元的第一部个人画集——《王晋元画选》，收入作品27幅。

1985年

春，应国际和平年青年美展办公室之邀，以中国著名画家身份参加由文化部、中国美协和团中央主办的"国际和平年青年美展"。作品《朝霞》送展，展后收入画册中，并印成大型挂历，受到好评。

5月中国美术家协会在济南召开中国美协第四次代表大会，以云南美术家代表团团长率队前往参加，在代表会上被推选为理事。同月云南体育美展在昆明开幕，《待发》一画被评为"佳作奖"。

10月应邀与全国30多名著名老中青画家一道赴深圳，参加中华人民共和国成立后第一个美术节及中国画理论研讨会，《云南杜鹃三月红》《山角》《绿荫》《三月》等五幅作品参加美术节举办的展览会，在研讨会发表论文《深入生活，开拓花鸟画的新意境》。

《北京周报》（外文版）刊载王晋元的作品《一篮春色》《山角》《艳色》《鲁迅诗意》。

在《美术》杂志发表文章《"野自然"美的探索》，介绍自己在云南美术创作所走过的道路。

11月华君武、王琦主编的《中国新文艺大系·美术集》由中国文联公司出版。王晋元的作品《雨后》收入其中。该《大系》是一部反映五四以来中国新文艺优秀成果及发展历程的拔萃总集，是我国第一部美术总集。

1986年

中国美协在北京举办"国际和平年美展"，作品《芳林情》参加展出。

3月云南画院首届院展在昆明开幕，《版纳密林印象》等10幅作品参展。展览受到文艺界的好评。自此开始，作品风格上有了一些变化。

6月人民美术出版社出版的《中国书画》第18期发表了包括封底在内的10幅作品，并有专题介绍文章：《到大自然中去开拓——谈王晋元的花鸟画创作》（作者姚群）。

中国美协在香港举办"当代中国画展"，《争艳》等三幅作品参加展出。

应中国民航管理局之约为机场作《仙乡》，后由其主办的《鹏程》杂志第二期作了专题介绍，并发表了《幽谷》《雨绵绵》两幅作品。

11月由中国画研究院举办的全国画院联展——"当代中国画展"在京开幕，作品《版纳密林印象》参展。

12月《美术》杂志第12期选登作品《月夜》《云南杜鹃三月红》《芳林情》《山角》。同期"美术家介绍"专栏刊登题为《从密林中开拓新路——王晋元的花鸟画创作》（作者郭怡孮）一文，全面介绍了王晋元从学校到工作，深入生活和花鸟画的开拓，文章认为"王晋元已是全国颇有影响的中年画家了"。同月受深圳东方艺术公司邀请，参加"深圳全国著名书画家聚会"。

1987年

作品《芳林情》选送联合国展览。意大利出版的《艺术》杂志刊登的"中国画家"中对王晋元做了专题介绍。

6月香港《大公报》发表王晋元作品《舞龙蛇》。

10月应香港新华社、中旅社之约赴香港参加"中国当代著名书画家作品展"开幕式及学术活动，作品《版纳三月》在展览中展出，并与港澳台画家进行艺术交流。《版纳三月》收入该展览画集《当代名家作品集》，香港《文汇报》《大公报》《华侨报》都用相当版面介绍了活动和作品，对王晋元的作品有较高评价。

11月率云南画院美术家代表团一行五人前往澳大利进行艺术交流，并在悉尼和墨尔本分别举办"云南画院画展"，画展作品受到澳洲美术家及华侨的好评。王晋元有八幅作品参加展出，《栖荫》《幽香》等作品被澳方大学收藏。代表团在大学和两个城市作了"中国传统绘画"的学术报告三次，促进两国文化交流和友谊。

年底，台湾国画大师黄君璧先生在报上发表文章，希望海峡两岸的国画界同人能够加强合作，称"大陆国画界人才济济，像范曾……王晋元、张步等，都是一代承前启后的优秀人物，他们豪放潇洒的画风，很值得台湾国画界同人借鉴"。

1988年

作品《野芳》获中华杯中国画大奖赛三等奖。

作品《雨初歇》获中国画研究院主办的"北京国际水墨画展"优秀作品奖。

作品《舞龙蛇》赴日本参加"现代中国美术秀作展"。

1989年

1月被评为"一级美术师"。

4月在云南省文学艺术界联合会第四次代表大会上当选云南省文学艺术界联合会副主席。

作品《秋色苍苍》参加第七届全国美术作品展览，并被中国美协聘为第七届美展中国画评选委员。

1990年

参加由天安门管理局举办的创作活动，创作作品《遍青山，红了杜鹃》，在天安门城楼展出，并收藏。

1991年

作品《舞龙蛇》入选大型画册《1979-1989当代中国画》。

作品《血染的杜鹃》参加建党70周年全国展览。该作品获中国美术家协会基金会、关山月中国画教学创作基金会颁发的"1991年关山月中国画创作奖"（首届）。

作品《绿谷》参加中国画研究院院展。

1992年

作品《湖畔》参加纪念毛泽东《在延安文艺座谈会上的讲话》50周年全国美展，被中国画研究院收藏。

被中国美术家协会聘为中国画艺术委员会委员。

作品《山中三月》作为特邀作品，参加全国首届花鸟画展览，并收入画集。

作品《遍青山，红了杜鹃》参加第二届水墨画展并收入画集。

12月十幅作品参加北京"第三届中国艺术节作品展"。

1993年

4月当选云南省第八届人大代表。

1994年

十幅作品参加云南画院第四届画展。

6月《王晋元画集》由北京工艺美术出版社出版,收入作品85幅。

作品《春满雨林》获第八届全国美术作品展览优秀作品奖(此届美展获奖作品未分等级)。

1995年

作品《血染的杜鹃》获第二届云南省文学艺术创作一等奖。同年被聘为"全国首届中国画展"评委,并有作品参加了展览。率艺术家50人访问保山。

1996年

《绿荫》等两幅作品应邀参加厦门《世纪之光》展览。十幅作品参加云南画院第五届院展。

1997年

应意大利佩鲁贾艺术学院邀请,率云南画院代表团赴意大利进行艺术交流。参加云南省人民政府友好访问团赴法国、意大利、德国等国家进行友好访问。应澳门中华文化艺术交流协会邀请,赴澳门采风并作画参展。

11月云南省美术家协会召开第五次会员代表大会,选举理事40人,常务理事17人。被理事会推选为主席。

11月29日至12月5日 应台湾"中华文艺交流协会"邀请,参加中国和平统一促进会组织的刘炳森为团长、郭怡孮为副团长的文化交流访问团,赴台湾进行交流访问,出席"海峡两岸著名书画家作品联展"及"中华文化艺术趋势"研讨会活动。

1998年

十幅作品参加云南画院第六届院展。

1999年

5月被聘为第二届中国画艺术委员会委员和"第九届全国美展"评委,作品《龙蛇升腾》参加了展览。作品《花开时节动京城》参加北京美术馆举办的"中国当代牡丹书画艺术展览"。

2000年

被聘为"中国美术金彩奖"评委。七幅作品参加"云南画院第七届院展",被读者投票评选为"当今云南最具知名度的作家艺术家"。

退休,任云南画院名誉院长。

《当代名家写意花鸟精品·王晋元》由北京朝华出版社出版。

2001年

十幅作品参加中国画院研究院召开的"云南地区十五人中国画邀请展"。被聘为"全国画院双年展"评委,作品《龙蛇升腾》参加展览。被聘为"百年中国画大展"评委,作品《绿谷》参展。

9月,应台湾文教基金会的邀请,参加中国和平统一促进会组团赴台湾参加"海峡两岸著名书画家作品联展"以及"中华文化艺术趋势"研讨会活动。

11月22日在昆明逝世,享年63岁。25日,遗体告别仪式在昆明跑马山殡葬馆举行。

2002年

《王晋元花鸟画精选》由天津杨柳青画社出版。

2004年

《中国近代名家画集·王晋元》由人民美术出版社出版。

2005年

在上海举办"著名画家王晋元／刘自鸣画展"。

2006年

4月被授予"云南省文学艺术卓越贡献奖"。

10月"王晋元艺术回顾暨捐赠作品展"在中国美术馆开幕,展览由中国美术馆、中国美协、云南省委宣传部、云南省文化厅、云南省文联共同主办,共展出125幅作品,其中包括王晋元亲属向中国美术馆捐赠的王晋元代表作45幅。同月《中国近现代名家作品选粹·王晋元》人民美术出版社出版。

2009年

10月被授予2009年"新中国·星云南成就"特别奖。

2011年

8月10日至31日 由云南省文联与昆明君来访书画苑共同主办的"纪念杰出画家王晋元逝世十周年作品回顾展"在西华公园集君来萃艺术会馆举办。

中国文联副主席、中国作协副主席丹增出席开幕式。画展同时展出王晋元、杨松葛、刘晓三位画家的画作，王晋元的作品有56件。画展题为"自然、人生、艺术"，参展作品表现出三位画家对云南深切浓烈的热爱之情。

10月9日—12月18日"纪念王晋元逝世10周年云南中国画邀请展"在云南美术馆举行开幕式。本次展览集中王晋元生前作品约78件，云南当代著名画家作品约32件，既是对王晋元国画艺术的回顾，也同时展现云南省中青年画家的创作水平。

12月9日由云南省文化厅、云南省文联、中央文史馆书画院与中国美术家协会中国画艺术委员会共同主办，云南画院、云南美术馆、云南省美术家协会协办的"完成与未完成——王晋元先生山水画作品展暨云南中国画名家邀请展"在云南美术馆开展。展出的80余幅山水画作品均为王晋元的完成与未完成的精品山水画作。

12月 《王晋元山水画》由云南教育出版社出版。

参考文献

《王晋元画选》，人民美术出版社，1984年

《王晋元画集》，北京工艺美术出版社，1994年

《当代名家写意花鸟精品——王晋元》，北京潮华出版社，2000年

《王晋元花鸟画精选》，天津杨柳青画社，2002年

《中国近代名家画集·王晋元》，人民美术出版社，2004年

《中国近现代名家作品选粹——王晋元》，人民美术出版社，2006年

《王晋元山水画》，云南教育出版社，2011年

王晋元：《在深入生活的一点体会》

王晋元：《"野自然"美的探求》，《美术》1985年第12期

王晋元：《中国花鸟画问题思考》，《美术》1992年第12期

王晋元：《我的老师郭味蕖》，《画谈》（云南画院院刊）总2期，1996年

王晋元：《近几年云南中国画创作谈》

王晋元：《谈中国画》

王晋元：《近几年花鸟画创作观察》

《王晋元自述》（未刊稿），1985年

王晋元1960年至1963年部分课堂笔记及部分日记

王晋元1965年、1966年政治学习笔记及部分日记

王晋元1974年、1975年写给蔡仲明的部分信件

叶浅予：《细叙沧桑记流年》，群言出版社，1992年

郭怡孮等编：《画家·学者郭味蕖纪年》，人民美术出版社，2008年

姚钟华：《艺术·生活·往事》，晨光出版社，2005年

郑重、武广汉：《丁绍光·生活与艺术》，云南人民出版社，2001年

朱维明：《刀耕笔耘：朱维明艺文选辑》，浙江人民美术出版社，2014年

刘绍荟：《刘绍荟——现代重彩艺术》，广西美术出版社，2010年

段锡：《云南美术五十年》，云南美术出版社，1999年。

《画谈》（云南画院院刊）总1、2、3、4期

吴冠中：《深圳美术节画册·序》，团结出版社，1986年

叶浅予：《任教三十六年》，《美术研究》1985年第1期

郭味蕖：《关于花鸟画的学习和创作》，1962年11月。见郭怡孮等编：《画家·学者郭味蕖纪年》，人民美术出版社，2008年。

郭怡孮：《从密林中开拓新路——王晋元花鸟画创作》，《美术》1986年12期

郭怡孮：《大野山花为你开放——王晋元花鸟画创作成就及其意义》，《中国近现代名家画集—王晋元》（大红袍系列）序，人民美术出版社，2004年

郭怡孮：《来之于天地正气的大美——读庄寿红的画有感》，见《中国画学会》网页

郭怡孮：《取诸怀抱》，《美术》1998年12期

庄寿红：《开我自之生面——读晋元画后（代序）》，《王晋元画选》，人民美术出版社，1984年

庄寿红：《共创中国画的辉煌》，《艺术沙龙》2009 年第 02 期

庄寿红：《正不必作前人墨奴——怀念郭味蕖老师》，《美术研究》1980 年 02 期

庄寿红：《王晋元在中央美院的日子》，《云南文史》（内刊）2012 年第 1 期

朱理存：《从学习到创作的历程》，《艺术沙龙》2009 年第 2 期

陈行：《怀念恩师》，《艺术沙龙》2009 年第 2 期

李燕：《玉宇澄清万里霾——"老大姐"庄寿红印象记》，转引自庄寿红官方网站，2014-12-31

姚钟华：《风雨丹青六十春》，《创造》2010 年 6 月 15 日

姚钟华：《王晋元山水画·代序》，云南教育出版社，2011 年

孙克：《期待大师——中国画的世纪思考》，《美术》，2002 年第 4 期

李松：《王晋元花鸟画二题》，《美术》1999 年第 4 期

晓雪：《美术界的重大损失——沉痛悼念王晋元同志》，《边疆文学》2002 年第 3 期

李忠翔：《寻找一片净土——王晋元花鸟画艺术初探》，《美苑》1993 年第 Z1 期

朱维民：《崖畔山花——忆王晋元兼谈他的艺术》，《美术》2002 年第 2 期

周良沛：《画笔下的哲学——看昆明"申社"画展》，《美术研究》1981 年第 1 期

韩劲松：《山花世界芳草天涯——记花鸟画家王晋元》，《中国美术馆》2006 年 11 期

田金铎：《访欧散记》，《美苑》，1984 年第 4 期

冯绪明：《中国美协代表团在台湾》，《美术》2001 年第 12 期

王工、赵普、赵友慈：《中央美术学院简史》，《美术研究》1988 年第 12 期

鄂玉梅：《"推陈出新"与郭味蕖写意花鸟画教学研究》，《中央美术学院》，2009 年

张鉴、成佩：《论郭味蕖的花鸟画创作教学体系》，《美术研究》2008年第4期。

高兵：《云南地域性文化对王晋元花鸟画的影响》，《美术大观》2008年第10期

高兵：《王晋元绘画艺术研究》，《云南艺术学院学报》，2012年4月

陇艺梅、舟子：《王晋元花鸟画艺术对中国画传统的继承与发展浅谈》《大家》2011年第18期

叶盛:《中央美术学院五六十年代水墨人物画教学研究——以蒋兆和为例》，中国艺术研究院博士论文，2014年

陈乙源:《大野山花抒云岭之绮丽——王晋元花鸟画创作风格形成浅析》，《湖北美术学院学报》2009年第2期

杨成忠：《艺术之都意大利记行》，《画谈》（云南画院院刊），1997年

杨成忠：《晋元下乡二三事》，《云南文史》2012年第1期（内刊）

蔡仲明：《晋元离去这十年》，《云南文史》2012年第1期（内刊）

蔡仲明：《王晋元山水画·后记》，云南教育出版社，2011年

蔡仲明：《疾病难羁赤丹心》，《科学之窗》1981年第4期

罗江、杨瑾：《山野情怀——王晋元先生山水作品释读》，《边疆文学》2012年第1期

李学奇、张程：《当代云南山水画艺术探索——以王晋元为例》，《大众文艺》2012年第8期

蔡君葵：《忆王晋元兄》，《云南文史》2012年第1期（内刊）

刘雪琼：《丁虹归来》，《深圳青年》2014年第9期

刘士裕：《王晋元——自然生命的歌者》，《读乐亭》第四期，2013-6。

王瑞章：《大自然歌手的艺术》，《画谈》（云南画院院刊），总第4期，2002年

姚钟华：《忆乃正》，《东方早报》2014年1月6日

陈履生：《由王晋元而想到花鸟画、云南画派》《美术报》2006年

夏硕奇：《王晋元自然生命的瑰丽诗篇》，《科技日报》2000年7月21日

张士增：《点评王晋元》，《科技日报》，2000年7月21日

罗正君：《罗江：渲染本真的生命体验》，《中国文化报》，2014年6月3日

阿达：《旅欧归来话丹青——访王晋元》，《云南日报》

熊燕：《无悔的选择》，《云南日报》2003年7月11日

闫钰：《花鸟画大家王晋元》，《都市时报》2009年9月4日

孙义棠：《童年回忆》（未刊稿），2013年

毕国英、欧阳伟主编：《九秩弦歌青春大同—北京市第二十四中学九十周年感言集》（内部印刷），2013年

《大同岁月，世纪华章——北京市第二十四中学九十周年华诞》（内部印刷），2013年

北京市第二十四中学1959届高4班编：《春花秋月—中学同窗影像集锦》（内部印刷），2013年

毛白鸽的博文：《前哨连的画展》

曹筝琪娜：《选择绘画是非常幸运的事——孟薛光访谈》，《四个字的人的博客》2012年3月2日

后记

　　晋元离开我们已十七年，为他作传记，多年来一直是我的夙愿。晋元身前主要精力和时间都集中在中国画创作和研究上，为人低调务实，没有著书立说，留下的文字资料不多，为该书的写作增加了难度。张维先生四年前受托，欣然接受撰写此书。在写作过程中，他克服了种种困难，进行了大量调查，在多地对很多人进行了采访，在对资料进行了收集、整理、研究的基础上，终使该书成功出版，在此，我表示真诚的致谢！

　　我是搞自然科学的，对晋元生前的艺术活动及涉及的事件和人物等了解不多，不全面。好在张维先生写作采访过程中，皆得到晋元众多的同学、同事、画友和亲戚等多方人士的大力支持和帮助，使传记的内容得以尽可能地充实完善和丰富，由于涉及的人物众多，篇幅有限，就不一一提名答谢了。在此我对诸位一并表示深深地致谢！

　　在此，特别要感谢著名花鸟画家郭怡孮教授，他是晋元多年来的挚友，于百忙之中不辞劳累地拨冗细心审阅初稿，提出极有见地的修改意见，并为本书精心撰写序言，又一直关心着该书的出版！也要感谢云南省美协主席、云南画院院长罗江先生，同意合作共同出资，对本书出版的鼎力支持！还要感谢云南画院一级美术师邵培德先生极为认真负责地仔细对书稿作反复考据修改和校正！

晋元英年早逝，虽然留下不少的作品及素描、速写等，曾出版过各种专业画册，举办过多种展览，以及国内外数种刊物、报纸上都有宣传报道，但我总觉得还缺一本能较全面、系统、完整、如实的文字作品，来反映介绍他的艺术生涯，让关心他的世人能真实地了解晋元是个怎样的人，他是如何行走在艺术创作的道路上的，他的艺术观和人生观是怎样的……若读过该传记后读者能获得一些回答和了解，就深感谢意和欣慰。

本后记应云南画院罗江先生嘱写。

蔡仲明
2019 年 7 月 16 日